地域福祉とソーシャルワーク実践

〔理論編〕

山口　稔　山口尚子
編著

新井　宏　　大内高雄
小林雅彦　　豊田宗裕
林　恭裕　　牧村順一
山田秀昭　　　　　　著

樹村房
JUSONBO

はじめに

　本企画では，本書を『地域福祉とソーシャルワーク実践』の「理論編」として位置づけている。理論には，①特定の事実や現象について統一性をもって説明した知識の体系，②特定の領域における個々の学者などによる系統的学説や見解，③実際から離れて組み立てられる理屈などの意味がある。本書でいう理論は，実践に役立つ知識の体系としての理論としての①の意味合いが強いが，学問としての体系的理論としての②の意味ももちろんある。③については，実践を意識してはいるものの，現実とは異なる理論という意味合いが含まれることから，ここでは該当しない。理論は実践による成果を総括し，一般化することによってつくられ，その正しさは実践により検証される。また，理論の発展は実践の発展の基礎となるものである。したがって，理論と実践は分離することはできない。

　本書でいう実践とは，一定の目的をもって理論を行動に移し，地域社会における個人，集団，コミュニティに働きかけることである。実践により対象を意識し，認識し，変化を促すことができる。本書には姉妹本である『地域福祉とソーシャルワーク実践―実践編』（2006年刊行予定）がある。ソーシャルワーカーとしてのアイデンティティの基盤となる実践のあり方や方法・技術が理解されるように，地域福祉におけるソーシャルワーク実践の事例を中心に，その方法・技術について論述するものであり，本企画のひとつの特徴となるものである。本書は「実践編」の基礎となる理論についてまとめたものである。

　住民が生活を営むうえで何らかの問題を抱え，その問題を解決することができない困難状況にあるとき，それをパワーレスネス（powerlessness）の状態にあるという。また，問題を抱え深刻化していく過程をディスエンパワメント（disempowerment）という。ここでいうパワーとは，住民が自らの生活をコントロールし発展させることができる力であり，他者との協働により目標達成を図ることができる状態にしていく力をいう。エンパワメントの意味するところは多義的であり，分野によっては権限委譲，力の付与などとして用いられるが，ソーシャルワークの場合，自立（自律）する力という意味合いが強い。つまり地域福祉におけるエンパワメントの展開とは，このような力が欠如している状態にある住民に対

して，ソーシャルワーカーなどの専門職が一方的に力を付与することによって問題を解決し，パワーレスネスやディスエンパワメントの状態から抜け出すということではなく，住民とソーシャルワーカーが協力し合うなかで，住民自らが主体的に問題を解決していく自立の過程である。エンパワメントの過程においては，個人のエンパワメントだけでなく，集団のエンパワメント，コミュニティのエンパワメントも必要であり，ソーシャルワーク実践のなかで，それらを形成し力動的に活用していくことが重要である。本書では，地域福祉における住民主体のソーシャルワーク実践のあり方をこのようなものとして考えている。

本書は，以上のような視点から，地域福祉におけるソーシャルワーク実践を理論という側面から明らかにしようとするものである。したがって，これまでの地域福祉の理論に関する類似の本と比較すると，よりソーシャルワーク実践を重視するものとして編集されている。地域福祉論を制度的・政策的な説明に偏よることなく，地域福祉を具現化し実践するソーシャルワーカーの役割などについても明らかにするよう努めた。

地域福祉の理論研究は，地域福祉の領域が非常に広いこと，ミクロレベルの実践からマクロレベルの制度・政策まで多次元であり，かつ複雑に関係しあっていること，また研究方法が総合的であり学際的アプローチが求められることなどから，何を焦点として研究を行うのかが見えにくくなっている。

そこで本書における地域福祉の捉え方については，次のような構成要素論的アプローチによる方法をとった。すなわち，地域福祉はそれが存在するさまざまな諸要素の全体が相互に関係づけられた体系であることにほかならないというものである。したがって，まず地域福祉論の研究対象領域，研究方法，概念を検討したうえで，地域福祉の体系を構成する要素を明らかにし，それぞれがどのような論理によって関連づけられ構造化されるのかを明らかにした。それは以下のような構成要素と構成要素間の相互関係によって成り立つと考える。

第1に，地域福祉の原点は，住民の要求とその解決にあり，それは特定の価値（理念・目標など）志向による理論と実践であることから，地域福祉は，まず住民にとっての価値分析からはじめなければならない。価値の設定の仕方によって地域福祉の考え方，すすめ方，そして成果も大きくことなってくる。価値は，もっとも理想とするあるべき姿としての理念と，その理念から導きだされる具体的

に達成すべき到達点としてのソーシャルワーク実践の目標として示される。そしてその目標を達成するためにソーシャルワーカーが踏まえるべきものとして，原則や行動指針が示される。原則のなかでもより抽象的なものが原理と呼ばれる。ただし，価値は主体や状況に対して絶対的なものではなく，価値を付与する主体やその価値を意味あるものにする状況なしには存在しない。

第2に，主体と客体，そして両者を結ぶ方法である。主体とは，客体を認識し，客体に対して行為や作用を及ぼす能力をもつものをいう。人間個人である場合だけでなく，意思統一された組織などもこのなかに含まれる。本書では，政策主体（国，自治体），経営主体（社会福祉法人など），実践主体（ソーシャルワーカーなど），運動主体（権利主体としての住民など）を設定した。

また，客体とは，主体から独立して存在し，主体の認識，行為，作用の対象となるものをいう。ここではソーシャルワーク実践の観点から主に地域社会における住民，集団，コミュニティを客体として念頭に置いて論じている。その際，住民，集団，コミュニティの主体性という概念がたびたび使用されているが，その場合の主体性とは，自主的であり活動の中心となっていること，及びその性質を意味している。

さらに，主体と客体を結ぶ方法とは，主体が客体に対して及ぼそうとしている行為の目的を達成するための手立てを意味しているが，ここでいう方法は，主にソーシャルワーク（社会福祉援助技術）を指している。それは社会福祉学やソーシャルワーク論を実際に応用し，生活問題の解決などに役立てる技であり，社会福祉の方法（method）の一要素として位置づけられる技術である。また，個々の福祉専門職の知識・経験，技術・技能，倫理・姿勢などによって大きく左右されるものであることから，価値観，倫理観をともなう技能として捉えられるものである。

第3に，地域福祉の構造としての法や制度・財政のシステムである。これは，権利主体としての住民のニーズに応える公的責任としての地域福祉の制度・政策に関する基本体系である。

第4に，ソーシャルワーク実践を展開するうえで基盤となる福祉環境である。福祉環境には，物的環境，制度的環境，文化的・意識的環境などをあげることができる。福祉環境づくりは，ソーシャルワークの間接援助技術の課題として重要

である。

　第5に，地域福祉を実現するためには，その前提として保健，医療，教育，労働，住宅，交通などの社会サービスの総合的・統合的供給，あるいは，関連施策の福祉化が求められる。そして，住民の立場にたった社会福祉の関連領域との連携が不可欠となる。

　以上のような地域福祉の基本的構成要素に地域福祉の歴史を加え，本書は構成されている。つまり，まず概念，歴史を明らかにすることによって地域福祉の全体像を示し，次に地域福祉が目指すべき価値・理念・目標・原則を明らかにした。さらに，対象・基盤としての地域生活問題やコミュニティについてその捉え方を整理し，その主体，方法，仕組み，環境，関連分野との連携を構造的に理解できるように論述した。また，各章で取り上げる内容は，地域福祉の一般的な理論や現代的課題だけでなく，諸外国や日本の新しい理論や研究成果も踏まえたものとなっている。

　社会福祉のあり方が大きく変化しつつある今日，地域福祉は社会福祉において中心的役割を果たすことが期待されている。しかしながら，地域福祉論は実践により構築され，検証される学問であり，かつ幅広い内容をもつことから，必ずしも理解しやすいものとなっていない。さらに，実践方法の体系化もすすんでいるとはいいがたい。今後，地域福祉を推進していくためには，地域福祉におけるソーシャルワーク実践の蓄積と分析・評価による理論化，実践方法の構築・体系化が課題とされる。このような課題に少しでも応えることができるとすれば，望外の喜びである。

　本書は社会福祉士等養成授業科目としての「地域福祉論」の目標と内容に準拠し，教科書としての性格をもつものであるが，前述のとおり，その理論を紹介するだけでなく，ソーシャルワーカーが地域福祉をいかに推進するかという点を重視し，より高度な価値，知識，技術に支えられた地域福祉の理論とソーシャルワーク実践のあり方などを提起しようとするものである。したがって，本書は地域福祉の実践を担うソーシャルワーカーやこれから担おうとする学生などを読者対象として想定している。以上のことから本書の執筆者は，地域福祉におけるソーシャルワーク実践に深くかかわってこられた研究者の方々を中心にお願いした。執筆をご快諾いただいた方々に心よりお礼を申し上げたい。また，樹村房には本

書の企画・編集・刊行のすべてにわたって特段の配慮を賜った。心から感謝を申し上げたい。

　本書を通して，地域福祉の理論とコミュニティを基盤としたソーシャルワーク実践がより深められることを期待したい。

2005年8月　　山口　　稔
山口　尚子

地域福祉とソーシャルワーク実践―理論編―
目　次

はじめに

第1章　理論―研究対象領域・研究方法・概念 ……………………1
1　地域福祉の特質 ……………………………………………2
2　地域福祉の諸理論 …………………………………………4
　(1) 機能論からのアプローチ　(4)
　(2) 政策論，運動論からのアプローチ　(7)
　(3) 地域組織化論・在宅福祉論からのアプローチ　(9)
3　地域福祉論の研究対象領域と方法 ………………………11
4　地域福祉の概念 ……………………………………………12
5　地域福祉の構成要素 ………………………………………14

第2章　歴史Ⅰ―英米における地域福祉の形成と展開 ……………19
1　イギリスにおける地域福祉の形成と展開 ………………20
　(1) 慈善組織協会とセツルメント　(20)
　(2) 戦後におけるコミュニティ・ケアの展開とコミュニティワーク　(21)
　(3) コミュニティ・ケア改革　(23)
2　アメリカにおける地域福祉の形成と展開 ………………24
　(1) 慈善組織化とセツルメント　(25)
　(2) 共同募金運動と施設協議会の発展　(26)
　(3) コミュニティ・オーガニゼーションの拡大と専門的発展の時代　(27)
　(4) 脱施設化とコミュニティ・ケア　(29)

第3章　歴史Ⅱ―日本における地域福祉の形成と展開　33
1　日本の地域福祉の源流（明治から終戦）　34
　（1）セツルメント運動　（34）
　（2）方面委員活動　（34）
　（3）慈善組織化　（35）
2　戦後の地域福祉の展開　36
　（1）戦後地域福祉構築期（1945年～1951年）　（36）
　（2）地域福祉組織整備期（1950年代）　（38）
　（3）地域福祉活動展開期（1960年代）　（39）
　（4）地域福祉論体系期（1970年代）　（40）
　（5）地域福祉基盤形成期（1980年代）　（42）
　（6）地域福祉展開期（1990年代以降）　（44）

第4章　価値―地域福祉の理念　49
1　地域福祉の理念を捉える視点　50
2　住民の主体性と地域社会の協働性　51
　（1）住民の主体性　（51）
　（2）地域社会の協働性　（52）
3　住民の自立性　53
4　住民の権利性　55
5　コミュニティの地域性と統合性　57
6　社会福祉法と地域福祉の理念　59

第5章　対象と基盤―地域生活問題とコミュニティ　62
1　対象としての地域生活問題　63
2　基盤としてのコミュニティ　64
3　福祉政策の展開とコミュニティ像　65
4　地域福祉とコミュニティ形成　67

(1) コミュニティ形成の目標　(67)
　　(2) コミュニティ形成におけるソーシャルワーカーの役割　(68)
　　(3) 地域生活問題と住民による地域福祉活動の役割　(69)
　　(4) 住民のニーズと在宅福祉・在宅ケアの課題　(70)
　　(5) コミュニティ形成におけるボランティア活動の役割　(71)
　　(6) 福祉のまちづくりと地区社会福祉協議会活動　(73)

第6章　主体Ⅰ──地域福祉の推進主体　…………………………………76
　1　地域福祉の推進主体とは……………………………………………………77
　2　地域福祉の政策主体…………………………………………………………78
　3　地域福祉の経営主体…………………………………………………………80
　4　地域福祉の実践主体…………………………………………………………82
　5　地域福祉の運動主体…………………………………………………………84

第7章　主体Ⅱ──地域福祉の推進と社会福祉協議会　………………88
　1　社会福祉協議会とは…………………………………………………………89
　　(1) 社会福祉協議会の活動原則と組織　(89)
　2　社会福祉協議会の法的位置づけ……………………………………………92
　　(1) 市区町村（指定都市）社会福祉協議会の位置づけ　(92)
　　(2) 都道府県社会福祉協議会の法的位置づけ　(95)
　3　社会福祉協議会の事業………………………………………………………96
　　(1) 市区町村社会福祉協議会の事業　(96)
　　(2) 都道府県社会福祉協議会の事業　(99)
　4　社会福祉協議会の活動方法・技術…………………………………………101
　　(1) ニーズ把握（調査）　(101)
　　(2) 相談・支援　(102)
　　(3) 計画策定　(102)
　5　社会福祉協議会の経営………………………………………………………103
　　(1) 社会福祉協議会の財務運営　(103)

(2) 社会福祉協議会の職員体制　　(104)
　　　(3) 社会福祉協議会をとりまく諸状況　　(105)

第8章　方法Ⅰ──地域福祉と地域ケアサービス……108
　1　地域ケアサービスのめざすもの……109
　　　(1) 地域ケアサービスとは　　(109)
　　　(2) 地域福祉と地域ケアサービス　　(109)
　　　(3) 地域ケアサービスの目標　　(111)
　2　地域ケアサービスの種類と内容……111
　　　(1) 公的な地域ケアサービスの展開　　(111)
　　　(2) インフォーマルサービス活動の展開　　(116)
　3　地域ケアサービスの展開と今後の方向性……117
　　　(1) 在宅福祉サービスの展開　　(117)
　　　(2) 住民ニーズの変化とホームヘルプサービスの展開　　(119)
　　　(3) 今後の地域ケアサービスの課題　　(122)

第9章　方法Ⅱ──地域福祉とコミュニティワーク……126
　1　コミュニティワークの概念……127
　2　コミュニティワークの目的……128
　3　コミュニティワークの対象……129
　4　コミュニティワークの主体……130
　5　コミュニティワークのプロセス……131
　6　コミュニティワークの諸活動……133
　　　(1) 小地域ネットワークづくり　　(133)
　　　(2) 当事者・家族の組織化　　(134)
　　　(3) ボランティア活動への支援　　(135)
　　　(4) 在宅福祉サービスの開発と組織化　　(136)
　　　(5) 地域福祉相談活動の推進　　(137)

第10章　方法Ⅲ—地域福祉計画 ……………………………………140
1　地域福祉計画の考え方 ………………………………………141
　　(1)　地域福祉計画の背景　（141）
　　(2)　社会福祉法と地域福祉計画　（142）
　　(3)　地域福祉計画の概念　（143）
2　地域福祉計画と住民参加 ……………………………………145
　　(1)　地域福祉計画がめざすものと内容　（145）
　　(2)　住民参加—定義・意義・手法—　（147）
3　市町村地域福祉計画の実際 …………………………………150
　　(1)　計画策定の背景と問題意識　（150）
　　(2)　地域概況・特性　（151）
　　(3)　策定体制の組織化—地域福祉計画の方法—　（151）
　　(4)　策定過程における住民参加手法　（154）
　　(5)　事例のまとめ　（155）
4　まとめと課題 …………………………………………………155

第11章　仕組み—地域福祉の制度・政策・財政 ………………159
1　戦後社会福祉の発展と地域福祉政策の整備 ………………160
　　(1)　社会福祉事業法制定と地域福祉　（160）
　　(2)　民生委員と制度　（161）
　　(3)　社会福祉の見直しと在宅福祉サービス　（163）
　　(4)　社会福祉事業法等福祉関係8法改正　（164）
2　社会福祉法制定と地域福祉の実体化 ………………………165
　　(1)　社会福祉の推進方法の変化　（165）
　　(2)　地域福祉の推進の法定化　（167）
　　(3)　地域福祉計画の法定化　（167）
　　(4)　共同募金と社会福祉協議会の性格の明確化　（169）
3　地域福祉の財源 ………………………………………………169

(1) 共同募金　　（170）
   (2) 民間財源　　（171）
   (3) これからの地域福祉の財源のあり方　　（172）

第12章　環境―生活環境とまちづくり……………………175
   1　地域福祉と生活環境・まちづくり ……………………………176
   (1) 地域福祉の推進と生活環境整備・まちづくり意識の高揚の必要性
　　　　　　　　　　　　　　　　　　　　　　　　　　　　　（176）
   (2) 「生活環境の整備」と「住民のまちづくり意識の高揚」の考え方
　　　　　　　　　　　　　　　　　　　　　　　　　　　　　（177）
   (3) バリアフリーとユニバーサルデザインの考え方　　（177）
   2　ハード面から見た生活環境とまちづくり ……………………179
   (1) 生活の基盤となる住宅環境の整備　　（179）
   (2) アクセスを可能にする各種利用条件の整備　　（181）
   3　ソフト面から見た生活環境とまちづくり ……………………183
   (1) 自己決定を促すための情報の提供と開示　　（183）
   (2) 福祉教育の推進と展開　　（184）
   (3) さまざまに展開する住民参加のかたち　　（186）
   4　利用しやすい生活環境を整備していくために ………………189

第13章　関連領域―地域福祉の推進と保健・医療・福祉などの連携システムの構築 ……………………192
   1　はじめに ………………………………………………………193
   2　高齢者・障害者等の生活課題の特質と保健・医療・福祉の連携の意義
   ……………………………………………………………………194
   (1) 高齢者・障害者などの生活課題（ニーズ）の2つの側面　　（194）
   (2) 「国際生活機能分類」（ICF）の視点と生活課題（ニーズ）の構造
　　　　　　　　　　　　　　　　　　　　　　　　　　　　　（194）
   (3) 地域福祉の4つの構成要素からみた，保健・医療・福祉等の連携の

意義　　（196）
3　保健・医療・福祉等の連携によるシナジー効果と情報の公開性 ……198
　（1）保健・医療・福祉等の連携によるシナジー効果　　（198）
　（2）情報の公開性，情報の有効活用と連携の意義　　（199）
4　地域ケアサービス等における保健・医療・福祉の連携の現状と課題
　　…………………………………………………………………………200
　（1）市町村社会福祉協議会の総合相談等を基礎とした保健・医療・福祉
　　の連携　　（201）
　（2）基幹型在宅介護支援センター，障害者生活支援センター等を中心と
　　した連携のタイプ　　（204）
　（3）社会福祉法人，医療法人，NPO，障害当事者組織・親の会等による
　　居宅サービスの連携のタイプ　　（207）
　（4）児童虐待防止，障害者の就労支援などのネットワークによる課題対
　　応のタイプ　　（208）
4　保健・医療・福祉の連携とコミュニティ・ソーシャルワーカーの役割
　　…………………………………………………………………………209

索引
執筆者紹介

第1章　理論　研究対象領域・研究方法・概念

▶本章で学ぶこと　地域福祉は現代社会における構造的産物であり，制度としても実践としても実際に存在する一つの社会現象である。このような地域福祉をどのように捉えるのかということについては，視点やアプローチの違いにより異なってくる。最大公約数的な規定の仕方として，地域社会レベルの社会福祉といったものがあるが，これは概念規定としては十分なものではない。地域福祉論の研究領域は非常に広く，その展開はミクロレベルの実践からマクロレベルの制度・政策までにおよび，多次元，複雑である。また，地域福祉論はこのような地域福祉という社会現象を学際的・総合的に研究することによって，その全体を把握し体系的に明らかにするための理論である。

　本章では，まず，地域福祉の特質と主要な理論を取り上げ，その意義と課題を検討する。次に地域福祉論を研究するうえでの基本的考え方を整理し，その概念，構成要素について明らかにする。

[Key Concepts]
運動論　学際的研究　価値　環境改善サービス　関連公共施策　機能論　共同社会　構成要件　構成要素　コミュニティ　コミュニティ・ケア　在宅福祉サービス　在宅福祉論　三元構造論　社会運動　住民　主体　主体形成　主体性　政策論　対象（客体）　地域組織化　地域社会　地域生活問題　福祉環境　福祉コミュニティ　方法　予防的社会福祉

1. 地域福祉の特質

　地域福祉を社会福祉の一分野として捉えるのか，あるいは地域福祉型社会福祉といわれるように社会福祉の新たな基本原理として捉えるのかが議論される時代になった。従来の社会福祉は貧困・低所得者対策，児童福祉，高齢者福祉，障害者福祉などの階層・属性などによる縦割りの社会福祉や医療福祉・司法福祉・教育福祉などの領域別の社会福祉であった。しかし，地域福祉は，住民の生活が営まれ一定の地域性や共同性をもつ地域社会を基盤として，住民の立場から社会福祉の各分野，関連領域を横断的あるいは総合的に捉える特質をもつものである。また，地方自治や住民自治を前提とした，住民主体の理念と原則による住民の主体的参加と主体形成による新たな社会福祉システムの構築をすすめるものである。それは地方自治体レベルというよりも，日常生活の場である身近な小地域の変革からはじまるものであると考えられる。このことは，地域社会とは何か，さらにそこで暮らす住民とは誰か，また住民が抱える地域生活問題とは何かに照らして，地域福祉の概念を規定しなければならないことを表している。

　まず，地域福祉における地域社会の次のように捉えることができる。地域社会は，実際に住民が生活を営む場，社会福祉の政策が展開される場，生活問題が発生する場，また，問題解決のための取り組みと主体形成が行われる場であるということである。

　地域社会は日常的に使用される用語であるが，学術用語としても多様な意味をもって使用され，neighborhood, community, regional society, local society などと英訳される。その理由は地域社会の概念が幅広く曖昧であることにほかならない。地域社会の広さの捉え方は，近隣，町内会・自治会，小学校区などの小地域から，市町村，さらに広範囲なものまでであり，居住などを契機として形成される基礎集団であり，一定の地域的な広がりをもつ空間としての地域性と，そこに居住する人びとの帰属意識や相互の社会関係によって特徴づけられる社会をいう。前近代的な共同体は，自給自足的なものとしての地域社会を構成していたが，近代社会における地域社会ではそのような共同体の解体が進み，人びとがニーズの充足を求める地域社会はより広い範域に拡大している。

地域福祉の立場から地域社会を捉えるならば，政策的には操作概念として市町村，都道府県などの行政の範域を大枠として設定し，実態概念としては空間的な理解にとどまらない，住民の生活に焦点をあて，地域性と共同性を契機とする「生活システム」「福祉課題解決システム」としてのまとまりのある小地域を位置づけるという重層的な方法をとることになる。

　また，コミュニティという用語は，地域社会と共同社会という2つの意味をもっており，両者を含めて表現する場合に用いられる。ただし，村落共同体のような地域性と共同性をもった地域社会ではなく，一定の地域における住民が主体的に形成する共同社会という意味で用いられている。

　地域福祉活動という観点から捉えれば，農村地域では集落，都市地域では町内会や小学校区などの地縁社会が一般的な単位となり，制度・政策が展開される行政区という観点から捉えれば，市町村，都道府県という単位になる。その他，経済や文化などの観点からも捉えられる。行政区はそこに居住する人びとを包括する地域社会であるが，地域的な包括性をもたない地域集団も多く，地域社会にはこれらが併存している。行政区の場合は，地域的範囲を設定できるが，住民の共通性や共同性については必ずしも存在するとは限らない。また，自然発生的な地域集団には共通性と共同性はあるものの，地域的範域の設定が困難な場合がある。

　次に，地域福祉における住民の捉え方である。地域福祉の中心におかれる住民とは，地方自治体の区域内に居住する人びとという場合と，生活上の共通性と共同性による一定範域に居住する人びとをいう場合がある。前者を住民，後者を地域住民として区別して表現する場合もある。共通性と共同性が希薄化し，利害対立が発生するということも多くなり，住民についての捉え方は曖昧である場合も多い。地域福祉における住民とは，①自治体の特定の範域に居住する住民，②特定な生活問題やその解決などにかかわり共通性，共同性，利害関心などをもつ住民，③特定の福祉サービスや制度の利用にかかわる住民などを複合的に用いて設定することになる。また，住民の範囲は個人に限定されず，集団，組織などを含める場合もある。

　最後に，地域福祉における地域生活問題の捉え方である。地域福祉は地域社会における生活問題がその前提となる。一般的に地域問題とは，資本主義の発展に

ともない地域社会において生起するさまざまな社会問題をいうが，地域生活問題とは，住民の立場から捉えた，地域住民の生活の拠点である地域社会に生起する，生活を困難ならしめる諸問題であり，それらは地域性と個別性をもつものである。

以上，地域福祉の概念規定をする前提として，地域社会，住民，地域生活問題の考え方を明らかにした。しかし，地域福祉はどのような視点や分析枠組みを設定するかによって，その概念も内容も異なるものとなる。したがって，まず，地域福祉の先行する諸理論がどのような視点や分析枠組みをもって地域福祉の本質や実体を定義づけているのかを検討し，それを踏まえ，地域福祉の研究対象領域，研究方法，概念，構成要素などの考え方について述べることとする。

2. 地域福祉の諸理論

地域福祉の諸理論は，戦後の地域福祉の展開過程において明らかにされてきたものであり，それぞれの時代における社会福祉の状況や地域福祉の成熟度などとの関わりにおいて論議されてきたものである。また，それぞれの概念や構成要素は，地域福祉がどのような具体的内容によって成り立っているのかを示すものであり，地域福祉の理論研究においては，しばしばこの構成要素に関するものが論議の焦点となってきた。ここでは，地域福祉理論の形成過程を踏まえ，主要な地域福祉理論における地域福祉の概念とその構成について明らかにする。

（1） 機能論からのアプローチ

岡村重夫は，『地域福祉研究』（1970年）と『地域福祉論』（1974年）において，わが国で最初に地域福祉の理論体系化を試みている。この地域福祉論は，岡村の社会福祉固有論から発展したものであり，地域福祉をニーズ充足の機能的なシステムとして捉えるものであると理解されている。岡村社会福祉論の特徴は，「社会成員の各々が社会制度に対してもっている基本的な社会関係の主体的側面のうちの社会的条件を，全体として問題にするのが社会福祉固有の対象把握の視点である」[1]というものであり，個人と社会制度を結びつける社会関係と主体性の強調が特徴となっている。

岡村は，地域社会を構造的全体として捉える「地域性の原則」と，地域社会問題に対して住民生活の全体性の立場から接近する「福祉性の原則」によって理解し運用するところに，地域福祉の固有性が成立するとし，地域福祉概念の構成要素として，①最も直接的具体的援助活動としてのコミュニティ・ケア，②地域組織化活動（コミュニティ・ケアを可能とする前提条件づくりとしての一般的地域組織化活動と福祉組織化活動），③予防的社会福祉の3つをあげている[2]。これらは，ソーシャルワークの保護的機能，組織化機能，予防的機能に対応した類型となっている。

　そこでは，居宅ケアと施設ケアを含むコミュニティ・ケアを地域福祉の中核的概念として位置づけている。また，地域組織化活動（コミュニティ・オーガニゼーション）については，コミュニティ・ケアをすすめるためのコミュニティづくりを目的とし，地域組織化活動のうちの一般地域組織化活動とは，新しい地域社会構造としてのコミュニティづくりをすすめるものであり，福祉組織化活動とは，コミュニティを基盤とし，福祉コミュニティづくりをすすめるものであるとしている。そして，地域組織化活動による「地域コミュニティ」の下位コミュニティとして，福祉組織化活動による「福祉コミュニティ」を位置づけており，それは「特定の要保護階層ではなくて，地域社会に居住する一般住民」を対象としている。

　このなかで岡村は，「コミュニティ」および「福祉コミュニティ」を地域福祉のなかに位置づけ，その性格と機能を明らかにしている。ここでいうコミュニティとは，住民の行動体系における主体化と客体化，意識体系における普遍化と特殊化という2つの軸によってつくられる，①地域共同体型（地域主体的態度，特殊主義的利害意識，個性埋没型な社会・集団），②伝統的アノミー型（地域客体的態度，特殊主義的利害意識，脱地域的態度），③個我型（地域客体的態度，普遍主義的価値意識，権利要求型住民運動），④コミュニティ型（地域主体的態度，普遍主義的価値意識，望ましい地域社会）の地域社会という4つの地域社会モデルからなり，地域組織化活動はこれらの①，②，③をコミュニティ型地域社会に発展させることにあるとしている（図1-1）。

　そして，福祉コミュニティは，地域社会の枠を越えた利益集団的なものではなく，地域社会における下位集団であり，地域社会における社会福祉サービスの対

象者やその関係者，またそれと同じ立場に立つ共鳴者，代弁者，福祉その他の生活関連制度に関係する機関・団体からなるとしている。この福祉コミュニティは，社会サービスの利用者ないし対象者の真実の生活要求を充足させるための組織体であるという性格をもち，①社会福祉政策に対する住民参加ないしは対象者参加，②地域福祉に関する情報活動，③住民の権利と利益を擁護・進展させる地域福祉計画の立案，④コミュニケーション，⑤社会福祉サービスの新設・運営という機能をもっているとしている。

また岡村は，地域福祉の構成要素として，コミュニティ・ケア，一般的地域組織化，福祉組織化とならんで，予防的社会福祉を不可欠なものとしてあげている。コミュニティ・ケアは事後的な保護を目的としているのに対し，予防的社会福祉は，個人の社会生活上の困難の発生を予防するとともに，社会制度や社会福祉サービスの積極的な改善を図るものであるとしている。

このような岡村の地域福祉の機能的な概念は，地域福祉の各構成要素の相互関連とそれぞれの意味づけによって認識されている。さらに岡村は，地域福祉の概念を，上記の3つの構成要素を縦にとり，横にその対象者，とくにコミュニティ・ケアの要援護者として，児童，老人，心身障害者，その他を置き，児童地域福祉，老人地域福祉，障害者地域福祉，その他の地域福祉という4つの地域福祉分野を設定している（図1-2）。

このように岡村の地域福祉論は，住民や地域社会の主体性とコミュニティの力への確信が前提となり，地域社会関係の構築，対象者の社会関係全体を視野に入れた支援，住民参加による福祉の地方自治などが目指される。岡村地域福祉論の前提となる社会福祉モデルはイギリスにおける社会サービスの諸制度であり，その主体性の概念は民主主義社会の成員に求められる一般的な主体性である。その特徴は，地域福祉論のなかにそうした主体性を位置づけたところに独自性がある。

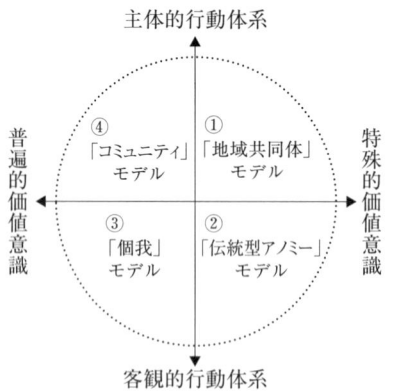

図1-1　地域社会モデル
出典：奥田道大『都市コミュニティの理論〈現代社会学叢書11〉』東京大学出版会 1983, p.28

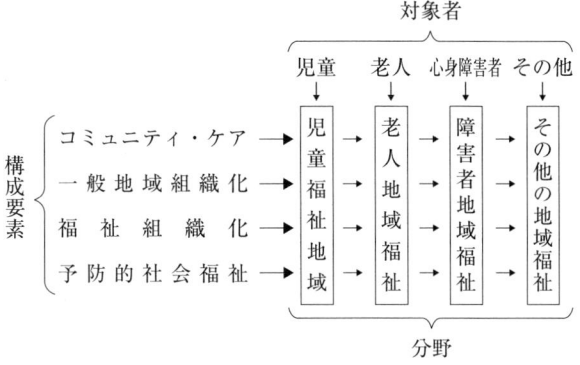

図1-2 地域福祉の概念
出典：岡村重夫『地域福祉論』光生館 1974, p.63

　一方，この理論の問題点としては，総合的・包括的な社会福祉の一部を研究対象の領域として設定したということである。つまり，これによって，現実の多様で複雑な地域福祉の分析は行われず，結果としてそのすべてを説明することができないという問題を残した。さらに，対象別分野と地域福祉の方法という二次元的捉え方による地域福祉の捉え方では，複雑な地域福祉をどこまで捉えられるのかという疑問も残している。したがって，これらに問題や政策を生み出す構造，地域福祉に影響を与える社会経済状況，複雑・多様な住民のニーズ，多元化された地域福祉の推進主体などを加えたものによって地域福祉を捉え直し，その全体像を明確化することが求められている。

（2）政策論，運動論からのアプローチ

　岡村理論における生活者の概念を中心に置いて，新たな地域福祉の理論化を図った右田紀久恵は『現代の地域福祉』（1973年）において，地域福祉を政策論，住民主体論の立場から，「生活権と生活圏を基盤とする一定の地域社会において，経済社会条件に規定されて地域住民が担わされてきた生活問題を，生活原則・権利原則・住民原則に立脚して軽減・除去し，または発生を予防し，労働者・地域住民の主体的生活全般にかかわる水準を保障し，より高めるための社会的施策と方法の総体であって，具体的には労働者・地域住民の生活権保障と個としての社会的自己実現を目的としている公私の制度・サービス体系と，地域福祉計画・地域組織化・住民運動を基礎要件とする」[3]と規定している。この規定は包括

的なものであり，地域福祉の構成要件（要素）として，地域社会を基盤としたサービス体系と地域福祉活動の体系をあげている。この概念については，その対象が生活問題一般に広がっており，その固有性が明確でないという問題点がある。しかし，その対象を資本主義の構造的欠陥から生じる生活問題とすること，地域福祉が政策とそれに対抗する運動によって生み出される社会的施策であるということなどから，機能論的概念では捉えられない，住民の階層性，連帯，運動，住民自治などをダイナミックにとらえることが可能となっている。

また，1980年代に右田は『地域福祉教室』（1984年）と『地域福祉講座』（1986年）において，地域福祉の枠組みの成立条件として，①基本的要件（関連公共施策，地方分権化，行政機能の統合化），②構成要件（在宅福祉サービス），③運営要件（公的責任としての制度・基準，地域組織化，地域福祉計画，福祉教育・情報公開，地域福祉方法論・技術論の開発）をあげている。

さらに，右田の地域福祉論は1980年代以降，地方自治との関係を深め，『自治型地域福祉の展開』（1993年）では，社会福祉の一分野としての地域福祉を住民自治や地方自治体と関連させた社会福祉システムづくりの基本原理として捉え直す自治型地域福祉論を展開している。そこでは，「住民が地域福祉理念の理解と実践を通して，社会福祉を自らの課題とし，自らが社会を構成し，あらたな社会福祉の運営に参加すること，すなわち，地域福祉の内実化が，地方自治体の構成要件の一つとしての住民『自治』に連動するものとみることができる」[4]としている。そして，主体性をもった住民が組織化されることにより，福祉コミュニティが構築されるという地域福祉の考え方が示されている。

一方，真田是は，地域福祉を資本主義社会における貧困化の一形態としての生活問題への対応策であるとし，①社会問題，②政策主体，③国民運動の3つの要素による動的関連（三元構造論）によって解明しようとする。それは，「地域福祉への関心は，社会問題の新しい様相の一つとして注目された地域社会問題と住民運動への注目とによっていたと言ってよい。地域社会問題をどう鎮め解決するかは地域福祉のテーマ・課題とされ，折からの住民運動が地域福祉の内容と方法をつくり出すモデルないしは手がかりとされた」[5]という問題意識によるものである。また，そのような社会問題という客観的な事態とその解決の運動を通して，住民の主体形成が図られるとしている。

また，井岡勉は，住民の暮らしの立場から政策論と運動論を重視し，「地域福祉は，資本の運動法則によって必然的に生み出された住民（労働者・勤労住民）の地域生活の条件をめぐる不備・欠落や悪化・破壊が進行するなかで，これに対抗する社会運動を媒介に社会問題として提起された地域生活問題に対する社会的対策の一翼である」[6]と規定している。

　このような地域福祉論のなかでのマクロ的アプローチによる運動論は，政策状況との関係で運動を捉えようとするものである。すなわち，社会運動は，①住民の個別的努力では解決できない福祉の問題状況の解決と，②住民の集団的・組織的活動の試みという，2つの特性をもつものとなっている。こうしたアプローチから社会運動を捉えるならば，社会運動は，公的責任によって解決されるべき福祉の問題状況を解決するための住民による非公式的な集団的・組織的活動と定義することができる。しかし，政策と社会運動がこのような関係にあるとしても，同一の問題状況において常に社会運動が発生するということはなく，また，同一の問題状況において同一の社会運動が発生することはない。さらに，政策との関連が不明な小規模の多様な運動が存在している。したがって，社会運動のすべてを階級対立において説明することはできないし，社会運動が必ず絶対的窮乏化の結果として発生するということもいえないのである。

　地域福祉における運動論には，このようなアプローチと前述の機能論的アプローチがある。前者は社会構造上の問題に関連して運動の発生や展開を捉えようとするものであり，後者は，主体である住民のニーズの充足や価値の実現，自己実現という側面から運動を捉えるものである。このようなアプローチの違いはあるが，両者は深く関連している。

（3）　地域組織化論・在宅福祉論からのアプローチ

　1970年代に在宅福祉サービスが実体化するなかで，全国社会福祉協議会の「在宅福祉サービスに関する提言」（1977年）と「在宅福祉サービスの戦略」（1979年）が示された。これらは要援護者やその家族のニーズに対する諸サービスを，居宅処遇の原則にたって再編成し，新たな社会福祉サービスの供給体制の総合的整備を図ろうとするもので，地域福祉概念のなかに在宅福祉サービスを位置づけるとともに，組織化活動と生活環境改善との関わりが検討された。永田幹夫，三

浦文夫らの地域福祉論は,全国社会福祉協議会の「在宅福祉サービスの戦略」に代表される一連の在宅福祉サービスの体系化から発展させたものである。

永田は全国社会福祉協議会において地域組織化活動に携わっていたことを踏まえ,また三浦の在宅福祉論を取り入れ,「①地域福祉とは,社会福祉サービスを必要とする個人・家族の自立を地域社会の場において図ることを目的とし,それを可能とする地域社会の統合化・基盤形成をはかるうえに必要な環境改善サービスと対人的福祉サービス体系の創設・改善・確保・運用およびこれら実現のために組織化活動の総体をいう。②なお,行政努力と住民参加による民間努力と機能分担が重要な課題となる」[7]とし,その構成要素として,①在宅福祉サービス(予防的福祉サービス,専門的ケア・サービス,在宅ケア・サービス,福祉増進サービス),②環境改善サービス,③組織活動(地域組織化,福祉組織化)の3つをあげている。

また三浦は,その社会福祉政策論のなかで地域福祉を「第1は要援護者の自立を地域において図るための対人援助サービス(個別援助活動)として,①予防的福祉活動,②狭義のコミュニティ・ケア,③在宅ケアなどの活動を含むものである。そして,これに加え第2にはこれまでの地域福祉活動の重点とされてきた当該地域の社会的統合を高めるための環境・制度の改善・整備などの活動は,引き続き発展させなければならない」[8]としている。

三浦の概念規定は永田のそれと共通する点が多いが,環境改善はサービスではなく活動とし,組織活動は方法・技術ということで概念のなかには含めていない。両者の関係では,構成要素としては非常に近いものがあるが,永田が組織化活動を強調し,三浦が在宅福祉サービスを強調するという関係にある。

これらの概念の特徴は,地域福祉が社会的支援を要する人びとを中心とする住民の福祉ニーズに対するサービス供給の機能体系であるとするところにある。つまり,主たる対象者を限定し,コミュニティ・ケア,あるいは在宅福祉サービスを中心にすえることによって,それまで包括的で曖昧であった地域福祉の固有性をある程度明確にしたと考えられる。しかし,歴史的,経済的,社会的に規定された地域社会の構造的問題や,ニーズ発生のメカニズムなどを捉えきれていないこと,永田,三浦については地域福祉と在宅福祉の概念の区別が明確でないこと,供給サイドからの理論化に傾斜し,住民が主体として十分に位置づけられて

いないこと，などいくつかの課題が指摘される。

3. 地域福祉論の研究対象領域と方法

　地域福祉は歴史的には，戦後の住民主体の地域組織化活動を中心として発展し，さらに福祉施設の社会化，在宅福祉サービス，環境改善，住民参加型在宅福祉サービス，地域福祉計画，地域福祉権利擁護などにより拡大し，また，制度化・体系化されることによって1つの実践的・理論的な集大成として形成されてきたと考えられる。

　その間もっとも重視されてきたことは，住民が抱える地域生活問題を解決するために，住民や地域社会自らが問題解決活動へ参加する必要性を理解し，さらに他の住民との利害対立を超え，人権を尊重し，権利を擁護し，協働し活動することであった。住民主体の地域福祉といわれるように，地域福祉においては住民の主体的な関わりがもっとも重視され，住民の主体形成，コミュニティの主体形成が常に課題として取り上げられてきた。

　また，地域福祉は，ノーマライゼーションなどの理念にみられるように，特定の価値や社会規範への志向が強い目的概念としての性格もっている。そして，地域福祉の制度・政策，地域社会におけるソーシャルワーク実践，さまざまな住民による地域福祉活動においても，このような性格がみられる。それは地域福祉が，その理念を実現するための住民の主体的な活動と地域社会における援助活動によって実現したものであることによっている。その意味で，地域福祉は国家によりつくられるトップダウン・アプローチによる地域福祉政策の展開だけではなく，個々の住民の問題解決活動から始まり，住民同士が問題を共有し，組織的な解決活動を展開するというボトムアップ・アプローチによる展開過程を重視するものであるといえる。

　地域福祉論の研究は，「地域社会における社会福祉に関する総合的研究」を行う学問として体系化され一定の定着をみているが，その概念は広く多様であり，必ずしも明確となっているとはいえない。その理由は，①研究対象領域が広いこと，②ミクロからマクロという多様な次元のソーシャルワークが含まれ，かつ複雑に関連していること，③地域福祉は学際的（inter-disciplinary）な研究を必要と

しており，多様な学問（心理学，精神医学，社会学，教育学，経済学，法律学など）が含まれることなどがある。このためソーシャルワーク実践は，広範な対象領域において，多様な次元で学際的なアプローチをしなければならない宿命を負っている。そして，実践は拡散し，何を焦点とし，何が専門性であるのかが見えにくくなるのである。また，地域福祉における鍵概念である住民，地域社会，コミュニティ，地域生活，地域福祉問題などは包括的な概念であり，実際には多様な意味に理解されていることもある。

地域福祉はその前提として，まず，地域福祉の対象となる地域社会における住民の生活問題がある。そして，国，自治体の制度として地域福祉が成立し，制度に基づく福祉サービスの提供やソーシャルワーカーの実践が機能している。一方で，制度の枠組みとは異なる，問題を抱える当事者，住民，ボランタリーな団体，そしてプロフェッショナリズムによる地域福祉問題への取り組みがある。それらは相互に関連し合いながら，あるときは協働し，また対立しながら複雑な関係をつくっている。ノーマライゼーションといった地域福祉にとって重要な理念であっても，具体的な施策，行動という次元では現実には対立することもしばしばある。地域福祉はこれらの諸要素と要素間の相互関係としての社会現象を総合的・体系的に分析・把握することが必要とされる。そして，問題解決過程における問題の発見から実行・評価までの相互連関も含めて分析しなければならならい。

また，地域福祉の成り立ちからするならば，政策論などによるマクロ的な視点から捉えるだけでなく，小地域におけるソーシャルワーク実践などのミクロ的な視点からのアプローチも求められる。そうした重層的なアプローチを含んだ新たな研究の枠組みを設定し，地域福祉論を検討しなければならない。

4. 地域福祉の概念

地域福祉を極めて抽象化して規定すれば，「現代社会がその存立のために行う価値実現と地域生活問題の予防・解決のための諸方策の総体である」といえる。それはまず第1に，地域福祉は現代社会の構造的産物であるとともに，第2に，地域福祉は地域生活問題の性質に規定される諸方策であるということであり，地

域福祉が2つの形成要因をもつことを意味する。

現代社会の構造的産物というのは，現代社会が地域福祉という構造と機能を生み出したということである。これは資本主義社会における階級対立の緩和や社会不安の解消などの一環として捉えられるとともに，基本的人権や生存権保障などの価値実現の一環としても捉えることができる。また，これは政策論的アプローチによる理論によって指摘されるところである。

一方，地域生活問題に規定される諸方策であるというのは，地域福祉の対象である地域生活問題の性質に地域福祉が規定されるということである。これは機能論的アプローチによって指摘されるところである。

ただし，地域生活問題は歴史的にみれば，現代社会以前においても存在していたが，その時代において地域福祉は存在していなかったということがある。そうしたことから考えれば，まず，現代社会が制度としての地域福祉を成立させたことになり，地域福祉の成立要因としては，地域生活問題よりも重要であるといえる。しかし，現代社会はすべての地域生活問題を対象としてその予防・解決の諸方策を用意しているわけでない。そこで，制度・政策以外の方策として，ボランタリーな取り組みなどを必然化することになる。また，生活問題の深刻化は住民の要求を強め，その対応としての地域福祉の推進を促すことを考えれば，地域生活問題も地域福祉の方策を強く規定していると理解される。

地域生活問題とは，地域住民の生活の拠点である地域社会に生起する生活を困難ならしめる諸問題の総称として理解される。また，地域生活問題とは実態概念であるが，その範囲の設定については，定まったものはない。狭く捉えれば地域生活を不可能あるいは不十分にしか行えない状態であり，要援護性などと呼ばれる。このような問題を地域福祉の対象として設定すれば，ある程度明確に設定しうる。しかし，地域生活問題を拡大して理解する強い傾向が一方にある。その結果，地域生活問題の範囲の曖昧性が残ることになる。それは，歴史的に社会福祉に対する対象拡大への要求が国民の側から出されてきたこと，そして，そうした要求により実際に社会福祉が拡大されてきたことによっている。

以上のことを踏まえ，また，地域福祉が現代社会における構造的産物であることを前提として，地域福祉を機能面から規定するならば，「地域生活問題の予防・解決のための社会的諸方策の総体である」といえる。したがって，こうした規

定からすれば，地域福祉は，地域生活問題の分析と理解から始まり，そこから地域福祉の構成要素が導きだされ，構成要素の相互関係が明らかにされることになる。

5. 地域福祉の構成要素

　地域福祉という複雑多様な社会現象の一部の領域を研究対象とし，それを抽象化して，地域福祉論を構築するという方法では，抽象化することで捨てられた多くのことがらがそのまま残されてしまい，地域福祉の現実問題にどこまで答えられるのかは疑問である。つまり研究対象領域の設定は，地域福祉の複雑・多様な実態をどのように捉えるのかということと深く関わるものである。社会福祉の制度や政策，そして実践などは，実際に存在しており，その範囲を描くことは可能であり，そうした範囲のなかで専門科学としての地域福祉論をどう描くかということが重要である。したがって，課題は地域福祉の多様性を分析・説明する方法はどのようなものであるのかということになる。

　そこで，本書では，地域福祉全体を捉えるため構成要素論的アプローチによる方法をとった。すなわち，地域福祉はそれを構成するさまざまな要素の全体が相互に関係づけられた体系であると理解し，まず，地域福祉の体系を構成する諸要素を明らかにし，それぞれがどのように関連しているのかを明らかにするものである。

　すなわち，地域福祉は，①その実践において，人権尊重，自立・自己実現，ノーマライゼーション，住民主体などの価値の実現を目指し，②地域社会における生活問題とその生活問題の担い手としての住民に対して，③その問題を解決するためにさまざまな支援が行われる。④そうした支援を担うのは福祉専門職や関連領域の多くの地域福祉の担い手，組織（公私の福祉サービス供給主体）であり，そして，⑤地域福祉の基盤としての地域社会は，生活の場，問題の発生の場，問題の予防と解決の場，政策展開の場である。このような各構成要素が相互に関係し合い形づくられるのが，地域福祉ということになる。

　地域福祉論が研究の対象とする領域は，このような地域福祉の価値，対象，主体，方法，関連領域などの地域福祉を構成する要素とそれぞれの要素の相互作用

によるダイナミックな展開によって生起される社会現象である。このような構成要素と相互作用とともに，ミクロレベルにおける実践からマクロレベルの制度・政策展開までクロスさせたところに，地域福祉論の総合的・体系的な理論体系が成立すると考えられる。

　各構成要素に関しての検討は，本書の各章においてなされるので，ここでは，各構成要素の基本的な内容と相互関連について明らかにしておく。

　第1に，価値（理念・目標など）についてである。ソーシャルワーク実践は特定のあるべき姿としての価値を想定し，それに現状を近づけるという目的が前提にある。この価値を明らかにしなければ，地域福祉の方向性は明確にならない。地域福祉における価値とは，社会的価値，社会福祉の価値，地域福祉の価値，ソーシャルワークの価値といういくつかの次元で捉えることが可能であるが，それらは相互に深く関連している。

　第2に，対象（客体）である。地域福祉の対象は，主として地域生活問題とそれを抱える当事者，住民，集団，地域社会である。これらの対象者は，自らの生活のあり方を自らの責任で選択，決定し，行動するという生活主体でもある。また，人はどのような状態にあろうとも人が人として有する生存権などの権利の主体として存在している。そして，権利主体として，援助の受け手だけでなく主体的に地域福祉に関わる権利を有している。また，そのような権利が確立され，保障されるために政策主体に諸施策を要求する運動主体でもある。

　第3に，地域福祉の主体である。地域福祉の主体は大きく政策主体，経営主体，実践主体，運動主体という4つに分類することができる。地域福祉の政策主体として位置づけられるのは，国と地方自治体である。国，地方自治体は，一定の権限のもと，制度・財源・組織・要員などを用意する。また，とくに都道府県と市町村は地方における総合政策主体として，地域福祉政策を展開することになる。

　経営主体は，社会福祉事業を実際に経営する国や地方自治体，社会福祉法人，その他の民間団体などの福祉サービス供給主体を指す。近年，福祉サービス供給システムにおける供給主体の特質や範囲について，行政と民間，第1セクター・第2セクター・第3セクター，営利と非営利，そしてフォーマルとインフォーマルなど，さまざまな基本的枠組が示されている。これは福祉サービス供給におけ

るサービス供給主体の代替性が高いことを示すものであるとともに，社会福祉事業の民営化が進展するなかで，多様な供給主体が複雑に関連し合い，その関係が変化していることの現れでもある。

そして，実践主体は，制度・政策としての社会福祉を具体化する社会福祉援助の実践活動を担うものである。つまり，社会福祉の制度・政策は，その目的の実現のため関係機関・団体・施設などに配置されている福祉専門職などを媒介として，客体に対してサービスを提供することになるのである。

さらに運動主体とは自らの要求を実現するために主体的に行動する住民，当事者団体などをいい，実践主体もこれに含まれることもある。

第4に，地域福祉の構造としての法や制度のシステムである。中央集権から地方分権へ，措置方式から利用方式へ，一元的供給から多元的供給へという流れのなかで，公的責任としての地域福祉の制度・政策に関する基本体系のあるべき姿が問われている。

第5に，地域福祉の方法と過程である。方法には多様なものがあり，①社会保険，社会手当，公的扶助，および社会サービスの提供，②収容保護と居宅保護，③貨幣的援助と非貨幣的援助（現金給付と現物給付），④個別的援助と階層的援助，⑤評価，調整，送致，開発，保護といった援助の機能，⑥ソーシャルワークの各種援助技術などである。本書において重視するものは福祉ニーズに対応するソーシャルワークである。とくに，地域福祉の価値を実現するための主要な方法として，「住民主体」の組織化活動が重要である。それは，地域においてニーズをもった個々の住民，当事者，住民組織，そして地域社会が自己選択・自己決定により自らの主体性を構築し，社会の一員として地域生活をめぐる諸条件の改善・向上をとおし，自己実現を達成することであるといえる。そのためには，住民相互の協働関係の構築，社会連帯，共同行動をとおして民主的な地域社会の実現・発展を図ることが必要となる。そしてコミュニティワーカーは住民の立場にたって，住民の主体的条件を保障し，支援を行うことが求められている。このように組織化活動は，地域社会における福祉課題の解決とともに，コミュニティづくりの活動の主体としての住民を大きくクローズアップし，住民を福祉の客体から主体へと転換させるという役割をもつものである。さらに，地域福祉を展開させる方法としては，もちろんケースワークやグループワークによる支援から，コミ

ュニティワークの発展形態である政治行動を伴うソーシャルアクション，さらにアドミニストレーション，ソーシャル・プランニングなどがある。このように地域におけるソーシャルワークの対象範囲はきわめて広範であり，方法は多様であり，次元は多次元である。

第6に，福祉環境（生活環境）である。福祉環境は社会的援護を要する人びとを主たる対象とする地域ケアサービスと，それに限らず一般住民も含めて対象とする予防・福祉増進サービスをすすめるためのハードとソフト面での地域社会の基盤整備をすすめるためのものである。

第7に，関連公共施策である。政策論の立場から捉えるならば，地域福祉は，人権思想，生存権思想などの価値を実現するための政策体系として理解される。それは，所得保障，保健，医療，雇用，教育，住宅などの関連公共制度，地方分権化，行政機能の統合化などを前提とする政策主体による福祉サービスの体系的施策，制度であるといえる。

注)
1) 岡村重夫『全訂社会福祉学（総論）』柴田書店，1968年，p.138.
2) 岡村重夫『地域福祉論』光生館，1974年，p.62-63.
3) 右田紀久恵「地域福祉の本質」住谷馨他編『現代の地域福祉』法律文化社，1973年，p.1.
4) 右田紀久恵編『自治型福祉の展開』法律文化社，1993年，p.8.
5) 真田是「地域福祉の基礎視角―地域社会・住民運動・地域福祉―」『立命館産業社会論集第33号』立命館大学産業社会学会，1982年，p.1.
6) 井岡勉「地域福祉論の課題」嶋田啓一郎編『社会福祉の思想と理論』ミネルヴァ書房，1980年，p.272.
7) 永田幹夫『地域組織論』全国社会福祉協議会，1981年，p.21.
8) 三浦文夫「地域福祉の概念」永田幹夫編『地域福祉論Ⅰ』全国社会福祉協議会，1980年，p.21.

■演習問題■

1 地域福祉における主な諸理論において，価値（理念・目的)，対象，主体，方法，基盤（環境，関連公共施策）について，どのような内容をあげているか整理し，それぞれの特徴を明らかにしなさい。

解説 地域福祉の概念を構成する要素として，以上の5つをあげ，岡村重夫，右田紀久恵，永田

幹夫，三浦文夫の4つの理論について整理し，その特徴を明らかにする。それぞれの理論には，一定の共通性が見られる側面もあるが，理論が形成された時代背景やアプローチの違いがあり，研究者の視点，問題意識によって大きくことなる点もある。

2 岡村重夫は，地域福祉の原則として「地域性の原則」と「福祉性の原則」をあげている。これらの原則による地域福祉の推進と，地域福祉の構成要素であるコミュニティ・ケア，地域組織化，予防的社会福祉の関係について考えなさい。

解説 岡村重夫は，地域性の原則と福祉性の原則という2つの原則を不可分のものとして理解・運用することに地域福祉の固有性を見出している。そのような地域福祉の固有性を成立させるためには，まず，地域社会を主体とする地域福祉が必要であり，それをすすめるのが地域組織化である。第2に，住民の生活要求に対応したサービスが必要とされる。その一つはコミュニティ・ケアであり，他の一つは予防的社会福祉である。

3 住民主体，自治，公共，民主主義というキーワードを用いて，右田紀久恵の自治型地域福祉論の特徴について，明らかにしなさい。

解説 自治型地域福祉論は，右田紀久恵が『自治型地域福祉の展開』（法律文化社 1993）において概念化したものである。右田はそれまで重視してきた住民主体と自治，公共性を通した新たな地方自治の確立と地域福祉を関連づけて理論を構築している。また，そのような理論を支える思想が民主主義原理であるということになる。

第 2 章　歴史 I
英米における地域福祉の形成と展開

▶本章で学ぶこと　地域福祉は，資本主義社会の発展による貧困問題の深刻化を背景とする19世紀後期のロンドンにおける慈善組織化運動やセツルメント運動などに始まる活動のなかから生成・発展してきたといわれる。イギリスでは，戦後のコミュニティ・ケアの展開とともにコミュニティワークが地域福祉を形成していく。一方，イギリスのこうした運動は，アメリカに伝わりコミュニティ・オーガニゼーションとして慈善事業や施設の連絡調整，地域組織化といったソーシャルワークの方法として発展してきた。

本章では，日本の地域福祉に常に影響を与えてきた英米の地域福祉の歴史的展開と今日の動向を学ぶ。

[Key Concepts]
インター・グループ・ワーク説　共同募金運動　コミュニティ・オーガニゼーション　コミュニティ・ケア　コミュニティ・ケア改革　コミュニティ・ディベロップメント　コミュニティワーク　慈善組織協会　社会計画モデル　小地域モデル　セツルメント運動　組織化説　ソーシャル・アクション・モデル　脱施設化　ニーズ・資源調整説

1. イギリスにおける地域福祉の形成と展開

(1) 慈善組織協会とセツルメント

イギリスでは19世紀に産業革命が起こり,資本主義社会の発展にともなって貧困問題が深刻化した。しかし国家による救済は消極的であり,私的社会事業が中心となってその救済を行った。デニソン(Denison, E.),ヒル(Hill, A.),ロック(Lock, C.S.)らは,1869年に「慈善事業の組織化ならびに乞食防止を目的とする協会」を設立するとともに,翌年,これを慈善組織協会(Charity Organization Society)と改称した。協会は無差別施与による救済の漏救や濫救を防止するために,ロンドン市内において教会や慈善団体による組織的な救済を行った。それは,ロンドンを小地区に区分し,その地区ごとに地区を担当する友愛訪問員を委嘱し,要保護者を調査し,調査結果を協会に登録し,各慈善団体相互間で救済に関する連絡調整を行うというものであった。また,協会の理念は,貧困の罪から個人を救済することにあり,それはあくまでも道徳的改良にあった。

また,ロンドンにおいて,とくに貧困地域を対象としたセツルメント運動が起こった。セツルメント運動はデニソンによって提唱されたが,キリスト教社会主義者のバーネット(Barnett, S.A.)はオックスフォード大学卒業後,国教会の司祭となり,ロンドン東地区の貧困地帯の教会に赴任して救済に当たった。そして,1884年に設立された世界で最初のセツルメントであるトインビー・ホールの初代館長となった。このセツルメントでは大学教授や学生,そして社会事業家など有識者がスラム地域に住み込み,バーネットの指導のもと,社会教育,医療などを行い,地域生活の向上に努めた。

一方,1919年には,半官半民的組織として全国社会サービス協議会(National Council for Social Service)が,地方社会サービス協議会の連合体として設立された(1980年に全国ボランタリー団体協議会National Council of Voluntary Organisationsに改称された)。これは日本の全国社会福祉協議会にあたる組織であり,この時期にコミュニティを基礎とした慈善団体の組織化がすでに行われていたことは注目されるものである。

（2） 戦後におけるコミュニティ・ケアの展開と
　　　コミュニティワーク

　イギリスの地域福祉を語るうえで，コミュニティ・ケアは不可欠ものである。イギリスにおけるコミュニティ・ケアの源流は，精神障害者福祉分野において大規模施設がつくられるなか，その弊害から施設外のケアが模索される1910年代にさかのぼるといわれる。

　イギリスにおける対人社会サービスの枠組みができるのは，1946年の国家保健サービス法，1948年の扶助法及び児童法によるが，コミュニティにおけるケアサポートという考え方としてのコミュニティ・ケアが一般化するのは1950年代である。1957年に「精神病者および精神薄弱者に関する王立委員会（Royal Commission on Mental Illness and Mental Deficiency）」が，施設ケアからコミュニティ・ケアへの移行に関する勧告を公的文書として初めて示し，1959年にはこの勧告にもとづきコミュニティ・ケアを規定する「精神保健法（Mental Health Act）」が成立した。また，1962年には政府は「病院計画（Hospital Plan）」を発表し，大規模精神病院を閉鎖した。

　さらに，1968年には，「地方自治体及び関連対人社会サービスに関する委員会」報告（シーボーム報告：Seebohm Committee : *Report of the Committee on Local Government and Allied Personal Services*）が提出された。この報告は，1965年に政府が，イングランドとウェールズにおけるパーソナル・ソーシャルサービスの地方自治体の責任と組織を再検討し，効果的な家族支援の望ましい改革のあり方を諮問し，約3年にわたる検討を経て提出されたものである。この報告がもっとも意図していたことは，高齢者・児童・障害など対象別に行われていた複数のサービス組織を包括的に運営管理する単一の社会サービス部に統合化し，効果的・効率的にサービスを提供しようとすることである。また，その任務をジェネリックなソーシャルワーカーに期待した。これを受けて，地方自治体が，コミュニティ・ケア政策を推進するうえでの実施責任を明確化し体制整備を義務づけた「地方自治体社会サービス法（The Local Authority Social Services Act 1970）」が1970年に制定され，翌年社会サービス部が発足した。社会サービス部はコミュニティを基盤とし，家族志向のサービス提供機関として位置づけられた。しかし，1980

年代以降，この組織は，その官僚的な側面が問題視されるようになった。

このような地方自治体の動向のなかで，1968年には専門職団体としてのコミュニティワーカー協会（Association of Community Workers）が設立されている。そしてコミュニティ志向がさらに強まるなか，コミュニティを基盤としたソーシャルワークの専門性が高まっていく。1960年代から70年代にかけて，イギリスは経済的不況のなかにあり，こうした背景から，行政による福祉サービス提供についての限界が認識され，民間部門やインフォーマル部門の役割が見直された。そのため地方自治体社会サービス法は，サービス提供を行政に限定せず，多様な供給主体が提供することも意図していた。また，1970年代には，イギリスにおいてもコミュニティ・ケアを支えるノーマライゼーションの理念が普及した。

そうしたなか，1978年にウルフェンデン報告（Wolfenden Report : *The Future of Voluntary Organisations*）が提出された。これはボランタリー組織の将来についての報告であるが，福祉サービス供給主体を statutory, voluntary, private, informal という4つの部門に分けて，公的な福祉サービスの提供の役割を認めながらも，多様な供給主体によるそれぞれの役割を重視する福祉多元主義といわれるものであった。そして，ボランタリー組織の今後の役割については，その特質である柔軟性，革新性を評価し，サービス供給の量的拡大，行政サービスの質的改善への影響，行政サービスの限界や隙間の補完などを強調している。

一方，イギリスにおけるコミュニティワークは，アメリカのコミュニティ・オーガニゼーションとコミュニティ・ディベロップメント（地域社会開発）の両者を統合し，発展してきたものとされる。したがって，コミュニティ・オーガニゼーションよりもコミュニティワークという用語が一般に使用されてきた。たとえば，ブリスコー（Briscoe, C.）は，「コミュニティワークという用語は，1960年代以降，主としてイギリスで使用され始めたもので，その意味するところは確定していない。強いて定義すれば，コミュニティワークは，人びとの自然環境と組織的環境が人びとの福祉を高めたり，妨げたりする点に焦点をあて，それによって同じ地域社会に生活する個人や集団の相互作用を増進させようとするひとつの方法である。コミュニティワークの目的は，多彩な生活問題に対応し，困窮を緩和し，希望と価値を実現していく資源，サービス，機会を強化することによって，社会生活機能（social function）を促進させる地域社会の力を強めることであ

る」[1]と定義している。

また，イギリスのジョーンズ（Jones, D.）は，コミュニティワークの主要な領域として，①必要とされる地域社会の資源の獲得，活用，開発としての「サービスの開発」，②組織間の調整と合同計画としての「社会計画」，③地域参加と近隣組織化活動としての「地域集団への取り組み」の3つの領域をあげている[2]。

（3） コミュニティ・ケア改革

前述のシーボーム報告（1968年）とそれに基づく自治体改革は，その後のコミュニティ・ケアを展開するうえでの基礎となった。そして，1980年代に入りコミュニティ・ケア改革が実施されることになる。

1982年には，コミュニティという環境を重視したコミュニティ・ソーシャルワークを強調するバークレイ報告「ソーシャルワーカー：その役割と任務」（*Social Workers : Their Role and Tasks*）が提出された。ここでいうコミュニティ・ソーシャルワークは，コミュニティワークとは異なり，個別相談としてのカウンセリングや個別援助技術とそうした援助を可能とする環境づくりやソーシャル・サポート・ネットワークの形成を強調するものである。

しかし，この報告では意見が最終的にまとまらず，3つの報告によって構成された。それは，カウンセリングと社会的ケア計画による介入をひとりのソーシャルワーカーが担うというコミュニティ・ソーシャルワークを強調する多数派報告と，ソーシャルワーカーが小地域における近隣を基盤とするソーシャルワークを重視し住民や行政と連携して活動するシステム（パッチシステム）を強調するハドレイ（Hadley, R.）少数派報告，そして，住民参加によるコミュニティへの期待は非現実的であるというピンカー（Pinker, R.）少数派報告からなっている。

1979年から1991年まで政権を担った英国保守党のサッチャーは，サッチャリズムと呼ばれるマネタリズムにより社会的プログラムの削減を行い，1980年代は，施設の縮小とコミュニティサービスの未整備により，コミュニティ・ケアは混乱のなかにあった。このような状況のなか，政府よりコミュニティ・ケアサービスの組織と財政についての検討の依頼を受けていた，政府保健アドバイザーのグリフィス（Sir Griffiths, R.）は，1988年に意見書「コミュニティ・ケア―行動計画」（*Community Care : Agenda for Action*）を提出した。ここでは，コミュニテ

ィ・ケアの責任主体としての地方自治体の明確化，地方自治体への権限委譲，ケアマネージャーの配置，多元的供給主体によるケアの実施などが勧告されている。

　これに基づいて，英国政府は1989年コミュニティ・ケア改革の枠組みを示したコミュニティ・ケア白書「人々のためのケア（Caring for People : Community Care in the Next Decade and Beyond）」を発表した。さらに白書に基いて，1990年に国民保健サービス及びコミュニティ・ケア法（National Health Service and Community Care Act）が成立し，翌1991年にコミュニティ・ケア改革が始まった。これにより，ケアや支援を必要とする人びとが，地域社会において自立した生活を送るために必要なサービスの提供を行うための国民保健サービスの機構や組織の改革が行われた。

2. アメリカにおける地域福祉の形成と展開

　16世紀初頭のコロンブスのアメリカ大陸到達後，17世紀になるとヨーロッパ諸国による植民地が次々とつくられていった。とくにイギリスからの移民は圧倒的に多く，アメリカにおける伝統・慣習はイギリスからのものが支配的であった。1776年にアメリカは独立し，1837年の恐慌を契機として産業革命が進み，不熟練労働者の移民が急増した。これらの移民はヨーロッパの宗教的・政治的抑圧から逃れた人びとであり，信仰心が篤く，また連帯意識が強かった。中世の強権的独裁主義を排し，新天地を求めるフロンティア精神が，アメリカ社会の自由と民主主義を育てたが，一方で，飲酒，賭博，怠惰などが貧困や失業の原因であるという考え方が強かった。

　アメリカ社会は，独立戦争，南北戦争，第一次世界大戦，第二次世界大戦と続く戦争の過程で，好景気，社会変動，不況が繰り返され，工業化，都市化，地域社会の解体，社会問題の深刻化，階級対立が進んだ。そして不況のなかで多くの労働者は低賃金，失業，貧困という状況に陥り，犯罪，家庭崩壊，非行などの社会病理現象が深刻化し，地域レベルにおける福祉対策が求められたのである。

　一方で，社会問題の深刻化は，デューイ（Dewey, J.）などによるプラグマティズムや社会的行動主義などの思想を生み，その影響を受けて，地域社会における

福祉対策やコミュニティ・オーガニゼーションといった組織化の実践と社会福祉の専門的な援助技術の必要性が認識されるに至った。

（1） 慈善組織化とセツルメント

アメリカでは，1876年に，ボストンにおいて施設団体相互間の情報を交換する民間機関である社会サービス交換所（Social Service Exchange）が設立された。そして翌年の1877年には，バッファローにおいて慈善活動を調整し，その重複・遺漏を防ぎ，慈善団体の協力を促進することを目的とした慈善組織協会が組織化され，そこでは友愛訪問を中心とした実践活動が積みあげられた。これ以来，ソーシャルワーカーは，コミュニティに対して積極的な関心をもつようになった。リッチモンド（Richmond, M.E.）は，こうした友愛訪問活動の専門性の向上に貢献し，ケースワークを最初に体系づけた。また，慈善組織協会は最初の専門教育機関であるニューヨーク社会事業学校（New York School of Social Work, 現在のコロンビア大学スクール・オブ・ソーシャルワーク）の発足や，新たな地域サービスの問題に取り組んだ。やがて，慈善組織協会は家庭福祉団体化したため連絡調整機能を失うが，その機能をもつものとして社会事業施設連合会が設立された。

一方，イギリスのトインビー・ホールの影響を受け，1886年にコイト（Coit, S.）らは，ニューヨークにアメリカで最初のセツルメントであるネイバーフッド・ギルド（Neighbourhood Guild）を設立した。さらに，アダムス（Addams, J.）はスター（Starr, E.G.）とともに，1889年，シカゴにセツルメントとしてハル・ハウス（Hull House）を設立した。そこではスラム教化事業にとどまらず人種問題，移民問題，労働者問題，婦人問題などで幅広い取り組みがなされた。

また，ブース（Booth, C.B.）の『ロンドンにおける人々の生活と労働』（1892年）の影響を受け，地域社会の福祉ニーズの把握と解決のための科学的方法の確立を目的として，ピッツバーグにおいて地域社会の実態調査（1907-1908年）が社会事業関係者によって行われた。この調査を基盤として，1909年にピッツバーグで設立された協議会と，ミルウォーキーにおいて設立された協議会が社会福祉協議会（community council）の最初であるといわれている。

（2） 共同募金運動と施設協議会の発展

　救済団体が個別で行っていた寄付金活動を共同して行うために，1913年，クリーブランド慈善博愛連盟（Cleveland Federation for Charity and Philanthropy）により共同募金運動が組織化された。そして，この組織は，翌1914年には地域社会の福祉問題解決のためにクリーブランド社会福祉協議会として再組織化された。同様に多くの社会福祉協議会は共同募金運動と密接な関係にあった。また，施設協議会活動の財源的裏づけとしても共同募金運動が活発化した。この運動はイギリスにおける慈善組織協会の活動として行われた募金活動が源流であるといわれているが，アメリカにおいてもデンバーなどで慈善組織協会の活動として展開されていた。

　1918年には共同募金運動と社会福祉協議会の全国組織である全米コミュニティ・オーガニゼーション協会（The American Association for Community Organization）が設立され，このころからコミュニティ・オーガニゼーションという名称が一般に使用されるようになった。

　1914年，コミュニティチェストが始まった翌年に勃発した第一次世界大戦のなかで全国民的運動として戦争募金が行われ，そうしたなかで共同募金運動も展開され，国土防衛協会による戦争遂行のための地域社会の組織化も進められた。

　第一次世界大戦の戦禍をまぬがれたアメリカは，その後，驚異的な好景気の時代を迎え，大規模な工業化と都市化が急激に進展した。それに伴い，地域社会関係の希薄化，地域社会の解体化が進んだ。ところが，1929年に大恐慌が起こり，地域社会において失業，貧困などの社会問題が出現した。この時期，このような社会問題に関心が寄せられ，公的な施設協議会が多く設置されるとともに，民間の施設協議会による近隣協議会（neighborhood council）の組織化や地域協議会（community council）の組織化が進んだ。近隣協議会は，当初，直接サービスを提供する役割を果たしていたが，やがて地域社会における連絡・調整の役割を果たすようになった。

(3) コミュニティ・オーガニゼーションの拡大と専門的発展の時代

　1935年に社会保障法が成立・施行されるなかで，コミュニティ・オーガニゼーションも全国的に展開されるようになった。

　コミュニティ・オーガニゼーションの最初の理論的整理は1939年の全米社会事業会議において取り上げられたことによるといわれるが，そこでは，ニューヨーク市社会福祉協議会会長レイン（Lane,R.P.）を委員長とする「コミュニティ・オーガニーションの討議計画に関する起草委員会の報告（*Reprt of Drafting Committee on Project for Discussion of Community Oraganization*）」，いわゆる「レイン報告」が1939年の全米社会事業会議に提出された。これはニードに適合するよう資源を動員するというニード・資源調整説と呼ばれるコミュニティ・オーガニゼーションであり，コミュニティ・オーガニゼーションの固有機能を明確にし，理論の体系化に大きな貢献を果たした。

　レインは「コミュニティ・オーガニゼーションの一般的目標は，福祉資源と福祉ニードとの間の進歩的，効果的調整を促進，維持するものである。これはコミュニティ・オーガニゼーションが，①ニードの把握と定義づけ，②ニードと障害の可能な限りの除去と予防，③資源とニードの結びつけ，および，変化するニードへのよりよい対応のための資源の継続的再調整に関係するものであることを意味する」（Robert P. Lane,"The Field of Organizing for Community Organization" *Proceedings of the National Conference of Social Work,* Buffalo, 1939, p. 500）と述べている。そして，これによりコミュニティ・オーガニゼーションはソーシャルワークの専門援助技術として発展を遂げることになった。

　やがてアメリカは第二次世界大戦のもと，戦時態勢を整えるために全国的な地域社会の組織化が進められた。これは，政府主導によるものであったが，戦争遂行という特殊事情のなかで市民による地域組織化活動が展開された。そして，それが戦後のさまざまなコミュニティ・オーガニゼーション団体による地域社会の組織化に継承されていくことになる。

　その後，コミュニティ・オーガニゼーションはアメリカにおいて発展し，施設団体間の調整，ニードと社会資源の調整，地域内の諸集団への働きかけ，住民参

加と地域社会の調和などを強調するさまざまな理論が発表された。

　ニード・資源調整説の立場から，ダナム（Dunham, A.）は，コミュニティ・オーガニゼーションを次のように定義づけている。「コミュニティ・オーガニゼーションは，地理的区域または機能的な分野のなかの福祉ニードと，福祉資源との調整を促進，維持するプロセスを意味する。福祉資源とは，諸機関，諸組織だけでなく，人的，物的設備，財源，法律，リーダーシップ，人びとの理解，善意，参加を含む」[3]。

　ここでは，ニードの発見のための対象者の組織化や計画立案による資源調整などが強調され，コミュニティ・オーガニゼーションに住民参加概念や計画概念を結びつけたという意義は大きい。また，1930年代～1940年代にはピッツバーグ学派のニューステッター（Newstteter, W.）を中心として，インター・グループワーク説が登場した。ニューステッターは，コミュニティ・オーガニゼーションを次のように定義している。

　「ある特定の社会的目的の達成に関して，いくつかの集団間の関係を調整することが，インター・グループ・ワークの過程の包括的目的である。ソーシャル・インター・グループ・ワークの過程に，2つの重要な側面がある。すなわち①決められた社会的目標の達成に加わっている集団の成員の間に，おたがいに満足のいく関係がなければならない，②責任をもって代表を出している集団とその代表者との間に，十分な疎通と相互関係（from and to）がなければならない」[4]すなわち，地域社会はさまざまな集団によって構成されており，これら集団間の相互作用によって成立しているので，ニーズの充足を図るためには，これら集団間の利害や意見の連絡調整を図ることを通して，地域社会の組織化をすすめようとするものである。インター・グループ・ワークは，現在では，コミュニティワークのプロセスにおける1つの技法として位置づけられている。

　さらに，1950年代になるとロス（Ross, M.G.）らによる組織化説（統合化説）が登場した。組織化説というのは，地域組織化説を略したものであり，コミュニティ・オーガニゼーションにおける目標達成，問題解決よりもプロセスを重視するところにその特徴があった。ロスらによる組織化説は，「共同社会がみずからその必要性と目標を発見し，必要な資源を内部にもとめて実際行動をおこす。このようにして共同社会が団結協力して，実行する態度を養い育てる過程がコミュ

ニティ・オーガニゼーションである」[5]と定義している。前述のニード・資源調整説，インター・グループ・ワーク説などとともにコミュニティ・オーガニゼーションの代表的な概念の1つといえる。とくに共同社会の解体が進行する地域社会を対象としたコミュニティワークにおいて有効とされ，ロスやシーダー（Sider, V.M.）の理論がその代表的なものとされる。

1960年代以降になると，貧困の拡大，人種対立などを背景として，コミュニティ・オーガニゼーションの新たな発展形態が見られるようになった。ロスマン（Rothman, J.）は，これらを，「小地域モデル」「社会計画モデル」「ソーシャル・アクション・モデル」として3つのモデルに整理している[6]。「小地域モデル」は，小地域における全住民を対象とし，その連帯，自立，調和を図ろうとするものである。「社会計画モデル」は，利害対立やイデオロギー対立のある地域社会において，科学的な計画技術によってその合意形成を図ろうとするものである。また，「ソーシャル・アクション・モデル」は，対象の要求に対応して，福祉関係者をはじめ必要とされる資源を組織化し，世論を喚起しつつ，議会・行政機関に対して，法・制度の創設，改善，充実などを求める組織活動を図ろうとするものである。

（4） 脱施設化とコミュニティ・ケア

アメリカは連邦制をとっており，地方分権化が進んでいる。そのため州ごとに大きな違いがある。

アメリカの障害者福祉は，保護の時代（1870年代以降），社会防衛の時代（1880年代以降），大規模施設化の時代（1930年代以降）を経て，脱施設化の時代（1960年代以降）を迎えた。

1960年代はアメリカにノーライゼーションの理念が普及しはじめ，知的障害者の大規模施設の解体と中間ケア施設やグループホームなどの地域生活のための基盤が整備された。アメリカにおける初期のノーマリゼーションの捉え方は，脱施設化と障害者をできるだけ一般の社会生活へ近づけようとするものである。そして，また，1960年代後半から1980年代にかけて施設の小規模化と施設入所から地域社会への移行が図られた。しかし，脱施設者が制約の多い地域生活を送っており，大きな問題が残された。

また，精神障害者においても，長期入院の解消や病院の閉鎖などにより入院患者が減少していった。しかし，重度の精神障害者などが，大都会においてホームレス化するなどの社会的問題が発生し，地域社会における精神障害者に対する適切な医療，福祉サービス，所得保障などが不十分であることが明らかになった。さらに，1963年に地域精神保健センター法が制定され，人口35万から40万ごとに一ヵ所の設置が進められたが，実際には精神病院を退院した患者のケアよりも，より健康な人びとを対象とする治療が中心となっていった。

そのような中で，複雑多様なニーズと地域社会の複雑多様な社会資源の調整を図る必要性が認識され，やがて1970年代にコミュニティ・ケアをすすめるなかでケースマネジメントにが発展した。ケースマネジメントはやがてイギリスのコミュニティ・ケア法においてケアマネジメントとして規定され，日本においても使用されるようになる。

また，1970年代には，福祉サービス利用者の自己実現や充足感などの主観的な基準としての生活の質（Quality of Life）の向上が課題となった。これにより利用者の選択と選好が重視されるコミュニティ・ケアのあり方が問われる時代となった。

1990年にはアメリカ障害者法が成立し，1990年代には，障害者に限らず，マイノリティの住民などを対象としたエンパワメントが強調されるようになった。エンパワメントとは，住民自身が本来もつ能力や権利を生かし自らの生活をコントロールし，自己決定・自己実現を図ろうとするものであり，そのための環境整備として，地域社会における福祉サービスの整備やエンパワメント・プログラムが求められている。

注）

1) Catherine Briscoe, Community Work and Social Work in the United Kingdom, H.Specht and A. Vickery ed., *Integrating Social Work Methods,* George Allen & Unwin, 1977. C. ブリスコー「イギリスにおけるコミュニティ・ワークとソーシャル・ワーク」岡村重夫監修訳『社会福祉実践方法の統合化』ミネルヴァ書房，1980年，p.254.

2) Daivid Jones, Community Work in the United Kingdom,「イギリスにおけるコミュニティ・ワーク」岡村重夫監修訳，前掲書，p.237-248.

3) Arthur Dunham, What is the the community Organization Worker?, *Proceeding of the Na-*

tional conference of Social Work, Columbia University Press，1949．牧賢一『コミュニティ・オーガニゼーション概論』全国社会福祉協議会，1971 年

4) Willber I. Newstter, The Concept of The Community and Other Related Concepts in Eleanowr E. Cockerill ed., *Social Work Practice in the Field of Tuberculosis, Proceeding of Symposium*，1953．牧賢一，前掲書
5) Murray G. Ross, *Community Organization, Theory and Principles,* Harper，1955．岡村重夫訳『コミュニティ・オーガニゼーション─理論・原則と実際』全国社会福祉協議会，1963 年
6) Jack Rothman, Three Models of Community Organization Practice, *Social Work Practice,* Columbia University Press，1968．

■演習問題■

1 イギリスにおけるコミュニティ・ケアにかかわる各種報告の背景と内容の違いについて明らかにしなさい。

解説　イギリスにおけるコミュニティ・ケアは，イギリスにおける地域福祉を語るうえで不可欠なものであるといえる。そうしたコミュニティ・ケアにかかわる文書として，「シーボーム報告」「ウルフェンデン報告」「バークレイ報告」「グリフィス報告」は重要なものとして評価されている。それぞれに内容を明らかにするとともに，その背景や与えた影響などについて検討しなさい。

2 アメリカにおいてもっとも有名となったセツルメント，ハルハウスの活動とその創設者であるジェーン・アダムスの思想について明らかにしなさい。

解説　ジェーン・アダムズは，アメリカのソーシャルワークの先駆者である。また，女性の救援や平和主義の運動においてもリーダーシップを発揮した女性活動家であった。1931 年にはノーベル平和賞を受賞している。アダムスが設立したハル・ハウスは，貧困者のための支援施設として，また地域の社会改良活動のセンターとして，幅広い活動を展開した。そうしたアダムスの思想とハルハウスの活動について明らかにしなさい。アダムスの著書として，『民主主義と社会倫理』(1902 年)，『新しい平和の理想』(1907 年)，『ハル・ハウスの 20 年』(1910 年)，『ハル・ハウスの次なる 20 年』(1930 年) などがある。

3 アメリカにおけるロス理論とはどのようなものなのか，また，アメリカにおけるコミュニティ・オーガニゼーションの諸理論のなかでどのような位置づけがされているのかを検討しなさい。

解説　わが国における地域組織化活動にもっとも強い影響を与えたアメリカにおけるコミュニティ・オーガニゼーション理論は，ロスの組織化説であるといわれる。このロス理論は，ニーズ・資源調整説やインターグループ・ワーク説の後に登場するもので，コミュニティ・オー

ガニゼーションにおける目標達成，問題解決よりも住民参加のプロセスを重視し地域社会の調和を重視するところにその特徴があった。ロス理論を取り上げた文献は多いが，岡村重夫訳によるロス『コミュニティ・オーガニゼーション―理論・原則と実際』（全国社会福祉協議会, 1968）が参考になる。

第3章　歴史Ⅱ
日本における地域福祉の形成と展開

▶**本章で学ぶこと**　地域社会における社会福祉に関わる諸活動を地域福祉の源流と捉えるならば，地域福祉には長い歴史があるといえる。とくに大都市のスラム地域におけるセツルメント運動や全国的展開をみせた方面委員活動などはその代表的な例としてあげられる。戦後では，地域生活問題の深刻化と広がりのなかで，共同募金運動，社会福祉協議会による住民主体の組織化活動，住民運動などが展開された。一方，福祉サービスの供給などをめぐって制度・政策としての地域福祉が確立され，さらに，地域福祉計画，権利擁護という新しい時代が到来している。

　本章では，地域福祉の背景となる社会経済状況，地域生活問題，地域福祉活動，地域福祉の制度・政策，そして地域福祉の理論などに焦点をあて，戦前の地域社会を基盤とした社会福祉に関わる諸活動が，戦後の社会福祉協議会の設立やアメリカのコミュニティ・オーガニゼーションの導入を経て，現在の地域福祉を基軸とした社会福祉の展開に至るまでの地域福祉の形成と展開について学ぶ。

[Key Concepts]
共同募金運動　　公私分離の原則　　コミュニティ・ケア　　事業型社協　　社会福祉改革　　社会福祉基礎構造改革　　住民運動　　住民参加型在宅福祉サービス　　住民主体の原則　　セツルメント運動　　占領政策　　地域組織化　　地域福祉計画　　地区組織化　　ノーマライゼーション　　方面委員活動　　ボランティア活動　　ふれあいのまちづくり事業　　民生委員活動

1. 日本の地域福祉の源流（明治から終戦）

（1） セツルメント運動

　日本のセツルメント運動は1890年代に始まったといわれ，アメリカの宣教師であるアダムス（Addams, A.P.）が1891(明治24)年に岡山において開設した岡山博愛会が最初のセツルメントといわれている。ここでは日曜学校，保育所，施療院，裁縫所などが設けられ，社会教化の取り組みが行われた。これに対し，近代日本の代表的な労働運動家である片山潜は，アメリカにおいてキリスト教社会主義，社会問題などを研究し，1897(明治30)年3月に東京の神田三崎町にキングスレー・ホールを開設した。ここでの活動は労働者教育に力を入れたが，経済難と思想的転向のために数年後には閉鎖された。

　その後，日露戦争後から第一次世界大戦後には，セツルメント運動は，公立や民間のセツルメントなどさまざまなものが存在した。1923(大正12)年の関東大震災を契機に，恐慌，失業者の増大，凶作の連続，農作物の価格低下などによる生活不安が深まるなか，セツルメントへの期待が高まり，運動は活発化した。各セツルメントは，それぞれに特徴ある活動を行っていたが，実際の活動と機能については，財政，従事者の数，そしてその経験の蓄積などの多くの問題を抱えていた。

（2） 方面委員活動

　方面委員活動は日本における主たる院外救助として，大正中期以来，活動が発展してきたが，これは公の救貧事業のための協力機関としての役割を果してきただけでなく，地域社会における社会事業の開拓者，推進者としての役割を担ってきた。

　1917(大正6)年5月，岡山県知事笠井信一は，県内の貧困調査により県民の約1割が極貧者であることが明らかになったことを受け，防貧対策として岡山県済世顧問制度を設置し，県内の名望家に委嘱して相談援助などの防貧事業を行った。1918(大正7)年6月には東京府慈善協会が救済委員制度，そして，米騒動後

の1918年10月にはドイツのエルバーフェルト制度の流れをくむ大阪府方面委員制度が設置され，大都市地域という地域特性と隣保相扶的傾向のなかで委員による社会測量と個別的救護が行われた。やがて本制度に他の類似の制度が吸収される形で，1936(昭和11)年に「方面委員令」が公布され，方面委員制度が法制化された。

昭和恐慌期になると，方面委員は救護法制定を働きかけ，1929(昭和4)年には救護法が制定された。そして方面委員は救護法実施促進運動を展開し，救護法の補助機関として位置づけられた。制度化以後から終戦までの時期は，方面委員活動が本格化されようとした時期であった。しかし，戦時体制のなかにあって方面委員は戦争遂行に動員され，戦時活動を余儀なくされたのであった。

このような制度は，院外救助を原則とする慈善組織運動において，諸外国においても採用されたものである。しかし，方面委員制度は，ドイツのエンバーフェルト制度の流れをもちながらも，日本の独自の制度として確立したといわれる。また，わが国のように近代社会事業の発展過程において国家の制度として存在し続け，しかも中心的役割を果してきたものは他に例がなく，戦後においても民生委員活動として継続している。

（3） 慈善組織化

慈善組織化の系譜は，1908(明治41)年に設立された中央慈善協会に求めることができる。中央慈善協会の設立にあたっては，内務省の官本，民間慈善家，学者などの有志によって貧民研究会が結成され，その準備がすすめられた。国内の実情の把握やイギリス慈善組織協会の機構，運営などが研究され，1903(明治36)年5月に開催された第1回慈善事業大会においてその結成が決定された。しかし，日露戦争の勃発によってその設立は延期され，戦時救済事業研究会として戦時救済事業にあたった。また，日露戦争後の政府がすすめる救済事業はその実があがらず，国民の自助精神の高揚と地方改良の促進に合わせた慈善組織の活動が求められるなか1908年10月7日に中央慈善協会（後の全国社会福祉協議会）が発足した。初代会長を渋沢栄一とし，その事業は，①国内外における慈恵救済事業の方法と状況及びその得失を調査すること，②慈善団体の統一を期し団体相互の連絡を図ること，③慈善団体と慈善家との連絡を図ること，④慈恵救済事業

を指導奨励しこれに関する行政を翼賛することであった。

その後，米騒動と前後して地方においても慈善組織化がみられるようになった。さらに，内務省に救護課が設けられ，地方の道府県においても救済事業担当が置かれた。1921(大正10)年3月に，中央慈善協会は中央社会事業協会と改称され，地方の社会事業協会の組織化が進んでいった。それは民間慈善組織の連絡調整という機能をもつとともに，地方行政の下請機関という性格ももっていた。

日本の慈善組織化の歴史は，イギリスやアメリカの例と同じく，慈善事業，社会事業の成立過程において必然的に生まれたものであり，その起源は資本主義が発展し社会問題が深刻化した明治末期から大正期である。

2. 戦後の地域福祉の展開

(1) 戦後地域福祉構築期 (1945年～1951年)

1945(昭和20)年8月15日，太平洋戦争は日本の敗戦をもって終わりを告げ，国民は長期にわたる戦争の苦しみから解放された。しかし，敗戦に伴う社会的・経済的混乱のなかで，国民は窮乏生活を強いられた。こうしたなかで，敗戦後まもなくの社会事業は，800万人に及ぶ生活困窮者，戦災孤児，傷痍軍人などの要援護者に対する援護活動が当面の課題となり，GHQ (占領軍総司令部) の指示による一連の救済政策がとられた。

また，敗戦の翌年の1946(昭和21)年には，GHQの民主化政策や公私分離政策のもとで，基本的人権を保障し，民主的な平和国家をめざした日本国憲法が制定された。憲法第25条の生存権保障や第89条の公私分離の原則に基づき，生活困窮者を対象とする (旧) 生活保護法 (1946年，1950年に全面改正) のほか，児童福祉法 (1947年)，身体障害者福祉法 (1949年) が制定され，いわゆる「福祉三法」体制が確立された。さらに社会福祉事業の基本事項を定めた社会福祉事業法 (1951年) が制定され，社会福祉の基本的枠組みが確立されたのである。

戦後の混乱期から1950年頃までの社会事業は，窮乏生活を強いられた国民に対する救済活動が中心となっていた。1947(昭和22)年にコミュニティ・オーガニゼーションの一環として共同募金運動が全国的に開始され，募金は児童保護や

育児事業などを重点として，民間社会福祉施設や生活困窮者への支援に配分された。しかし，窮乏生活のなかにあっても，戦前からの家族や地域社会の相互扶助はある程度機能していたこともあり，関係者の意識としては，社会福祉の緊急課題は，むしろ収容型社会事業施設の整備にあった。そうしたことから，この時期の地域福祉活動は，児童問題にかかわる諸活動，貧困地域福祉対策としてのセツルメント運動や方面委員・民生委員活動などの一部に限られていたといえる。

　戦後，既存の社会事業の中央諸団体は，それぞれの立場で窮乏した国民生活に対応していたが，問題も多く相互協力による総合的な対応が迫られていた。そうしたなか，いち早く危機感をもった半官半民的な性格をもつ中央社会事業協会と民間社会事業団体である全日本私設社会事業連盟は，1947年に日本社会事業協会として合併・改称し，社会事業の民主化，総合調整などを進めようとした。さらに，全国社会事業大会（1947年）と全国社会事業代表者会議（1948年）においては，既存の社会事業中央諸団体の再編を求める要望が決議された。ところが，これらの団体は，中央指導型の外郭団体としての性格が強かったこと，また戦後の混乱と公私責任分離の原則により公費の補助が廃止されたために弱体化がすすんでいたことなどから，社会事業関係者のこの要望への対応は当事者の力だけでは事実上困難な状況にあった。

　そして，占領政策のもとで行われた戦後の民間社会事業組織の再編においてはGHQのいわゆる6項目提案，厚生省による3団体統合の指導，社会事業組織研究委員会の答申，参議院厚生委員会の勧告，いわゆる「共同募金白書」の発表，「社会福祉協議会組織の基本要綱」の策定などさまざまな論議，提案，指導がなされた。これらは，結果的には1951（昭和26）年1月に日本社会事業協会，全日本民生委員連盟，同胞援護会という3団体統合による中央社会福祉協議会（以下，「社会福祉協議会」を「社協」と略す）の設立という形につながったが，その背景として地域社会の組織化，民生委員制度の再建，共同募金会の要望，そして民間社会事業団体の財政問題の解決という意味が込められていた。

　このように，占領政策のもとで行われた民間社会事業組織の再編は，戦前からの民間社会事業団体の官制的再編成という形をとったが，一方，その過程においてはコミュニティ・オーガニゼーション理論の導入が図られた。そして，戦前の地域社会を基盤とする諸活動を継承する形で戦後の社会事業の組織化が進められ

たが，実際に組織化が進んだのは住民の組織化ではなく，社会福祉施設，機関，団体などの社会福祉関係者の組織化であった。もちろんそれはコミュニティ・オーガニゼーションが，民主主義と自主的参加をその前提としているにもかかわらず，当時のわが国においてはそのような土壌は形成されていなかったことが，その要因の1つとしてあげられる。そして，戦前・戦中の隣保組織にみられる大政翼賛的社会事業への拒否反応として，戦後の地域組織化活動が受け止められていたという面もあったことも事実である。

（2） 地域福祉組織整備期（1950年代）

　社協の創設にあたり策定された「社会福祉協議会組織の基本要綱」（1950年）は，施設・団体・民生委員を中核とする公私社会福祉事業関係者を中心とした組織として社協を位置づけ，その主要機能を連絡調整においていた。しかし，市区町村社協が住民生活と密着しておらず，住民生活に即した活動の展開が課題となったことから，地域組織推進委員会が設置され，基本要綱において明らかにされなかった市区町村社協の活動目標などが検討された。そして，1957年に「市区町村社会福祉協議会当面の活動方針」が策定された。この方針は，当面の活動目標を「福祉に欠ける状態」の克服におき，社会資源の動員・開発と住民参加による地域組織化活動を進め，社協活動を行事中心の活動から重点福祉活動へ切り替えるように呼びかけた。

　そして，この活動方針に基づく市区町村社協によって地域組織化活動が展開されることになった一方で，国民皆保険，国民皆年金を背景とした健民福祉運動を推進する厚生省の保健福祉地区組織育成構想に基づき，保健福祉地区組織育成中央協議会（1959年，以下，育成協と略す）が結成され，保健福祉地区組織活動が展開された。保健福祉地区組織活動は，コミュニティ・オーガニゼーションの理論と方法による，民主主義社会の育成を目的とする住民主体による現代的な意味での地域活動として，わが国ではじめて実際に展開されたものである。

　社協活動の対象領域は貧困・低所得問題といった社会福祉問題に集中しがちであったが，育成協による地区組織活動は，保健衛生分野の地区組織活動の理念や技術を社協活動とその理論に持ち込むこととなった。そのため社協は従来の対象領域を地域社会の住民の生活問題に広げることとなり，それは後の地域福祉を進

める社協活動という現実に近づくことになるとともに，そうした活動を推進するための社協の理念，組織構成，活動原則などを問い直すことになった。地域における生活問題を解決する担い手は，住民自身であり，ワーカーは側面からの支援者でなければならないことを明らかにするとともに，組織的には，地域における多様な住民組織を含めた組織に拡大することになった。そして，それらはコミュニティ・オーガニゼーションの方法を地域社会において実際に用いる契機となった。

社協の創設にあたって策定された「社会福祉協議会組織の基本要綱」は，いわゆる「社会調整説」「ニーズ・資源調整説」とよばれるコミュニティ・オーガニゼーション理論の影響を受けていたが，「市区町村社会福祉協議会当面の活動方針」や育成協による地区組織活動では，「ニーズ・資源調整説」よりも「インターグループワーク説」や「統合説」の影響が強くなっている。そして，問題解決からコミュニティ・オーガニゼーションのプロセス（過程）を重視したものに変わりつつあった。そのようななかで，地域福祉計画が重視され，計画策定，実施，評価のための方法論の確立に向けての試みがなされるようになった。

(3) 地域福祉活動展開期（1960年代）

1960年代は，高度経済成長と地域開発政策を通じて地域社会の生活環境の破壊が進むことにより，地域問題が激化し，伝統的な地域社会の解体が進行した時期である。そこでの地域生活問題はとりわけ低所得階層などの住民に集中して発生したが，さらには中間層にも波及するという形をとっていった。そうしたなかで，全国各地で自然発生的に住民運動が生まれ，生活防衛や連帯の場としての地域社会が注目されるようになってきた。また，精神薄弱者福祉法（1960年），老人福祉法（1963年），母子福祉法（1964年）が成立したことにより，福祉三法体制から福祉六法体制へと社会福祉制度が拡大した。

この当時，社協は地域組織化活動の展開や福祉サービスの提供をする一方で，社会福祉政策のあり方に対する問題提起やソーシャル・アクションに取り組んだ。さらに，住民運動と一体化をめざすという方向のなかで，新たな役割を見いだそうとしていた。また，この時期のコミュニティ・オーガニゼーションは，育成協の活動の成果により，地域住民の生活困難の解決を図ることを目的とした，

地域社会の自主的な協働態勢や地域的連帯を基盤とするコミュニティづくりをすすめることを主な機能とする専門技術であるという捉え方がされるようになった。

　1960(昭和35)年8月，に全国社会福祉協議会主催により，山形県において都道府県社協組織指導職員研究協議会（山形会議）が開催された。ここでは，1951(昭和26)年の社協創設以降の10年間にわたる活動を総括し，行政依存の傾向が反省と住民の立場にたった自主的活動を推進する必要性が確認された。それに基づき全国社協は，それまでの社協活動の諸指針を見直し，1962(昭和37)年4月には，「社会福祉協議会基本要項」を策定し，社協の性格，目的，機能，組織などを明らかにするとともに，住民主体の原則を打ち出した。そこでは，社協の性格を「一定の地域において，住民が主体となり，社会福祉，保健衛生その他生活の改善向上に関連のある公私関係者の参加，協力を得て，地域の実情に応じ，住民の福祉を増進することを目的とする民間の自主的な組織である」と規定した。

　社協基本要項と住民主体の原則は社協活動の指針として，また地域福祉の理念として各専門分野や立場からそれぞれの観点によって受け止められ，多様な議論を呼んだ。そして，社協基本要項は社協活動のなかに定着するとともに，住民主体の原則をめぐる理解も広まっていった。

　社協基本要項以後，社協組織の整備と事務局体制の充実が進み，1966(昭和41)年からは国庫補助による福祉活動専門員が設置され，市区町村社協の活動体制が整いはじめることになる。しかし，1967(昭和42)年に共同募金の社協配分を批判した行政管理庁勧告が出て以来，自主財源が乏しいなかで社協の財政問題が悪化し，これをきっかけに社協の事業体化が進んでいった。

（4）　地域福祉論体系期（1970年代）

　1970年代に入ると地域社会や地方自治体をめぐる情勢は，高度経済成長から低経済成長への移行，深刻なスタグフレーション，財政危機など，1960年代に輪をかけた形で，経済的・社会的矛盾が進行した。このような急激な社会変動の過程で，地域生活問題が拡大し多様化し，住民の生活・福祉要求が高まり，それはさらに住民運動へと発展していった。その結果，社会福祉体系を大幅に改善せざるを得ない状況が生まれ，その改善の主要な課題として地域福祉が浮上してき

たのである。これは，それまでの施設収容保護という処遇形態や方法の偏重に対する住民からの批判でもあった。

　また，1970年前後から，こうした社会福祉の状況に対して，政策側からコミュニティ構想が積極的に打ち出され，財政的な効率や新たな地域再編成を目的としてコミュニティ政策が展開された。そしてそこでは，コミュニティ中心の社会福祉への転換ということが強調されたのである。

　日本において最初にコミュニティ・ケアという言葉を公式に用いたのは，東京都社会福祉審議会答申「東京都におけるコミュニティ・ケアの進展について」(1969年) である。ここでは，インスティテューショナル・ケアの対置概念としてコミュニティ・ケアを取り上げ，「コミュニティにおいて在宅の対象者に対し，そのコミュニティにおける社会福祉機関・施設により，社会福祉に関心をもつ地域住民の参加をえて行われる社会福祉の方法である。そしてそこでは，社会福祉の各種サービスがコミュニティ単位に有機的に統合されなければならない」とした。これによりコミュニティ・ケアは，施設ケアか地域ケアかという論争が関係者の間で起きた。

　また，中央社会福祉審議会答申「コミュニティ形成と社会福祉」(1971年) では，コミュニティ・ケアを「社会福祉の対象を収容施設において保護するだけでなく，地域社会すなわち居宅において保護を行い，その対象者の能力のよりいっそうの維持発展を図ろうとするものである」と定義している。これは，施設ケアよりも在宅ケアのほうが望ましいと対置するのではなく，施設ケアと在宅ケアを含む専門的ケア体系としてコミュニティ・ケアを捉えようとするものである。そして，本答申は，社会福祉とコミュニティの関連を明かにするとともに，社会連帯の運動による意図的なコミュニティの形成が必要であるとした。

　こうした政策側からのコミュニティ・ケア構想によって，地方自治体では施設整備・金銭給付中心の社会福祉行政から，住民の連帯意識・相互扶助に支えられたコミュニティ中心の社会福祉への転換ということが強調されるとともに，地域住民のボランティア活動や民間の社会福祉の行政補完的，代替的性格が批判された。

　これ以降，社会福祉の立場から福祉コミュニティ形成やコミュニティ・ケアがめざされることとなった。コミュニティ形成の方策としては，コミュニティ形成

の土台としての地域諸資源の開発・整備，住民参加の促進，住民の共感や帰属意識，そして役割の自覚に基づく社会的結合などであった。

　これらのコミュニティ・ケアをめぐる論議に共通していることは，これまでの福祉サービスの供給の方法として，施設ケアが重視されていたのに対し，今後は，在宅ケアを重視し，福祉サービス供給の場としての地域社会，コミュニティに着目し，それを重視しようということである。

　1973(昭和48)年は福祉元年と呼ばれ，年金の物価スライド制や老人医療費の無料化などが導入されたが，第一次オイルショックに見舞われたことにより，日本経済は不況となり，1974年にはマイナス成長に移行した。この間，社会福祉は福祉ニーズの増大と多様化，高度化への対応が求められ転換の時期を迎えた。また，人口の高齢化も進展するなか1975年には福祉見直し論が登場し，従来の福祉のあり方を模索する活発な議論が行われるようになった。

　そして，社会福祉を転換し，社会福祉の新しいあり方として地域福祉を中心として考えるようになった。それは，これまでの社会福祉が低所得対策や施設福祉を中心としていた点を見直し，国民の誰もが援助を必要とする状態になっても，それまで生活してきた地域で在宅のままで人間らしく生き続けられるように，福祉サービス，環境，活動を，地域社会に根ざしたものに再構築しようとするもので，高齢化とともに増大するニーズに対応するうえでも社会福祉のあり方としても適切であると考えられた。

　地域福祉という用語は従来，「在宅者保護」「地域住民の福祉」程度の漠然としたものであった。しかし，1970年代前後より地域福祉の理論化の努力がなされ，単純な目標やスローガン的な域を脱して，地域福祉の体系化と内容の充実が進められた。理論化された地域福祉は，従来の在宅保護の延長ではなく，対象者観，援助方法，専門機関と住民の役割などについて，いままでにない新しい視点を導入し，理論化・体系化を図ったものであった。体系化の最初の労作は岡村重夫の『地域福祉研究』(1970年)であり，後に『地域福祉論』(1974年)としてまとめられた。

(5) 地域福祉基盤形成期 (1980年代)

　1980年代は，高齢化，情報化，国際化などの社会経済状況の変化が確実に進

行し，さまざまな問題が発生した。とくに高齢社会の本格的な到来は，高齢者の介護，扶養，さらに健康の維持，生きがいづくり，社会参加などの福祉課題を生み出した。こうした社会福祉を取り巻く環境の大きな変化が，社会福祉の新たな展開を求めた。また，低経済成長が続き国家財政が逼迫したことによる公的福祉サービスの財政合理化は，施設福祉から在宅福祉へ対人福祉サービスの重点を移行させ，国と地方公共団体の行財政役割分担，受益者負担，福祉サービス供給における公私役割分担などのあり方を大きく変えることとなった。

また，1981（昭和56）年の国際障害者年は障害者対策だけでなく社会福祉の新しい理念に影響を与えた。とくにノーマライゼーションの理念は「完全参加と平等」というテーマとして示され，障害者が地域社会において一般住民と同様の生活条件を獲得するものとして理解され普及した。やがて，これは自立生活思想やバリアフリーと結びつき，地域福祉に新しい視点や対策を生み出した。

1979（昭和54）年，全国社協・在宅福祉サービスのあり方研究委員会は「在宅福祉サービスの戦略」を報告した。それは福祉ニーズの高度化，多様化に対応するために，施設福祉偏重の処遇体系を再構築するものとして地域福祉や在宅福祉サービスを構想したものである。そこでは「社協は在宅福祉サービスの供給システムにおける民間の中核として位置づけられ，直接サービスの相当部門を担当する役割においても期待されるものがあろう」と社協の役割の重要性を強調している。さらに，「社協基盤強化の指針―解説・社協モデル」（1982年）が発表され，在宅福祉サービスの具体的な運営実施について解説が行われ，社協は在宅福祉サービスの推進と民間の自主的な組織として住民の福祉要求を組織化していく活動を展開することになった。

やがて在宅福祉サービスをめぐる議論は，在宅福祉サービスから地域福祉の体系化，社会福祉そのものの展開のあり方へと発展し，後の福祉改革と呼ばれる制度改革に結びついていった。こうして戦後，地域組織化活動をその主な内容として発展してきた地域福祉は，在宅福祉サービスというサービス体系と組織化活動といった活動体系を含みつつ大きく変化した。そして，在宅福祉サービスは，福祉ニーズの変化に対応し，サービスを必要とする人びとを居宅処遇の原則に基づいて，可能な限り在宅，地域社会において処遇しようとする新たな対人福祉サービスとして，その後の地域福祉を基軸とする社会福祉体系において中心に位置づ

けられたのである。

　こうしたなか中央の福祉関係三審議会合同企画分科会（座長・山田雄三）は，「今後の社会福祉のあり方について（意見具申）」（1989年3月30日）において，「国民の福祉需要に的確に応え，人生80年時代にふさわしい長寿・福祉社会を実現するためには，福祉サービスの一層の質的量的拡充を図るとともに，ノーマライゼーションの理念の浸透，福祉サービスの一般化・普遍化・施策の統合化・体系化の促進，サービスの利用者の選択の幅の拡大等の観点に留意しつつ，次のような基本的考えにそって，新たな社会福祉の展開をはかることが重要である」とし，①市町村の役割重視，②在宅福祉の充実，③民間福祉サービスの健全育成，④福祉と保健・医療の連携強化・総合化，⑤福祉の担い手の養成と確保，⑥サービスの総合化・効率化を推進するための福祉情報提供体制の整備という6項目を示し，社会福祉の今後のあり方を方向づけた。

　また，国は，市町村における在宅福祉対策の緊急整備，「寝たきり老人ゼロ作戦」の展開などを内容とする「高齢者保健福祉推進10か年戦略（平成11年までの10か年の目標）」（通称ゴールドプラン，1989年12月）を公表し，西暦2000年に至る高齢社会への具体的対応を明らかにしている。この具体化に当たっては，市町村ならびに都道府県の計画的推進が課題となった。

　一方，高齢社会の到来や政策動向の変化に伴って，住民の地域福祉活動も，それまでの広範な課題への取り組みから，高齢者問題を中心とした活動に変化をした。そして，寝たきり高齢者やひとり暮らし高齢者を対象として家事支援などを行う，住民の相互扶助的な性格をもつボランティア活動としての住民参加型在宅福祉サービスが急速に広まっていった。

（6）　地域福祉展開期（1990年代以降）

　1990年6月に，「21世紀の本格的な高齢社会の到来を目前に控え高齢者の保健福祉の維持等を図るため，住民に最も身近な市町村で，在宅福祉サービスと施設福祉サービスがきめ細かく一元的かつ計画的に提供される体制づくりを進める」ことなどを目的として，「老人福祉法等（福祉関係8法）の一部を改正する法律」が公布された。そしてこの法改正によって，老人福祉法と老人保健法に基づく市町村および都道府県老人保健福祉計画の策定が平成5年（1993年）度より

義務づけられた。

　また，社会福祉事業法も同時に改正され，第3条の基本理念では，国，地方公共団体，社会福祉法人その他社会福祉事業を経営する者は，「環境，年齢及び心身の状況に応じ，地域において必要な福祉サービスを総合的に提供されるように，社会福祉事業その他の社会福祉を目的とする事業の広範かつ計画的な実施につとめなければないない」としてノーマライゼーションの理念と福祉サービスの総合化，計画化の必要性を定め，第3条の2（地域等への配慮）では，「国，地方公共団体，社会福祉法人その他社会福祉事業を経営する者は，社会福祉その他の社会福祉を目的とする事業を実施するに当たっては，医療，保健，その他の関連施策との有機的な連携を図り地域に即した創意と工夫を行い，及び地域住民等に理解と協力を得るよう努めなければならない」が加えられた。日本の社会福祉法制において歴史上はじめて地域福祉の理念が規定されたことの意義は大きいものである。

　さらに，施設入所措置権の町村への移譲，在宅福祉サービスの法的位置づけとともに，社協に共通する基本的な事業として，①社会福祉を目的とする事業に関する調査，②社会福祉を目的とする事業の総合的企画，③社会福祉を目的とする事業に関する連絡，調整及び助成，④社会福祉を目的とする事業に関する普及及び宣伝，という従来の規定に加え，公私社会福祉関係者，ボランティア活動などに対する研修，財政的支援，福利厚生などの事業を内容とする⑤社会福祉を目的とする事業の健全な発達を図るために必要な事業が加えられた。さらに1993（平成5）年6月の社会福祉事業法の一部改正により，社会福祉を目的とする活動への住民参加のための援助が，社協の事業として加えられている。

　こうしたなか，1991（平成3）年に住民に身近な市区町村を単位として，社協と地域社会が一体となって地域福祉活動を進める国庫補助事業「ふれあいのまちづくり事業」が始まった。この事業は，ケアマネジメントの視点から，専門の地域福祉コーディネーターが，住民個々の生活上の問題について，その福祉ニーズを的確に把握し，専門関係機関との連携により，地域に即した福祉サービスを継続的に提供する体制の整備を図り，その問題解決に結びつけていくというものである。また，小地域において，要援護者に対するケアのネットワークを形成し，住民参加による地域福祉活動の推進を図るという，インフォーマル部門を含めたソ

ーシャルサポートネットワークを形成しようとするものである。そして，これは関係者の連絡調整や住民参加の地域福祉活動を重点にしていたこれまでのコミュニティ・ワークにおいて課題となっていた，個別の要援護者の処遇を中心にすえた新たな体制づくりを進めるものといえる。

このふれあいのまちづくり事業の成果は，従来の社協がコミュニティワークの発想から，地域社会共通の福祉問題の解決に取り組むという方法に偏っていたことを改め，社協活動全体のなかに個別ケースの福祉問題を解決する仕組みを位置づけたことにある。そして，個別ケースの問題解決のための小地域福祉ネットワークなどの地域組織化，新しい福祉サービスの開発・運営やその調整のためのケアマネジメントへの取り組みなど，在宅福祉サービスの提供と組織化活動の一本化が社協において改めて確認されたことである。こうしたふれあいのまちづくり事業をすべての市区町村社協の課題として位置づけたのが事業型社協であり，その目標は，福祉コミュニティ形成にあり，そのために従来の住民の地域福祉活動とともに，個別の福祉問題を中心として，福祉サービス供給組織としても本格的な取り組みを行うということにあった。

また，1990年代は福祉計画が本格化した時期でもある。前述のように，「老人福祉法等（福祉関係8法）の一部を改正する法律」により，本格的な高齢社会の到来に向けて高齢者の保健福祉の推進等を図るために，市町村において在宅福祉サービスと施設福祉サービスを一元的かつ計画的に提供する体制づくりが進められることになった。そして，都道府県及び市町村レベルにおける老人保健福祉計画の策定が，1993(平成5)年度より義務化された。一方，児童福祉分野では，1994(平成6)年12月に文部省，厚生省，労働省，建設省により「エンゼルプラン—今後の子育ての支援のための施策の基本的方向について」が提出され，子育て支援のための施策の基本的方向や重点施策が示された。また，障害者福祉分野では，厚生省障害者保健福祉施策推進本部が「中間報告」（1995年7月）のなかで，障害種別を超えた総合的施策の展開や市町村を中心とするサービス体系などの今後の障害者福祉の方向を示した。そしてこれを踏まえて総合的な計画の策定を図るため，総理府障害者対策推進本部は，「障害者プラン—ノーマライゼーション7か年戦略」（1995年7月）を策定した。さらに同年11月障害者基本法の改正により，都道府県・市町村による障害者計画の策定が義務づけられた。

都道府県レベルでは，東京都地域福祉推進計画等検討委員会が「東京都における地域福祉推進計画の基本的なあり方について」(1989年7月)を提出し，そのなかで都，市区町村，民間も含めた三相の地域福祉計画論を展開している。そしてこの頃から，行政・民間における地域福祉計画の策定が本格化したのである。

また，行政計画などが本格化するなかで，社協における計画の策定は新たな段階に入った。とくに法定化された老人保健福祉計画は，高齢化社会に対応した施策に関する整備目標だけでなく，住民参加の福祉サービスや社会参加活動などの生きがい対策，地域福祉活動推進に関する事項まで含んでいることから，社協は住民の福祉ニーズを掘り起こし，住民の自主的・自発的な福祉活動や民間組織の福祉活動を中心として民間の活動・行動計画としての地域福祉活動計画を策定し，その成果を行政計画へ反映するという取り組みを進めた。

また，1997(平成9)年11月から中央社会福祉審議会の社会福祉基礎構造改革分科会において社会福祉基礎構造改革の検討が進められ，2000(平成12)年4月の公的介護保険が導入を経て，同年5月29日には「社会福祉の増進のための社会福祉事業法等の一部を改正する等の法律」が成立し，6月7日に公布・施行された。同法は社会福祉事業法を社会福祉法に改称することなどを含め関係8法を改正するものである。そこでは，①福祉サービスの利用制度化，②利用者の利益を保護する仕組みの導入，③福祉サービスの質の向上，④社会福祉事業の範囲の拡充，④社会福祉法人の設立要件の緩和・運営の弾力化，⑤地域福祉の推進などが盛り込まれた。また，社会福祉法のなかで社協は，地域福祉の推進を図ることを目的とした組織として位置づけられるとともに，新たにサービス利用者を支援する権利擁護や苦情解決などの役割が規定された。これにより，地域福祉は新しい時代を迎えたことになり，「個人が尊厳をもって，その人らしい自立した生活が送れるように支える」ことを理念に，地域福祉計画の策定，地域福祉権利擁護システムの導入，総合相談・情報提供，第三者機関によるサービス評価の推進などにより，住民の自立生活の総合的支援，サービス利用者と提供者の対等関係の確立，住民参加の促進，多様なサービス主体の参入促進，サービスの質と効率性の向上，事業運営の透明性の確保などをめざすことになった。

■演習問題■

1 戦後における占領政策がわが国おける地域福祉に与えた影響について検討しなさい。

解説 戦後の社会事業は，GHQ（占領軍総司令部）によるいわゆる民主化政策のもとで，大きく変化をした。占領政策のなかでは，とくに公私分離，共同募金運動の導入，社会福祉協議会の設立，コミュニティ・オーガニゼーション理論の導入などは，その後の地域福祉のあり方に大きな影響を与えたと考えられる。

2 地域福祉の歴史的展開過程において社会福祉協議会の役割がどのように拡大・変化をしてきたのかを明らかにしなさい。

解説 社会福祉協議会は，1961年に設立されて以来，その役割を拡大，変化させてきている。設立当初は，コミュニティ・オーガニゼーションの連絡調整機能による協議体的性格が強かったが，その後，住民主体の地域組織化活動による運動体，そして在宅福祉サービスを中心とした事業体とその役割を拡大し，また比重を変化させている。

3 住民主体の原則はどのようにして誕生し，地域福祉のなかで定着していったのかを明らかにしなさい。

解説 住民主体の原則は，地域福祉の原則として広く知られ，さまざまな解釈がされているが，もともと1962年の「社会福祉協議会基本要項」において打ち出された社会福祉協議会の活動原則である。それは，山形会議においての討議の成果であったが，そのときに確認された住民主体原則の内容とは，①社会福祉協議会は自主的な民間団体として，住民の立場にたって活動すること，②社会福祉協議会は地域社会の民主化をおしすすめる仕組みをもつことであった。やがて，この原則は，地域福祉，公衆衛生，社会教育，地方自治などにおいて広く受け入れられるようになった。このような住民主体という考えた方がどのように拡大し，定着していったのかを明らかにしなさい。

第4章 | 価値 — 地域福祉の理念

▶本章で学ぶこと　地域福祉は，特定の理念を志向する実践及び理論として発展してきた。その理念とはあるべき姿をいうが，より具体的には目標，原理，原則として表現される場合もある。あるべき姿と現実の間には乖離があり，あるべき姿に近づくためにさまざまな実践が展開される。

本章では，地域福祉の理念とは何かを明らかにすることになるが，その理念とは1つでなく多様である。また，いくつかの理念が複雑に絡み合って存在しており，1つひとつの評価についても意見が分かれる場合もある。

地域福祉が注目される理由は，地域福祉が現代の社会福祉の課題を解決する要として存在しているからである。それはいかなる問題も人びとの主体的参加，共に暮らす地域社会に生きる人びととの協力を欠かすことができないということにほかならない。したがって，地域福祉のもっとも基本的な理念は，住民の主体性に関わるものである。

価値には，人権，人間の尊厳，平等などの人間観に関わるものや，ノーマライゼーション，ソーシャル・インクルージョンのような社会観に関わるものなどがある。また，それは基本的な思想・理念や実践に関わる目標・指針・原則として具現化されている。

[Key Concepts]
権利擁護（アドボカシー）　エンパワメント　コミュニティ・インクルージョン　自己実現　自立生活　住民主体　主体形成　人権　生存権　ソーシャル・インクルージョン　協働（パートナーシップ）　ノーマライゼーション　福祉コミュニティ

1. 地域福祉の理念を捉える視点

　地域福祉の理念にはさまざまなものがある。たとえば，コミュニティ・ケアはイギリスの精神障害者ケアの取り組みとして始まり，ノーマライゼーションは北欧における知的障害者ケアの思想として始まり，自立生活思想はアメリカの身体障害者の運動として始まった理念ある。コミュニティ・ケア，ノーマライゼーション，自立生活といったいずれの理念もそれを可能とするのは，それを支える地域社会の福祉化であり，住民の主体的参加と協働による福祉コミュニティの形成が必要となる。このように，地域福祉が注目される理由は，そこに時代が求める住民の主体性やともに地域社会に生きる人びとの参加とパートナーとしての協働があるからにほかならない。したがって，住民の主体性，参加，協働といった理念は，地域福祉におけるもっとも基本的な理念であるといえる。

　地域福祉においてもっとも尊重すべきものは住民の主体性であり，それは，ソーシャルワーク実践を進める専門職の共通の理念として位置づけられ，かつ価値観の多様化の時代にあっても，広く社会に受け入れられるものである。主体性に関わる理念は，さまざまな問題を抱える住民の価値観を中心に据えたものであり，住民が生涯を通じて生まれ育ち，現在も生きている地域社会において生活することを社会的に支援するというものである。

　そこで，地域福祉の理念を明らかにするうえで，次のような整理をする。まず，第1に，住民を主体的人間として捉える主体性（住民主体，住民参加，住民参画）と主体的な地域社会を捉える協働性（協働，パートナーシップ）に関わる理念である。第2に，住民を生活者として捉える自立性（自立生活，エンパワメント）に関わる理念である。第3に，住民を権利主体として捉える権利性（人権，人間の尊厳，平等，アドボカシー）に関わる理念である。最後に，これらの基盤となる地域性と統合性（福祉コミュニティ，コミュニティ・ケア，ノーマリゼーション，ソーシャル・インクルージョン）に関わる理念である。

2. 住民の主体性と地域社会の協動性

（1） 住民の主体性

　住民の主体性は，地域福祉においてとくに重要なものとして位置づけられてきた。この理念は，地域においてニーズをもった個々の住民が自己選択・自己決定により自らの主体性を構築し，社会の一員として地域社会のあらゆる場面において住民参加を果たし，自らの抱える問題を解決するために，地域生活をめぐる諸条件の改善・向上を通して，自己実現を達成することであるといえる。そのためには，住民相互の協働関係の構築，社会連帯，共同行動を通して民主的地域社会の実現と発展を図ることが必要となる。したがって，地域福祉においては，住民の立場に立って，住民の主体的条件を保障し，支援を行うことが求められる。
　また，地域福祉の推進に当たっては，住民が主権者であること，その内容が住民本位であり，住民の意志によって決定されることが求められる。したがって，現在，地域社会において多様な福祉サービスの提供や福祉活動が展開されているが，その展開において不可欠なのも住民の主体的な参加であるということになる。
　一方，こうした住民の主体性を尊重した地域福祉におけるソーシャルワーク実践の原則として「住民主体の原則」がある。それは，社会福祉協議会基本要項（1962年）において「住民主体の原則」が社会福祉協議会の活動原則として確認されて以来，住民主体は地域福祉の理念・原則として発展し，さらに関連領域や地方自治においてもそうした志向は定着している。1992(平成4)年の「新・社会福祉協議会基本要項」では，「住民主体の原則」は「住民主体の理念」として位置づけられたが，それは，①住民ニーズと地域生活課題にもとづく福祉活動，地域組織化，②地域福祉を支える組織基盤の整備，③地域福祉をめぐる新たな状況に対応した総合的，計画的，一元的に支える公私協働の活動とされている。
　さらに，住民の主体性を実現するためには，住民の主体形成が課題となる。すでに，労力・時間の預託によるボランティア活動，協同組合方式によるサービスの提供など，多様な形態で急速に発展しつつある非営利民間組織による在宅福祉

サービスにおいては，その供給と利用のなかで，住民の主体形成が図られている。また，住民はこのような活動を通して，社会福祉の意味をより深く理解し，サービスの体系的整備を進める力となるとともに，サービスを選択し利用する能力を形成しつつある。さらに，地域福祉計画への参画，政策形成，政策決定，運営管理，援助の実施の過程などにおいても，住民の参画が進められ，主体形成が図られることが期待されている。

その際，目指される住民の主体形成の内容としては，住民自らが自立的・主体的に地域生活上の問題を見つけ，考え，判断し，行動し，解決するという資質や生活する能力を育て，身につけることであると考えられる。それは，①自らの問題や地域社会の問題について関心をもち，発見し，理解するという「問題に関わる力」，②問題解決のための情報収集，知識の獲得，方法の明確化などの「問題解決を見通す力」，③明らかにされた解決のための知識・方法などを実行する「問題解決の実践力」，④問題解決をするために多様な利害・価値観をもつ住民・集団などと「協力・協働する力」，⑤実践を通して得られた成果を評価し，それを自覚することができる「振り返る力」をあげることができる。そこでは，自立した個人として，自らの生活を切り開いていくために，その価値を実現させるという価値の一貫性と，自らの生き方を選択し決定していくという自己決定性が不可欠である。

このような住民の主体形成，すなわち主体性の確立は，これまで社会福祉の対象としてのみ捉えられてきた人びとが，個々の自立を地域社会のなかで実現しようとするものであり，地域福祉を進めるうでの重要な理念である。

（2） 地域社会の協働性

地域福祉は，地方自治体の役割を堅持しながらも，住民，住民組織，NPO，福祉団体・施設・機関・組織，行政など，地域福祉に関わる複数の主体が，それぞれの情報・経験・知識・技術などのあらゆる社会資源を持ち寄り交換し合い，対話と信頼，合意形成，自主性・主体性の尊重，対等な立場をもって，具体的な問題解決活動に取り組むとともに，主体形成を図る非制度的な協力関係を含む協働活動である。

協働関係を築くに当たっては，行政のみならず，住民も含めあらゆる主体に責

任が伴うということが忘れられがちである。住民を取り上げるならば、行政依存体質ではない、自己の確立と主体的参画が求められる。すなわち、住民の協働活動の主体としての力量を高めることは、対等な協働関係にとって必須条件である。また、対等な関係を成立させるためには、各主体がそれぞれのもつ特質を最大限に生かしながら自立性、主体性をもつ必要がある。

地域における生活問題が複雑・多様化するなか、その解決活動においても多様な協働の関係や組み合わせ、役割分担が必要となってくる。そして、協働活動における各主体は、その活動を通して信頼関係を築き、役割分担を明確にして、自己責任を果たすなかで地域福祉の主体として成長することが求められている。

したがって、ソーシャルワーカーによる協働活動への支援としては、これらの主体が対等な関係を維持し、各主体の自立性と主体性を損なうことなく、それぞれの固有の機能を生かした役割分担と協力を行うこと、また、支え合い、連携しつつ問題解決活動を展開すること、及びそのプロセスを通して地域社会に相乗効果を生みだし、それぞれの主体の意識と態度を変容すること、解決能力の向上を確実に進めることなどをあげることができる。

地域福祉は、そこに生活し義務と権利を有する住民などの地域社会に対する共同責任と共に支え合う社会連帯によって進められる。したがって、協働活動による地域福祉の推進の意味を深く理解する必要がある。

3. 住民の自立性

住民の自立性は、障害者の地域社会における生活保障のなかから形成された地域福祉の理念である。人間は生まれながらに、人間として尊ばれなければならないという思想が一般化し、上下の差別なく平等に生きること、そして、自立した人間として社会的関係を結び安心して暮らすことが人びとの願いとなっている。しかし、人間は生まれながらにして尊ばれたとしても、生まれながらにして自立はしていない。したがって、自立へ向けての支援が必要となるのである。また、人間はある一定の年齢で自立できるとは限らない。障害や環境などによって特別な支援が必要となる場合がある。また、個人差はあるものの老齢のために自立した状態を維持できなくなるのはむしろ自然である。

自立については，経済的自立，社会的自立，子どもの自立，親の自立，女性の自立，障害者の自立，高齢者の自立などさまざまな観点から述べられている。一般的には，自立とは自らの意思でものごとを決定し実行できることであり，他者の意思に左右されず，かつ頼らずに生活が可能となる状態を指すことと考えられるが，ソーシャルワークにおける自立とは，必要な支援を利用しながらも主体的に生活できる状態を意味している。いずれにしても自立生活とは，単に独立した生活ということではなく，さまざまな価値観，嗜好，生活の仕方などを含んだ多様性や個性をもったものである。

　人間は多様な人びとや環境との相互作用のなかで発達するものである。したがって，自立とは，まったく他者との関係や支援を排除し，一人で生活する状態を意味するものではない。それは，人間が社会的存在として，他者との関わりのなかで主体的に生活する存在であり，自らの能力や可能性を最大限に伸ばして，自己実現を図っていくことが求められるからである。人間は社会環境との相互作用のなかで，また時間の経過とともに生活のなかで成長する。そして，その成長は自分らしく生きるための自己実現の過程でもある。

　地域福祉は，このような自立生活を可能とする住民の自立性の保障を地域社会において実現するものである。

　また，自立に関連してエンパワメントという考え方がある。それは，パワー（自己決定，選択，協働などの能力）が欠如している状態にある住民に対して，ソーシャルワーカーなどの専門職が一方的にパワーを付与することによって問題を解決するのではなく，住民とソーシャルワーカーが協力し合うなかで，住民のパワーを強め，住民自らが主体的に問題を解決していく自立の過程である。

　このようなエンパワメントの考え方により，個としての人間の尊重という考え方に加えて，パワーという考え方を住民とソーシャルワーカーが共有することになり，住民とソーシャルワーカーの関係が変化することになる。ソーシャルワーカーは知識・技術・権限・組織・情報などさまざまなパワーとしての社会資源をもっているが，住民とソーシャルワーカーがそれらのパワーをいかに共有するかが課題となる。そして，パワーの共有によって住民は支援の受け手から，共にサービスなどを生み出す存在として変化することになる。

　すなわち，住民が受ける側，ソーシャルワーカーが支援する側という関係で，

パワーが付与されるのではなく,住民が自らの問題を主体的に解決できるように,住民の選択肢を拡げ,自己決定が可能となるような支援をソーシャルワーカーは行うことになる。これは,問題をもつ住民が自分自身のこととしてそれを受け入れ,自分自身の責任において解決するという意味をもつものであり,それを支援することが地域福祉の課題であるということである。

また,このような活動のなかから明らかになった課題を,当事者だけでなく,同じ地域社会に暮らす多くの住民と共有し,組織的な解決をめざす地域社会のエンパワメントが地域福祉の実現につながっていくことになる。

4. 住民の権利性

住民は単なる社会福祉の対象物ではなく,どのような問題があっても地域社会のなかで生きていかざるをえない生活者である。このような生活者としての住民に関わる人間観が地域福祉に求められる。そして,すべての住民の人権を守るということが地域福祉の理念となる。

これまでの社会福祉は法に基づいて,高齢者,児童,障害者,低所得者などの分野別に展開されてきた。しかし,地域福祉は社会的援護を必要とする人びと支援すると共に,すべての住民の人権を守り,すべての住民が地域社会のなかでの豊かな生活を営むことができるようになることをめざしている。

人権とは,人間が生まれながらにしてもっている権利であり,人間が人間らしく生きていくために,誰からも侵されることのない基本的権利をいい,国家権力や国法によって侵されない自然権をさしている。これは,人間は生まれながらにして自由であり,かつその尊厳や権利において平等であるという17世紀から18世紀の欧米の啓蒙思想に立脚している。

日本国憲法では,「国民は,すべての基本的人権の享有を妨げられない。この憲法が国民に保障する基本的人権は,侵すことのできない永久の権利として,現在及び将来の国民に与えられる」(第11条)と定め,自由権的基本権,社会権的基本権はもとより,平等権,参政権と請求権を含めた基本的人権が保障され,侵すことのできない永久の権利として,すべての国民に等しく与えられている。とくに社会福祉との関わりでは,第13条の「生命,自由及び幸福追求に対する国

民の権利」，また，第25条第1項の「すべての国民が，健康で文化的な最低限度の生活を営む権利を有する」（第25条第1項）という生存権の規定や，「すべての生活部面について，社会福祉，社会保障及び公衆衛生の向上及び増進に努めなければならない」（第2項）という規定は重要なものである。

　また，人権と共に人間の尊厳という表現が用いられることが多い。人間は生まれながらにして人権をもつという自然権思想は重要なものであり，このような国家以前に人権があるという論理からは，生存権のように国家によって人権が保障されるという論理は説明しにくいものである。また，社会における不自由，不平等という現実からは，人間が生まれながらにして自由，平等であるという説明もできない。したがって，そうあるべきであるという規範の根底として人間の尊厳があるといえる。

　人間の尊厳ということについては，種々の国際条約や憲法において取り上げられている。たとえば世界人権宣言では，その前文において「人類社会すべての構成員の固有の尊厳」と述べられている。また，日本国憲法では，13条で「すべての国民は，個人として尊重される」とされている。その意味するところは，戦争やファシズムなどによる人間に対する暴力の否定や人間性の回復を意味しているが，地域福祉では，むしろ社会参加を保障する機会平等や，一人ひとりの人間の自立・自己実現，生活の質の向上など積極的な意味内容をもつに至っている。また，住民一人ひとりの地域社会への平等的参加は，福祉コミュニティなど地域社会の統合化を進める地域福祉の理念としても位置づけることができる。

　以上のように，人権にはさまざまなものがあり，日本国憲法においては「侵すことのできない永久の権利」としているが，現実には，社会的に不利な立場にある人びとの人権侵害は地域社会のなかでも日常的に繰り返し起きており，このような人びとの人権を守るために，地域福祉におけるソーシャルワーク実践においても，権利擁護（アドボカシー）などの活動を通して生活者としての住民の立場に立った活動の展開を図ることが求められている。

　ソーシャルワークにおける権利擁護は，貧困，障害，老齢などによって社会的に不利な立場におかれ，さらに，社会福祉制度などの社会資源を十分に利用できないなどのために，さまざまな生活問題を抱える人びとを対象としている。そして，彼らが主体的に生活問題を解決できるように，彼らの権利を弁護・擁護する

ことを通して権利を保障するとともに，生活問題の解決を図るための社会資源の利用を支援し，施策の充実を進めるために社会に働きかけていく活動をすることになる。

その際，住民にどのような権利侵害が起こっているかを明確にし，権利の確保や獲得を支援すること，また，住民自らが権利に関わる問題を解決できるような力を形成するように支援することが重要となってくる。生活の主役は住民であり，支援者としてのソーシャルワーカーは，あくまで代弁者である。住民は，可能な限り自らの生活内容を自己決定し，自立した生活を営む権利を有するのである。

5. コミュニティの地域性と統合性

地域福祉はコミュニティ・ケア，ノーマライゼーション，ソーシャル・インクルージョンの理念を踏まえた共生・共住の福祉コミュニティをめざしている。

コミュニティ・ケアはイギリスにおける精神保健分野での取り組みが起源とされているが，これについてはすでに第2章において詳しく取り上げられているので，ここでは触れない。コミュニティ・ケア理念の特徴の第1は，収容施設において長期入所をしていた人びとをコミュニティのなかでのケアしようとするものである。第2に，障害者などの社会的援護を要する人びとに対して専門的なサービスを提供して，コミュニティのなかでの生活を可能とするというものである。第3に，フォーマルなサービスだけでなく，近隣住民やボランティアなどによるインフォーマルな支援を期待しているというものである。

わが国におけるコミュニティ・ケアをめぐる論議は，東京都社会福祉審議会答申「東京都におけるコミュニティ・ケアの進展について」（1969年）が，インスティテューショナル・ケアの対置概念としてコミュニティ・ケアを取り上げ，また，中央社会福祉審議会答申「コミュニティ形成と社会福祉」（1971年）が，施設ケアと在宅ケアを含む専門的ケア体系としてコミュニティ・ケアを捉えようとしたことに始まる。

両答申に共通していることはこれまでの福祉サービスの供給方法として，施設ケアが重視されてきたのに対し，今後は，在宅ケアを重視し，福祉サービス供給

の場としての地域社会，コミュニティを重視しようということである。ただし，施設ケアと在宅ケアを対置するのか，あるいは両者を含めるのかという議論や，その主体を専門家，機関・団体とするのか，あるいは地域住民とするのかという議論は残されてた。しかし，それは相互補完的な関係にあるといえるものである。

　ノーマライゼーションは，利用者を保護，隔離するのではなく，地域社会のなかでそれまでの人間関係・社会関係を維持・発展させつつ自立した生活ができるように，必要な支援を進めようとすることである。それは利用者や従来の施設利用者を地域の生活者として捉えるとともに，地域社会を問題の発生の場であるとともに解決の場とするものであり，地域福祉の政策展開に関わる理念として捉えられる。また，利用者の隔離的施設収容の反省に立って，一般住民と同様の生活条件を保障するという側面と，すべての要援護者が差別されることのないように社会変革を進めるという側面があり，最終的にはすべての住民の生活を保障するという内容が含まれている。

　1960年代後半の北欧におけるノーマライゼーションの思想は，アメリカにおいて自立生活運動として展開され，その後の「障害者の権利宣言」（1975年）や「国際障害者年」（1981年）に結びついていった。また，ノーマライゼーションの理念に基づく政策の展開を図ろうとした国際障害者年は，そのテーマを「完全参加と平等」としたが，それは日本の社会福祉の理念やそのあり方に大きな影響を与えた。さらに，日本においても自立生活の思想と結びつき，利用者の自立と自己実現という視点が在宅福祉サービスやサポートネットワークに導入された。また，完全参加はバリアフリーの考え方へ拡大し，物的環境だけでなく，制度的環境，文化的・意識的環境などの障壁の排除へとつながるコミュニティづくりを課題として提起した。

　ノーマライゼーションは，障害者は健常者と同じ住民の一人であるが，社会的援護を必要とするという存在であるという考え方がある。一方，ソーシャル・インクルージョンは，障害者は一人ひとり異なるニーズをもっており，したがって，一人ひとりに合った社会的支援が必要であるという考え方に基づくものである。ソーシャル・インクルージョンは，もともと教育分野において使用されてきた用語であり，これは，障害児を一般教育のなかで教育するという理念であっ

た。しかし，すべての児童は何らかの援助を必要としていることから，障害児に限定されないすべての人に関わる普遍的な理念として捉えられている。社会福祉の分野では，ソーシャル・インクルージョンは，ホームレスなど地域社会から排除され，社会的支援から取り残された住民も積極的に巻き込んでいくという新しい理念として広がっている。

　ソーシャル・インクルージョンは，2000（平成12）年に成立した社会福祉法の新しい理念であるとともに，地域福祉はこれを実現するための手段として位置づけられるものである。また，厚生省社会援護局「社会的な援護を要する人々に対する社会福祉のあり方に関する検討会」報告書（2000年12月）は，「今日的な『つながり』の再構築を図り，全ての人々を孤独や孤立，排除や摩擦から援護し，健康で文化的な生活の実現につなげるよう，社会の構成員として包み合う（ソーシャル・インクルージョン）ための社会福祉を模索する必要がある」として，ソーシャル・インクルージョンを社会福祉の理念として位置づけている。

　これまで地域社会から排除されてきた人びとが，地域社会のなかで人権を回復し，その一員として生活していくためには，地域社会のなかでそれを可能とする状況，すなわちコミュニティ・インクルージョン（Community Inclusion）の実現が求められる。

　そして，そのようなノーマライゼーションやコミュニティ・インクルージョンは福祉的な地域社会なくしては成立しえない。ハンディキャップなどをもつ人びとへの理解を深め，差別や偏見を克服し，個々の住民の自立と連帯を進め，地域社会の組織化・統合化を図り，また，地域生活を可能にする福祉と関連公共施策の整備により，福祉コミュニティづくりを進めることが必要である。

6. 社会福祉法と地域福祉の理念

　戦後の日本における制度・政策としての社会福祉の理念は，人権思想を政策的に表した生存権保障を基礎としている。そして制度としての理念は，社会福祉関係の各法において規定されてきた。また，コミュニティ・ケアは処遇にかかわる理念として政策展開に結びついてきた。ノーマライゼーションは社会的援護を必要とする人びとの隔離的処遇の反省とともに，地域生活を保障する政策の理念と

して，さらには，地域社会の社会的統合に結びつく理念として地域福祉に大きな影響を与えてきた。さらに，このような理念の影響を受け政策目標としては，中央集権から地方分権へ，施設ケアから地域ケアへ，公的責任から公私協働へ，縦割りの施策から社会福祉と関連領域の連携の強化へなどに変化をしてきている。

中央社会福祉審議会社会福祉構造改革分科会は「社会福祉基礎構造改革について（中間まとめ）」（1998年6月）において，新しい社会福祉の理念は，「個人が人としての尊厳をもって，家庭や地域の中で障害の有無や年齢にかかわらず，その人らしい安心のある生活が送れるよう自立支援することにある」とし，これを地域において具現化するために地域福祉の推進を図るべきであるとしている。また，社会福祉法は，今後の社会福祉の基本理念の1つとして「地域福祉の推進」を掲げ，「地域住民，社会福祉を目的とする事業を経営する者及び社会福祉に関する活動を行う者は，相互に協力し，福祉サービスを必要とする地域住民が地域社会を構成する一員として日常生活を営み，社会，経済，文化その他あらゆる分野の活動に参加する機会が与えられるように，地域福祉の推進に努めなければならない」（第4条）と規定している。これは現代の社会福祉の理念として地域福祉が位置づけられているということである。

しかしながら，行政が地域社会を行政区画によって画一的に切り取り，また，福祉サービスを一方的に提供することによってでは，前述のような地域福祉の諸理念は実現しない。地域福祉を支えるもっとも基本的な理念は住民の主体性であると前述した。住民は地域社会そして地方自治における生活者であり主権者である。民主主義の理念に基づき，住民が主体性を確立し，地域生活問題を共有化し，住民自治に参画することが求められる。

地域福祉が新しい時代の社会福祉の姿として期待されるのは，住民の参画や協働という理念を地域福祉が内包しているからにほかならない。

■演習問題■

1 現実の地域福祉問題をあげ，ソーシャル・インクルージョンの視点から検討しなさい。

解説 従来の地域福祉は，その地域社会に定住する住民については，福祉サービスの提供などの社会的援助によって一定の成果をあげていたといえる。しかし，地域社会から孤立している

人びと，虐待されている人びと，定住性の低い人びとなどについては，対応が不十分であった。社会的援助を要する人びとを地域社会から排除する，あるいは，社会福祉施設の建設を地域社会が拒否するなどの行動が，現実問題として地域社会のなかで発生している。このような問題を，共生・共住の理念であるソーシャル・インクルージョンの視点から検討してみる。

2 コミュニティの主体形成とは何か，エンパワメントの視点から考えなさい。

解説 地域生活問題の解決のために，国や自治体行政といった政策主体の役割を欠かすことはできないが，同時にコミュニティ自身の主体形成が求められている。コミュニティのエンパワメントとは，地域社会で暮らす個々の住民，集団，そしてコミュニティなどのもつパワー（自立して生きる潜在力）を引き出し，その力が生かされる条件・環境を地域社会のなかに作っていくことである。

3 日本ソーシャルワーカー協会の倫理綱領において明記された価値が地域福祉のなかでどのように具体化されるのかを述べなさい

解説 日本ソーシャルワーカー協会は倫理綱領を策定し，ソーシャルワーカーが実現すべき価値として，平和擁護，個人の尊厳，民主主義などをあげ，これらの人類普遍の原理にのっとって，「人間としての平等と尊厳」「自己実現の権利と社会の責務」などの価値を実現することをソーシャルワーカーの職責としている。このような価値が地域福祉の施策やソーシャルワーク実践のなかでどのように具体化されているのか，また，具体化されうるのかなどについて考える。

第5章 対象と基盤 ─ 地域生活問題とコミュニティ

> ▶**本章で学ぶこと**　巨大金融機関の破綻，中小企業や自営業者の廃業や倒産，リストラ・失業と雇用不安等，90年代初頭から始まり現在に続く長期に渡る経済低迷のなかにあって，わが国社会の底流では少子・高齢社会のさらなる進展，家庭内暴力（DV）や児童虐待・犯罪の増加等をはじめとする地域・家庭生活環境の変化，青少年非行問題の深刻化など，ただならぬ様相を呈しはじめている。この中で従来型のコミュニティの崩壊が，その影響をより強く個人や家族，地域社会に及ぼしている。
>
> 本章では，地域福祉が対象とする地域生活問題の捉え方を明らかにするとともに，人が集まって暮らすとき必要不可欠なコミュニティのもつ意味，地域生活問題を緩和・解決する重要な基盤であるコミュニティの構築について考えてみたい。

[Key Concepts]

コミュニティ　コミュニティ形成　高度経済成長　社会的介護　コミュニティ・ケア　フォーマル・ケア　インフォーマル・ケア　在宅ケア　ボランティアネットワーク　当事者協働　地域福祉計画　福祉活動専門員　社会福祉協議会　連絡調整　福祉のまちづくり住民自治

1. 対象としての地域生活問題

　地域福祉は，地域生活問題を解決し，住民の生活を住民の暮らしの基盤としての地域社会で支えるということをその基本原理としている。そして，それを推進するにあたっては，住民主体の理念・概念が重視される。住民主体という意味には，住民が主体的に地域福祉の推進に取り組むという意味と，住民の地域生活問題を中核おき，そのための解決活動行うという意味が含まれている。言い換えれば，主体としての住民と対象としての住民の生活問題である。したがって，地域福祉が対象とするのは，基本的には地域生活問題であるといえる。

　住民が地域社会のなかで生活するためには，さまざまな要素を必要としている。たとえば，その居住地を定め，家族とともにコミュニティにおいて共同生活し，学校や仕事に通う。日常の買い物は近所のスーパーなどで行う。日曜日にはレジャーに出かける。こうしたことなどが，地域生活の要素であり，そのような日々の生活を成り立たせているのが地域社会である。

　したがって，住民にとって，地域社会は単なる生活の場であるということではない。そこで生活する主体としての住民は，機能的に関連する家族や社会資源などの地域社会のさまざまな事物と関わり合うことになる。それぞれは別個に存在しているのではなく，住民の生活のなかで深いつながりもって1つの地域社会システムとして存在している。このように住民が居住するということは，地域社会において「生活を共同する」という意味をもつものである。すなわちこれは「共生」であるともいえる。

　地域社会のなかには，高齢者や障害者といった人だけでなく，失業，虐待，引きこもり，子育て不安などの問題をもち，社会的に排除され孤立し社会的援護を要する人びとが多く存在している。住民の生活問題は，とかく当事者の責任とされがちであるが，社会生活条件の不備や欠落，悪化などが原因となっていることも多く，基本的には現代社会における社会問題として捉えるべきものである。

　また，地域福祉における生活問題は，個別の住民の問題として，あるいは地域社会における児童問題，高齢者問題，障害者問題などの分野別の問題として捉えることもできるが，個別，あるいは分野ごとの問題だけでなく，地域社会に居住

する住民に共通する問題として捉えるところに1つの特徴がある。それによって、それぞれが地域社会において自立した生活を行うために、住民が相互に協力しながらその問題を主体的に解決に取り組むことができるのである。

実際の地域生活問題は、まず、個々の住民の認識から始まる。そして、住民の認識の表出によって問題が顕在化し、やがて住民全体の共通認識へと発展する。さらに、協働による解決活動を通じて、地域社会の連帯意識や帰属意識なども生まれ、地域性と共同性をもつコミュニティへと発展する。地域福祉は、そうした住民が生活する現実の地域社会に即して、地域生活問題を解決するための取り組みを行い、すべての住民にとって暮らしやすいコミュニティを形成することを課題とするものである。

2. 基盤としてのコミュニティ

わが国においてコミュニティに関心が集まり始めたのは、総人口に占める65歳以上人口割合、つまり高齢化率が7％を突破し「高齢化社会」に突入した1970(昭和45)年頃である。当時、高度経済成長に伴う核家族化と都市化の進行を背景にした家族・地域社会の介護力の低下から高齢者に対する社会的介護の必要性が高まり、その担い手としての期待が地域社会へ向けられた。そして、心身障害者対策基本法の制定（1970年）に代表されるノーマライゼーション思想と英国におけるコミュニティ・ケアの考え方が紹介され、社会的介護の確保とノーマライゼーション思想は要援護者の「地域における生活の確保」という共通目標を結節点として結びつけられ、わが国の社会福祉の方向性を施設中心型から在宅福祉へと転換させ始めた。

このような流れは1969(昭和44)年の東京都社会福祉審議会による答申「東京都におけるコミュニティ・ケアの進展について」及び1971(昭和46)年の中央社会福祉審議会による答申「コミュニティ形成と社会福祉」にも見ることができる[1]。

これらの答申では、在宅福祉実践を支える基盤として「地域社会」を位置づけ、実際に在宅福祉システムの一部をなし、機能するように組織化された地域社会を目的概念的にコミュニティと称している。つまり、わが国におけるコミュニ

ティ認識の始まりは，在宅ケア推進のための地域資源として注目された概念だといえよう。

　コミュニティを定義するならば，地域社会という生活の場において市民としての自主性と主体性と責任とを自覚した住民によって，共通の地域への帰属意識と共通の目標を持って，共同の行動がとられようとする地域社会の条件であり，またこれを支えるその態度のうちに見いだされるものであると規定することができる。したがって，生活環境を等しくし，かつ，それを中心に生活を向上させようとする方向に一致できる人びとが作り上げる地域集団活動のなかに，コミュニティが醸成されるのである。

　このようなコミュニティを形成する条件は，次の4つであると考えられる。

(1) 同一地域に生活している人びとの集群であること（地理的規定）。
(2) その人びとの生活上の相互関連（相互協力）の体系であること（相互作用的規定）。
(3) その生活相互行動を一定地域社会内で果たさしめている生活環境諸施設の体系であること（施設的規定）。
(4) この人びとがもつであろう生活利害と行動の共通性を生み出す可能性に満ちた人びとの共通行動体系であること（態度的規定）。

　つまり，コミュニティは，現実の存在概念であるというよりも，むしろあるべきものとして意図的に形成きれるべきものであると考えられる。

3. 福祉政策の展開とコミュニティ像

　1990（平成11）年の福祉関係8法改正は，在宅福祉サービスの制度化，地方自治体における高齢者保健福祉計画の策定の義務化などを行い，それを通じて制度・政策がめざすコミュニティ像が明らかになった。

　一方，この法改正に伴い，地域福祉の主体としての住民の主体形成が課題とされた。たとえば，大橋謙策は，住民の主体形成における3つの側面として，①地域福祉計画策定能力の形成，②地域福祉実践主体の形成，③社会福祉サービス利用者の主体形成を提起している[2]。

　地域福祉策定能力とは，住民が策定作業に参加し計画を立案する能力をいう。

また，地域福祉実践主体の形成は，近隣住民によるインフォーマルケアの提供であり，要介護者に対する「声かけ・励まし・見守り」やボランティア活動が含まれる。住民の主体的関与の具体的な内容として，地域共済保険料の負担も重要な側面とされている。さらに，社会福祉サービスの利用者の主体形成は，サービス利用に対する抵抗や偏見を除去し，サービス内容に対する異議申し立てができる利用者の形成とさている。

　この整理は，地域社会をケアの供給者と利用者からなる二層構造と捉え，ケア供給者の組織化をもってコミュニティ形成を果たそうとすることである。「参加」や「主体的関与」が重視される住民とは，潜在的なケア供給者としての地域住民を意味している。問題やニーズの当事者やサービスの利用者の「参加」は想定されてはいなかったのである。

　2000(平成12)年には社会福祉法が成立し，市町村地域福祉計画，都道府県地域福祉支援計画が「地域福祉計画」として法に規定され，再びコミュニティが注目を集めることとなった[3]。

　しかし，各地で実際に策定された地域福祉計画は，コミュニティをフォーマルなケアサービスの補完物ないしはインフォーマルケアの供給源とみなす傾向が強くなっている。そこではサービスの利用者と供給者とは区分されており，コミュニティとは地域住民有志によって構成されるインフォーマルケア供給者の組織として認識される。コミュニティという名前とは裏腹に，「問題」やニーズあるいは社会的不利を背負う人びとは，コミュニティによって生かされる対象として位置づけられている。介護保険法の成立（2000年）と，サービス供給体としての民間事業所の増大は，さらにその傾向を加速したと考えられる。

　地域福祉の目標は，問題やニーズをもつ人びとがさまざまな社会制度・社会資源を利用し，または参加を通じて，主体的に問題解決を図り，自らが望む生活を自らが構築することに対して援助を行うことである。コミュニティにおいても，当然この主体性の原理が貫徹されなければならない。

　しかし，地域福祉計画の多くに見られるコミュニティ像のなかには，ニーズをもつ当事者自身の主体性を尊重し自立を促進するための具体的な取り組みは，そもそもないか補足的説明に終わることが多い。ノーマライゼーションのかけ声とは裏腹に，経済的安定や職業的安定といった基本的ニーズの充足に向けた当事者

自身の意思と志向性を尊重することなく，受動的なケア利用者としての立場を甘受する存在とするならば，コミュニティの組織化とは単なる地域の施設化であるとも考えられる。地域福祉の立場からコミュニティ形成をめざすならば，それは当事者自身の主体性を確保・育成し，そこで基本的ニーズ充足が図られるものであるべきだろう。それは在宅ケアの確保を目的とした一般的地域組織化によってではなく，当事者を含む住民を主体とした福祉コミュニティの構築によって可能となると思われる。

4. 地域福祉とコミュニティ形成

(1) コミュニティ形成の目標

　地域福祉計画におけるコミュニティ形成の課題として，当事者の主体性の確保と育成という地域福祉の重要な側面をあげることができる。それは，住民の主体性と問題やニーズをもつ当事者の主体性に関連している。多くの地域福祉計画における「住民」とは潜在的なケア供給者を意味している場合が多く，そこでの「住民主体」とは「労働力の動員」や「住民の個人的費用負担」という意味での住民参加となっている。また，地域社会独自のニーズや文化的風土などを考慮することもなく，国あるいは都道府県レベルからの指示によって，これらの組織化の方向性が定められている。それは，つまるところ国家の生存権保障の責任を，家族の扶養能力や介護力に転嫁することにほかならない。したがって，トップダウンのなかでのコミュニティの主体性への期待は，矛盾以外のなにものでもない。

　さらに問題であると考えられることは，コミュニティにおいて問題やニーズをもつ当事者の位置づけが不明確なことである。当事者はコミュニティにおいてケアサービスを利用はするが，決して利用者としてのみ存在しているのではない。つまり，そこで生活する主体なのである。しかし，現在のコミュニティ形成という内容において，経済的安定や職業的安定，教育機会などの社会生活の基本的要求をコミュニティのなかでいかにして充足していくかという側面は欠落しがちである。また，コミュニティ形成のプロセスにおいて，彼らの主体的な生活構築へ

の取り組みをいかにサポートしていくのかという側面も見逃されている。地域福祉の目的の一つは生活者の自己実現であり，コミュニティ形成がそれをめざすものであれば，このような実態はあまりに不十分だといわざるを得ない。

　また，地域福祉におけるソーシャルワーク実践を考えるとき，共通の関心というコミュニティ成立の基盤が存在していることを前提とするならば，福祉領域では通所あるいは入所施設，あるいは特定のサービスの利用者とその家族，施設スタッフ等の集団が考えられる。とくに社会福祉は生活者の社会的機能に着目し，社会関係への介入によってニーズ充足を援助していくものである。したがって，コミュニティ形成にあたっては高齢者や障害者といった特性によるのではなく，ニーズと社会関係に焦点化した進め方を図るべきである。

（2） コミュニティ形成におけるソーシャルワーカーの役割

　前述のような目標を達成するために，ソーシャルワーカーの役割を誰が果たすかという問題がある。ワーカーの条件としては，当事者のニーズとその変化に気づき，それを代弁できる人であり，同時に当事者とサービス供給主体の双方に関わることができる人であることがあげられよう。このような条件を満たす福祉専門職は，施設スタッフや市町村社会福祉協議会の福祉活動専門員である。とくに施設スタッフは上記の条件を満たし，さらには組織化対象となる潜在的コミュニティは施設内に存在するからである。

　本来，指導員は利用者に対する相談援助を行い，利用者のニーズ充足のためにその社会関係を調整することを業務としている。したがって，彼らがワーカーの役割を担い，施設内からコミュニティづくりを行っていくことが有効であると考えられる。ただし，指導員はサービス供給側に属しているがゆえに，施設の現状や方針に拘束されるという側面ももつ。その場合は，コミュニティ実践専従のワーカーを施設に導入することも必要となろう。また，その導入の実現に向けての取り組みもコミュニティ実践の1つである。

　在宅ケアのための資源を確保することは，高齢者や障害者の生活の主体的構築を実現する上で欠かせない要素である。しかし，それは不可欠ではあっても，手段・方法のレベルのものである。手段・方法は，目的に取って代わるものではない。在宅ケアシステムの姿が見えてくるにつれて，方法先行の弊害が生じてきて

いるように思える。当事者のニーズが供給可能なサービスという視点から切り取られ，方法が安易に自己目的化していると言わざるを得ない。「ホームヘルパーを派遣すること」や「生活保護を受給すること」などは第一義的な意味でのニーズではなく，手段・方法のレベルの話である。ニーズは当事者自身が気づき，表明し，充足していくものであろう。それを可能としていくことが援助者の責務でもある。それだけに援助者は，当事者の自己決定を可能とする条件や環境の整備を進めていかなければならない。

（3） 地域生活問題と住民による地域福祉活動の役割

今日，企業倒産，リストラ・失業と雇用不安，少子・高齢社会のさらなる進展，家庭内暴力（DV）や児童虐待，犯罪の増加等をはじめとする地域・家庭生活環境の変化，青少年非行問題の深刻化など，いま地域社会では，自分とその家族だけでは解決できない問題（生活問題）が長期に渡って蓄積され，新たな問題も次々と発生してきている。

現代社会では，社会保障や社会福祉が制度として体系的に整備され内容・水準が充実していることが個人及び家族が自己責任に基づき自立し自活していくこと，つまり自助が成り立つ前提条件となっている。しかし，現実にはこうした前提条件が十分に整備されているとはいえず，したがって生活上の困難や不安が軽減ないし解消されることなく，かえって増大しているのが実態である。

地域福祉は，住民の「暮らしと健康」に関する最終的な社会的対応であり，したがってその守備範囲も広く，奥行きも深い。一見「とらえどころがない」と論じられるのもそのためでもある。しかし，実際に住民が利用できる社会福祉制度・施策は，タテ割りでしかもコマ切れになっているためにその種類も多く，内容や利用方法もバラバラである。つまり，地域住民にとってイザという時に利用したくても利用できないのが社会福祉制度・施策の実態といって差し支えない。

前述のとおり，急速な都市化に伴う労働者・サラリーマン世帯の増加，つまり転入世帯が増加している地域や，若年層・低所得層の世帯の流出入が激しい地域では，従来考えてもみなかった社会病理的な事件や事故も相対的に多発する傾向にある。

一方，そうした課題に対応するため，住民が自分たち自身の手で，お互いの暮

らしを支え合うさまざまな活動に実際に取り組みはじめている。そして当事者も含めた住民の力を合わせて自らの暮らし・健康・福祉をめぐるさまざまな課題を緩和し解決する，新たな組織的活動としての地域福祉活動の促進が求められているのである。

地域福祉活動は，地域社会を基盤として活動する当事者団体を含む団体・機関・施設，個人によるネットワークや協働の力によって実践されているが，さらに言えば身近な地域社会において地域福祉活動を直接担っているのは民生委員をはじめとして，町内会・自治会役員，ボランティアや婦人会，PTA，老人クラブ，子ども会の役員などである。実際に地域福祉活動を担う人びとのなかで中心的な，そして決定的な担い手は，ネットワークや協働の中核的存在である専門職である，市区町村社会福祉協議会の専門員（福祉活動専門員）であり，ボランティア・コーディネーターである。

とりわけ福祉活動専門員は，地域社会の福祉課題の解決を実現するため，関係機関・団体・施設の専門職員と協力・連携して，住民の自主的・積極的な参加による地域活動の組織化を援助しながら，行政に対して必要な諸条件の総合的な整備・拡充を要求し働きかけていく職務を担っている。とくに行政とのパイプや関係機関・施設の専門職員との協力の面で，組織の性格上，地域福祉活動を推進していく有力な手がかりと条件をもっている。

（4）住民のニーズと在宅福祉・在宅ケアの課題

地域福祉と在宅福祉・在宅ケアは，一般にその区分を明確にすることなくほぼ同義語として使用されている。しかし，在宅福祉・在宅ケアは「サービス」提供の状況を表すものであって，サービスの対象としての「ニーズ」認識と不可分の概念であり，いわばサービスに合わせてニーズを分断して閉じ込めているものとして見ることができる。

また，在宅での暮らしを成り立たせるための前提になる分野の社会的施策が貧しいなかで，社会福祉とくに在宅福祉・在宅ケアの枠内でのサービス事業だけでは在宅での生活を全体として改善することにはつながっていないのが現実である。在宅福祉・在宅ケアの内容を住民に役立つように充実していくことは大きな意味をもっているが，これまでの路線がサービスの水準を低く抑え，その担い手

や利用者・住民との分断をもたらす本質からすれば，サービスの拡充がそれだけ独自に進むことはありえない。

　実際に社会福祉協議会は，とりわけ都市周辺部や郡部において在宅福祉・在宅ケア供給の多くの部分を担っているが，この在宅福祉・在宅ケアシステムにおいて，連絡調整およびサービスの企画・実施を自己目的化し，事業体としての役割にとどまることはできない。在宅福祉・在宅ケアサービスの提供を担っているとはいえ社会福祉協議会が企画・実施する場合には，営利団体・企業体によるサービスの提供・販売とは目的が異なっている。誰もが人間らしく住みやすい地域をつくりあげるという社会的な目的をもって，生きた人間の暮らしに丸ごと関われば，サービス提供の際にはその提供者である担い手が，利用者・住民との相互の信頼関係をつくりあげ，暮らしの問題について対話・相談することが不可欠な前提となる。その対話・交流から，どのような課題が地域社会に存在するのか，どういった施策がどのような住民から本当に必要とされているのか，正確な実情把握及びサービスの利用や運営への住民参加を促進する活動，現状のサービスの評価，福祉課題への対応を通じて，さらに関連分野の対策の充実や連携を系統的に図っていくことが求められる。地域社会において，体系的・総合的な生活保障の一環たるにふさわしい施策としていくため，行政責任による条件整備に向けた働きかけなど，幅広い活動が求められる。

　在宅福祉・在宅ケアを，当事者を含む住民のために企画・実施しようとするならば，個々の住民とのサービス提供・利用関係にとどまらず，暮らしの問題をトータルにとらえ，地域に共通する住民全体の問題として集団的・組織的に取り組む地域福祉活動の実践や，条件整備を中心に行政に対する働きかけへと発展させていくことが重要である。

（5）　コミュニティ形成におけるボランティア活動の役割

　子供会育成，スポーツ少年団，地域通貨，環境・自然保護，身障者介助，総合学習などの諸活動への住民参加者が多くなっている。その主な担い手層も，従来の自営業者層から雇用労働者層へと確実に推移している。

　地域福祉におけるボランティアは，自分が住んでいる暮らしの場で，自らも含めた地域住民に共通する暮らしと健康の問題を，「他人ことではなく」「みずから

の課題として」力を合わせて実現する，地域福祉活動の重要な担い手である。

実践的な，住民の暮らしに直接役に立つ活動を担うことが重要である。住民の暮らしに役立つ活動を通じ，住民の広義の利益に貢献する事により，ボランティアには実はもう1つの重要な役割が生まれる。それは，社会福祉の利用者や住民の暮らしの実態や要求と直接に向き合い関わることを通じて，本来的に対応すべき社会福祉制度・運営（行財政）上の問題点や，在宅サービス事業を推進するために必要な条件である「ヒト（専門職員）」や「モノ（施設・設備）」「カネ（財源）」及び「シラセ（情報）」などが，多くの場合立ち遅れていることに直面せざるを得ない。こうした現状を改善しようとすれば，ボランティアは地域住民の一員として関係する住民と力を合わせ，このような改善要求や運動の一端を担うこととなる。地域福祉活動におけるボランティア活動は，問題点の改善に向けた要求や運動的側面を担うことによって自主性・民間性を発揮するのであり，ここに民間活動としてのボランティア活動の重要な意義が存在する。

ボランティア活動だけにとどまらず広く住民活動の場において，「参加」と称した「動員」型の活動の場合には，大変興味深いことに，いずれ活動そのものも停滞し長続きしなくなる傾向がある。これは，実際に多くの民間の社会福祉活動やボランティア活動でよくみられるところでもある。「住民と共に」といった自主性・民間性の側面での視点が欠けていると，何のためのボランティア活動なのか目的が不明確になり，結果的には行政の責任回避や職員不足の肩代わりをすることになる。

地域福祉活動としてのボランティア活動の役割は，自分が住んでいる身近な地域のなかで，「誰でもが人間らしく生きるため」に欠くことのできな条件，つまり日常的なヨコの交流と対話・協力の輪を広げ，お互いの暮らしと健康・福祉を高めるために必要なさまざまな組織的活動を進めていくことにある。同時に，それは「福祉のまちづくり」のために必要不可欠な，暮らしを支える拠点を築く活動でもある。組織的な活動経験を積み重ねることを通じ，暮らしを支える条件づくりの輪をさらに広げていくことができる。

ボランティア活動は，運動的側面をその活動のなかに保有することによって持続することが可能となり，相互の経験や実践の交流が不可欠なものとなり，組織的・継続的な活動として発展させていくことができるのである。

こうした視点から，ボランティア自身が地域住民の主体者とし，民生委員をはじめ関係機関・施設の職員との協力関係を緊密にして地域福祉活動の内容と幅を広げていくことが求められている。このような取り組みが，地域福祉活動に取り組む担い手をさらに拡大し，伝統的な自治会・町内会と民生委員の活動の場がさらに広がっていくものと考えられる。

(6) 福祉のまちづくりと地区社会福祉協議会活動

地域福祉はもう1つの側面を有している。それは，1970年代半ば以降日本各地で取り組まれている「誰もが人間らしく，安心して暮せるまちづくり」の側面である。

まちづくりの目的と課題は，どこに住んでいようと，住民の「誰もが（等しく）」「人たるに値する暮らしの最低限」を確保することにある。したがって，まちづくりにおいては，常に，基本的人権と社会福祉の視点を据えて取り組むことが必要不可欠となる。

この「福祉のまちづくり」の視点から実践を進めるための焦点は，住民の暮らしの現場で地域福祉活動をどのように進めるか，にあるといえよう。まず，住民の暮らしに直接関わり，地域福祉活動として組織的に取り組む活動の基礎となるのが小地域での社会福祉協議会活動である。地区社会福祉協議会といっても，一般的に恒常的な組織体制をもった組織体ではない。現状では民生委員や自治会など地域住民組織の役員層を主な担い手（リーダー）としているのが実体であり，基本的には幅広い住民が取り組む社会福祉協議会としての小地域活動そのものとはなっていない。

こうした地区社会福祉協議会活動は，その地域で地域福祉として取り組む課題がどれだけ明らかになっているか，また共通の関心になっているかどうかによって，設置の有無や活動内容・水準，組織化のあり方や担い手の広がり等の具体的な姿が決定されるのであり，設置を目的化した方針を上から降し，一般的に課題提起するだけでは活動が実際に進むものではない。

こうした性格ゆえに地区社会福祉協議会活動は，住民の生活問題を正面に据え，暮らしの問題に実際に関わる担い手の活動を支え，それぞれの地域に見出される課題にふさわしく創意ある活動を展開するところに重要な存在意義がある。

したがって，住民の暮らしに依拠した活動をつくりあげてこそ「福祉のまちづくり」の目的に沿った地区社会福祉協議会活動になるのであり，その発展の鍵は，当事者を含む住民自身が主人公となって参加する活動をどれだけ豊かに発展させられるか，また，それを通して住民自治の力量がどれだけ高められるかどうか，という点にあろう。

注）

1）「コミュニティ形成と社会福祉」『中央社会福祉審議会答申』1971年
　同答申の中で，「コミュニティ形成の必要性」として以下のものがある。高度経済成長の光と影のうち，影の面が否応無く噴出し早急な対策の必要性を答申しているもので，その当時の現状認識については，30年以上後の現代でも相通じるところがある。
　「急速な経済成長やこれに伴う地域間・産業間の人口移動は，技術革新の進展や情報化社会の進行とあいまって，地域住民の生活様式や生活意識の変革をもたらし，また，生活の自然的・社会的環境の変化をもたらしており，これまで地域住民の生活のよりどころとなっていた既存の地域共同体は，このような変革に対応することができず解体の方向をたどりつつあるが，これに代わる新たな地域社会が形成されないまま，住民の多くは孤独で不安な生活を余儀なくされている。
　一方，核家族化の進行は，家族の生活保障機能を縮小し，これに代わる社会サービスの必要性が増大している。予どもの養育，家族の健康，事故・災害の対策，変化する環境への対応，家庭内外のさまざまなトラブルの解決などについて，かつてのように近親や近隣の相互扶助・指導を期待することは困難になっており，新たに社会的な方策を講ずることが必要になっている。
　これから形成されるべき新しい地域社会，すなわち「コミュニティ」は，まさに以上のような地域住民の諸要求を充足するものでなければならず，そしてこのようなコミュニティの形成なくして国民の生活福祉の向上を期することはできない」。
2）大橋謙策「地域福祉の実現と社会福祉協議会」『月刊福祉』1991年第74号
3）社会福祉法における「市町村地域福祉計画」規定は，「第10章方法Ⅲ─地域福祉計画」のp.142を参照。

■演習問題■

1 共同体としての地域社会がその機能を喪失していった過程と，新たなコミュニティ概念の登場について説明しなさい。
解説 地域共同体機能が失われていく直接の契機としては，1960年代からはじまる急激な高度経

済成長にあるといわれている。この高度経済成長により，地域間・産業間の急速な人口移動が生じた。その結果，過疎・過密問題が生じ，人材を供給する地域社会からは地域機能維持に必要な人々の流失をも招き，人々は都市部に集中することになった。同時に核家族化が進行し，その生活様式や生活意識も従来のものから大きく変化していった。この変化の中で，既存の地域共同体は変革に対応することができず解体の方向をたどったのであった。このように核家族化と都市化の進行を背景にした家族や地域社会の相互扶助・指導の弱体化，地域共同体機能を補完するものとして，新たな社会的な方策を講ずることが必要になった。この方策として新たなコミュニティ形成が求められたのである。

2 ソーシャルワーカーは，住民ニーズを把握し解決することを求められますが，同時にコミュニティの主体形成を図る必要があります。その理由と方法について説明しなさい。

解説 社会福祉実践の目標は，問題やニーズを持つ人々が種々の社会制度・社会資源を利用し，又は参加を通じて，主体的に問題解決を図り，自らが望む生活を自らが構築することに対して援助を行うことにある。社会福祉の立場からコミュニティ形成を目指すとするならば，それは当事者自身の主体性を確保・育成し，そこで基本的ニーズ充足が図られるものであるべきだろう。そのためには当事者を含む住民を主体とした福祉コミュニティの構築によって可能となると思われる。ニーズは当事者自身が気づき，表明し，充足していくものであろう。それを可能としていくことが援助者の責務でもある。それだけに援助者は，当事者の自己決定を可能とする条件や環境の整備を進めていかなければならない。

第 6 章 — 主体 I 地域福祉の推進主体

▶**本章で学ぶこと**　本章では，政策主体，経営主体，実践主体，運動主体という4つの地域福祉の推進主体を取り上げる。地域福祉を現代社会における構造的産物であると捉えるならば，地域福祉の主体のうち政策主体（国・地方自治体）がもっとも大きな位置を占めることになる。しかし，中央集権，行政主導といったこれまでの福祉システムは，現代の地域福祉の時代に対応したものとはいえない。地域福祉を推進する主体は多様であり，とくに近年，福祉サービスの供給主体が従来の公的なものに加え，社会福祉法人，NPO，民間企業などを含めて多元化しつつある。これらの主体が立場や役割・機能を見直され，新たな時代に求められ福祉システムとして構築されることが必要とされている。

本章では，地域福祉の推進主体はどのように規定されるのか，それぞれの主体はどのような独自の役割・機能をもち，相互に関連しているのかなどを明らかにする。

[Key Concepts]

運動主体　企業セクター　経営主体　公私関係　公私協働（パートナーシップ）　実践主体　住民　住民自治　政策主体　政府セクター　団体自治　地域福祉コーディネーター　地方自治体　非営利セクター　福祉活動専門員　福祉専門職　ボランティアコーディネーター

1. 地域福祉の推進主体とは

　地域福祉を推進する主体は，その役割・機能によって，一般に政策主体，経営主体，実践主体，運動主体という4つに分けられる。

　第1に，政策主体とは人材・組織・財源・権限などの社会資源を有し，政策を形成し展開する国，地方自治体をさしている。現代社会における構造的産物として地域福祉を捉えるならば，地域福祉は，各主体のなかで政策主体にもっとも強く規定されることになる。政策主体のうち地方自治体は，より住民や地域生活問題に近い位置にあり，地域福祉における役割は重要である。政治的側面から地方自治を考えるならば，中央と地方の政治権力における独立性の維持や住民の政治参加といった民主制の確保が地方自治の課題となる。また，行政的側面から地方自治の役割を考えるならば，住民の要求に対応した政策の展開や地域という視点に立った縦割り行政の是正と総合的行政運営の展開などが課題となる。

　第2に，経営主体とは，ソーシャルワーク機関，福祉サービスの供給組織などをさしている。これらのなかには，政策主体としての地方自治体によって直接経営される組織と，社会福祉法人などの非営利セクターやシルバーサービスなどの企業セクターによって経営される組織がある。

　第3に，実践主体とは，基本的には制度としての社会福祉のもとで実際の支援活動を行うソーシャルワーカーなどの福祉専門職をさし，制度と対象の間において媒介機能をもつものである。こうした実践主体は，公私の社会福祉施設・機関・団体に所属している。ただし，実践主体は，自らのもつ価値や理論などによって政策主体・経営主体との関係では相対的な独自性をもって実践を行うことになる。

　第4に，運動主体とは，問題解決を図るために制度・政策の改善・充実を働きかける地域福祉運動を担う当事者，住民，住民組織，ボランティアなどを指している。また，ソーシャルワーカーやその組織なども運動主体となりうる。

　地域福祉を推進するこれらの主体は，それぞれ異なる歴史や理念などを基盤としている。また，それぞれの主体による対象認識やその方法も異なるものであり，これらの主体の関係も時代とともに変化してきている。

地域福祉における公私関係は，公的責任が強調された公私分離の時代から，ニードに適合した福祉サービスを供給する公私役割分担の時代へ，そして，新しいパートナーシップを強調する公私協働の時代へと移行してきた。そこでは，民間社会福祉を単に行政補完的なものとして位置づけるのではなく，対等な主体としてのパートナーシップの観点が重要であるとされている。しかし理念上，行政と民間の関係には，密接なパートナーシップが必要であるとされても，その現実はパートナーシップというには難しい状況がある。それは民間社会福祉の組織，事業，財政，経営などの多方面において，行政の統制的側面が強いという実態があるからである。しかし，今日のような本格的な地域福祉の時代では，地域社会において住民，そして公私の専門職，施設・機関・団体という多様な地域福祉の推進主体を1つの福祉システムとして構築していくことが求められる。

　以下，そのような視点から，それぞれの主体と主体の相互関係について明らかにする。

2. 地域福祉の政策主体

　政策主体は，地域住民の健康で文化的な生活を保障する最終的な責任をもつものであり，地域社会における福祉サービスの仕組みをつくるとともに，その適切な利用を推進する条件を整備するうえで中心的な役割をもつものである。政策主体には国と地方自治体がある。国は，国全体の事柄について総合的な事項の運営を担い，地方はそれぞれの地域の事柄について総合的な運営を担うという役割分担がある。地方の政治や行政の運営については，多様な住民の要求や課題などがあり，これを画一的，均一的に運営することは不可能である。そこで地方自治体は，国の関与によらず，地方の住民の意思，責任，負担に基づいて，住民生活に直接関わる公共的な事柄について，それぞれの地域性と独自性を踏まえながら適切な運営を図られなければならない。したがって，地方のことを自ら治めるという地方自治は，地域福祉にとって重要な位置を占めるものである。

　2000年(平成12)4月に地方分権一括法（「地方分権の推進を図るための関係法律の整備等に関する法律」）が施行され，地方分権化が進められてきている。この改革は，国と地方自治体の役割分担の明確化を図り，対等・協働による両者の

新しい関係づくりを進めることによって，自立した地方自治を実現しようとするものである。地方分権とは，これまでの中央省庁の末端執行機関としての地方自治体が地方政府になるということであり，これに見合った権限が地方に委譲されることが課題となる。またそれは，地方自治体が福祉などのそれぞれの地域課題を解決するために主体的かつ責任をもって地方の運営を行い，政策的に自立することを意味している。とくに，地域生活に関わる福祉サービスの整備と充実は，住民にもっとも身近な地方自治体が中心となって進めるものであり，地方自治の確立が期待されるところである。

　日本国憲法第92条は，「地方自治の本旨」を定めているが，この地方自治の本旨とは，具体的には「団体自治」と「住民自治」をさしている。団体自治とは，地方の運営は国から独立した自治権をもつ地方公共団体によって行われるべきであるというもので，議会の設置，条例制定の立法権，行政事務執行権などはこれを具体化したものである。また，住民自治とは，地方の運営は，その地方住民の意思によって行われるべきであるというものであり，自治体の政策決定，意思形成に住民が参画することを意味する。したがって，これらを実現するためには，「分権」と「参加」が必要となる。こうした憲法の民主主義の原則からすれば，住民自治が地方自治の根幹として位置づけられ，これを実現するために自治体が国からの干渉を受けないという団体自治が必要とされるのである。地方自治においては，住民自治を具体化するために首長や議員の公選制，住民投票，住民の直接請求，住民監査請求，住民訴訟など，国政以上に住民の直接参加による直接民主制的制度を採り入れている。地方自治の重要性を考えるならば，このような方法にとどまらず，主権者たる住民自らが政策形成過程に参画することを，住民の権利として保障しなければならない。

　しかし，わが国においては，中央集権的構造が強く残され，行政と住民の関係においても，行政側の統治意識，住民側の行政依存体質があることはしばしば指摘されるところである。住民は自らの利害には関心が深いものの，一般的には地域社会全体の問題についての関心は薄いといわざるをえない。住民自治における住民参加には，住民が自らの利害だけでなく，利害対立を超え，自治意識をもって主体的に関与していくことが求められる。

3. 地域福祉の経営主体

　社会福祉法第1条では法の目的を，福祉サービス利用者の利益の保護の推進等を図ることにより社会福祉の増進に資することとしているが，経営はまさにこれを実現するためにある。したがって，地域福祉における経営とは，理念なしに営利を追求することではなく，理念をもってその実現のために，必要とされる人的資源，物的資源，財務的資源を確保・活用し，質の高い福祉サービスを効果的・効率的に提供することである。そして，住民や地域社会がその経営に主体的に参加するように働きかけ，それによって豊かな地域社会を創造していくという役割をもっている。そのために，経営主体は経営理念と経営基盤を確立し，高いマネジメント機能をもたなければならない。

　このような経営を行うために，社会福祉法は経営主体を規定している。すなわち，その第2条において福祉サービス（「社会福祉を目的とする事業」）を，第一種社会福祉事業，及び第二種社会福祉事業に区分し，さらに事業名を列挙して，その事業種類によって経営主体を制限している。その経営主体は歴史的には，行政，及び「公の支配」「公の監督」を受ける社会福祉法人が中心であった。このように制度に基づく社会福祉の経営主体には，法の規制があり，一般企業の事業体とは大きく異なるところである。

　戦後の福祉サービスは措置制度によって，行政が給付の決定から提供まで権限をもって幅広く行っていたため，社会福祉法人は利用者の確保と財源が保証されたが，一方で事業や支出についての弾力的な運用などが許されず，さまざまな制約を受けることとなった。その結果，経営についての創意工夫が阻まれ，法人によっては大きな問題を残したのも事実である。そこで，社会福祉法第24条は，「自主的にその経営基盤の強化を図るとともに，その提供する福祉サービスの質の向上及び事業経営の透明性の確保を図らなければならない」と規定し，これまでの古い運営から事業体としての新しい経営への転換を求めている。それは，福祉サービスが，選別的なサービスから普遍的なサービスへ，施設ケアから在宅ケアへ，措置から契約へと大きく変化し，福祉サービス供給主体も行政と社会福祉法人を中心とした供給体制からNPOや民間企業を含む多元的供給体制へと転換

したためである。

　これらの経営主体は，大きく政府セクター，非営利セクター，企業セクターの3つに区分することができる。

　第1に，政府セクターは，公共性を重視するメカニズムと，官僚制のもと上意下達のヒエラルキーによって活動するセクターである。政策主体は，公的責任に基づいて住民の福祉ニードの充足を図るための地域政策の枠組みをつくり，また，その福祉サービスを供給する機関・施設として自らも経営主体となり福祉サービスを提供する。また，社会福祉法人，NPO法人などの民間非営利組織もこの枠組みの範囲において，公的福祉サービスを受託，提供し，その責任と義務を果たす。そのとき，国，地方自治体という政策主体は各経営主体に対して，財源面の支出を含め適切な支援を行う義務を負う。そして制度としての地域福祉においては，このような経営主体を通して福祉サービスが具体化される。

　第2に，非営利セクターは，参加性を重視する自主的・主体的な住民参加のメカニズムによって活動が行われるが，そのメンバーは対等平等という横の関係にあり，行政や企業のような縦のヒエラルキー組織ではない。社会福祉基礎構造改革や介護保険の実施に伴い，地域福祉の経営主体のなかでは，とくに非営利組織が注目されている。それは福祉ニーズに対応して，さまざまな福祉サービスと組織形態によって活動を展開し，地域福祉の推進において重要な役割を果たしているからである。また，経営主体のなかでも，社会福祉協議会は，社会福祉法において地域福祉の推進を図る団体として位置づけられ，福祉サービスの提供とともに住民参加やまちづくりを進める役割を担っており，とくに重要であるといえる（第7章参照）。

　第3に，企業セクターは市場性を重視する市場メカニズムと，収益性による競争原理によって活動する。一般の市場が需要と供給によってサービス内容と価格が決定していくということとは異なり，福祉サービスの価格は公的に決定され，その利用や財源についても制限がある。それにもかかわらず，民間企業が福祉分野に参入した背景としては，措置制度から契約の時代となり，介護保険のように一定の制限のなかでサービスの質の競争と利用者の確保が起こり，準市場な要素をもつようになったからである。

　今日，ニードに適合した福祉サービスの供給をめぐる公私協働論は，福祉サー

ビス供給システムにおける供給主体の多元化を模索し，家族・近隣住民といったインフォーマルな組織や，非営利組織，民間企業の役割を積極的に評価している。そこには代替可能な横の関係としての公私関係がある。そして，今日の介護保険にみられるような，ニードに対してより効率的・効果的な福祉サービスの供給を行うという観点からの公私関係では，どの供給主体がサービスの供給を行うかは2次的問題となりつつある。そこにおける公的責任は，福祉サービスの直接的供給というよりもニードの判定や福祉サービスの安定的供給，利用，選択などの保障に重点が移行していると考えられる。そうしたなかで経営主体の相互関係も大きく変化しつつある。

4. 地域福祉の実践主体

　ここでいう実践とは，地域福祉におけるソーシャルワークを意味する。ソーシャルワークは，社会福祉制度・政策体系のもとで，その目的を達成するための担い手としての福祉専門職によって展開される実践体系の総称である。そして地域福祉領域においては，コミュニティワークなど，ソーシャルワークの固有の援助技術を用いた方法が主として用いられていた。しかし，今日，地域社会における複雑・多様なニーズへの対応が大きな課題となり，従来の地域福祉機関・組織におけるソーシャルワークの援助技術の見直しが行われるなか，コミュニティワークとともに，ケアマネジメント，ネットワーキング，アドミニストレーションなどの技術を活用してソーシャルワークを展開してきている。

　地域福祉はその対象範囲や活動領域が広く，また住民の主体的な活動を重視するものであることから，その担い手としての人材は，住民といった非専門職から社会福祉士などの国家資格をもつ専門職にまで及ぶことになる。そうしたなかでコミュニティワーカーは，地域の生活問題の解決や福祉コミュニティの形成などを目的として，コミュニティワークという専門援助技術を用いて，住民，家族，集団，組織との協働活動のなかで支援を行うソーシャルワーカーである。

　わが国においては，コミュニティワーカーは社会福祉士のような専門的資格制度としては存在していない。しかし地域福祉を直接的領域としてコミュニティワークという専門援助技術を用いて実践している市町村社会福祉協議会の福祉活動

専門員，地域福祉活動コーディネーター，ボランティアコーディネーターなどは，コミュニティワーカーとして位置づけられることが多い。また，隣保館の職員，福祉行政における六法担当ワーカー，福祉施設の職員，社会教育における社会教育主事などは，地域社会と関わるなかでコミュニティワークという技術を用いて，住民の地域福祉活動を支援し，地域の生活問題の解決に向けた社会資源の連絡・調整，開発などを行っており，その場合，コミュニティワーカーとしての役割を担っていると考えられる。

コミュニティワーカーとしてまずあげられるのは，福祉活動専門員である。福祉活動専門員は，1966（昭和41）年度から国庫補助職員として法人格を有する市区町村社会福祉協議会に設置されている職員であり，その職務内容は，「民間社会福祉の推進に関する調査，企画，連絡・調整，広報，その他の実践活動の推進」（「社会福祉協議会活動の強化について」厚生事務次官通達，1966年）とされている。ここで示されている職務内容はコミュニティワークのプロセスや機能そのものであり，その点からも福祉活動専門員をコミュニティワーカーとして捉えることができる。

次に地域福祉活動コーディネーターをあげることができる。1991（平成3）年度から新たに国庫補助事業として開始された「ふれあいのまちづくり事業」は，「地域において様々な人々が交流し，助け合うとともに，関係機関や社会資源が有機的に連携することにより，高齢者，障害者，児童・青少年等に対して，地域に即した創意と工夫を行った福祉サービスを提供するとともに，それらの永続的かつ自主的に提供する体制の整備を図る」（「ふれあいのまちづくり事業実施要綱」1991年）ことを目的としており，この事業推進の重要な担い手として，事業の主体である市区町村社会福祉協議会に地域福祉活動コーディネーターが配置された。地域福祉活動コーディネーターは，この事業の中核として①ふれあいのまちづくり事業実施の企画，立案，②ふれあいのまちづくり推進会議の設置・運営，③住民ニーズの把握，④住民等の参加の促進，施設や関係機関・団体との連携・調整等のこの事業のすべてにかかわるコーディネーターであり，マネージャーとしての役割をもっている。

また，ボランティアコーディネーターもコミュニティワーカーとして位置づけられる。全国社会福祉協議会はボランティアコーディネーターを「ボランティア

活動を行いたい人，ボランティア，ボランティアグループの活動に関するニーズを受け止め，その充足を図るために，活動やプログラムの企画・開発，ボランティア（ボランティア活動に参加したい人），ボランティアの支援をもとめる対象者，ボランティアの支援や参加を求める専門職や組織・団体（自らが所属する組織や機関も含める），推進を行う組織・団体等への仲介・調整等により，ボランティア活動を行う人々が活動しやすい環境・体制の整備，活動の支援を行う専門職である」と定義している（「ボランティアコーディネーターの役割と新任研修のあり方」全国社会福祉協議会，1998年）。ボランティアコーディネーターは，市民のボランティア活動を支援するために，市民と市民，市民と組織などをつなげ，連絡・調整などのコーディネートを行う専門職として位置づけられるが，実際はその名称であるコーディネート業務に限定されるものではなく，相談，情報収集・提供，ボランティア活動の受入れ・支援，人材開発，ネットワーキング，資源開発などの機能をもち，コミュニティワーカーとしての役割を果たしている。

5. 地域福祉の運動主体

　運動主体という場合の運動とは，政治運動，労働運動，市民運動などをさすのではなく，地域生活問題の解決のために，法や制度の創設・改善，社会資源の創設・拡充，運営の改善などを求める運動をいう。それは，問題を抱える住民が主体となって，政策主体に対して行われるだけでなく，民間組織や企業などの経営主体に対しても行われる場合がある。
　運動主体としての住民とは，地方自治体の特定の範域に居住し，生活問題やその解決などに関わり共通性，共同性，利害関心などをもち，福祉サービスや制度の利用に関わる人びとなどであるが，その範囲としては個人に限定せず，当事者組織，地域組織なども含める場合もある。
　そのような住民は，福祉サービスの提供を受ける「客体」であるだけでなく，生活者の立場から福祉サービスを主体的に選択・利用し，また，その整備・充実を図ろうとする存在でもある。地域福祉は住民を主権者として捉え，住民の自主的・主体的な参加と協働によって地域生活問題の解決や個々の住民の自立などを

進めるものである。

　一方，小地域ネットワーク活動，ボランティア活動，いきいきサロン活動，セルフヘルプ活動，住民参加型在宅サービス活動など，さまざまな課題の解決に向けて住民の自発的な活動が活発に行われている。そうした活動は，住民が個人的に取り組むだけでなく，関心をもつ住民，要援護者と家族，支援者などが結びついた住民活動組織として，また，地域福祉の援助組織として数多く存在している。このなかには，地縁をベースとして一定の地域で行われる組織的な住民活動，共通の問題への関心から自発的な意思に基づくボランティア活動や当事者組織の活動，さらには，民間非営利組織（NPO）による組織的な市民活動まで幅広いものがある。このように地域福祉においてはさまざまな地域福祉活動と呼ばれるものがあり，それを担うのは活動主体ということになる。

　しかしながら，運動や活動は特定の住民によって自己完結的に展開されるのではなく，広く住民に理解され協力をえて，制度の創設・改善等に発展するということから，ここでは運動主体のなかに活動主体を含むものとして考える。したがって，運動は政策主体などへの要求運動というものだけでなく，より広く地域生活問題の解決のために，住民自身が自主的・主体的に参画し，より豊かな地域福祉を実現して行こうとするものを含むものである。ここには障害者の自立生活運動やボランティアによる住民参加型在宅福祉サービスへの取り組み，バリアフリーなどのまちづくりなどの広がりがある。そして，その背景としては，地域での生活問題の深刻化，人権意識や福祉理念の普及，地域福祉への関心の高まりなどをあげることができる。

　以上のような地域福祉に関する運動や活動を推進するためには，住民の主体性と主体形成が課題となる。主体性については，これまで封建制度に対する近代主義の立場から，個人の主体的な生き方や行動，資本主義社会における労働者の階級的主体性が議論されてきたが，ここでいう主体性とは，個人が他者に対して関心をもち，集団，コミュニティなどに関わることによって生じる主体性であり，またそれに関連した活動や運動のなかで取り上げられる主体性である。

　このような主体性は個々の住民に内在するものであり，これを具現化することは簡単なことではない。それは，地域社会において生活問題を抱える住民，当事者，住民組織，そして地域社会が自己決定・自己選択により自らの主体性を構築

し，社会の一員として地域生活をめぐる諸条件の改善・向上を通して，自己実現を達成することであるといえる。そのためには，住民相互の協働関係の構築，社会連帯，共同行動を通して民主的地域社会の実現と発展を図ることが必要となる。そしてコミュニティワーカーは住民の立場に立って，住民の主体的条件を保障し支援を行うことが求められている。このように地域福祉に関する運動や活動は，地域社会における福祉課題の解決とコミュニティづくりの活動の主体としての住民を大きくクローズアップするだけでなく，住民を地域福祉の客体から主体へと転換させるという役割をもつものである。

■演習問題■

1 政策主体である地方自治体と運動主体である住民の関係を，住民自治という視点から検討しなさい。また，政策主体としての地方自治体の役割を，身近な市町村の具体的な地域福祉施策を取り上げ，検討しなさい。

解説　地方自治体の運営は住民の信託によって首長や議会に権限が委任されている。したがって，住民の視点から首長，議会，組織，職員，政策形成，政策運営など地方自治にかかわるあらゆるものを捉えなおし，公私協働による地域福祉の推進が求められる。また，住民は，人間尊重の価値観と自己決定，自己責任による行動によって地方自治を転換し，住民と行政がともにその理念・目標を共有し協働して，地域福祉を推進するものである。このように住民自治とは，地方自治の本質的要素であるといえる。行政主導型による地域福祉の推進において，住民が補助的な役割を果たすというのは住民自治ではない。

2 行政と非営利セクターの経営主体との関係の実態とそのあり方について検討しなさい。

解説　非営利セクターの供給主体は，施設，財源，権限，情報といった資源の多くを行政に依存している。また，行政は資源の供給にあたって民間社会福祉をコントロールしようとする。そこで，非営利セクターの供給主体の行政補完的役割が安上がり福祉として問題視されることがある。しかし，もう一方で，先駆性，実験性，柔軟性など積極的な側面を強調する意見もある。そこで，両者の関係の実態とあり方を検討し，非営利セクターにおける経営主体の独自の役割を明らかにしなさい。

3 地域福祉における専門職としてのコミュニティワーカーの役割を，既存の専門誌などの事例をもとに，具体的な内容を明らかにしなさい。

解説　専門ワーカーの役割としては，ロス（M.G.Ross, 1967）が①共同社会が自分の目標を設定し，到達手段を見出すよう支援するガイドの役割，②展開過程を円滑にするenabler（力をそ

える人）としての役割，③情報の提供や助言を与える技術専門家としての役割，④共同社会全体を対象とする診断と治療を行う社会治療者としての役割をあげている。また，コミュニティワークにおいて，たとえば小地域福祉活動ではオーガナイザー，ファシリテーターとしての役割，ボランティア・市民活動ではコーディネーターとしての役割，計画づくりではリサーチャー，プランナー，マネージャーとしての役割，プログラム開発ではプランナー，マネージャー，スポークスマンとしての役割，ソーシャルアクションではアドボケーター，ネゴシエーターとしての役割が強調される。そこで，このような多様な役割について，具体的事例を通して検討しなさい。

第7章 主体Ⅱ 地域福祉の推進と社会福祉協議会

▶本章で学ぶこと　わが国の社会福祉協議会（以下，社協という）の歴史も，その発足からすでに50年を経過した。公私の関係者が参加する民間団体として，各地で地域福祉の実践を担ってきた社協は，21世紀に入り新たな時代を迎えている。2000（平成12）年，社会福祉の基本法である社会福祉事業法が「社会福祉法」に改称・改正されたが，地域福祉の推進が法律のなかに明記され，また地域福祉の推進を図ることを目的とする団体として社協の位置づけが明確にされた。このことはまさにこれまでの地域福祉実践の成果であり，わが国の社会福祉のなかにしっかりと社協が地歩を築くものである。今日，各段階社協の役割は一層重要なものとなっており，かつ，介護保険や支援費制度に関わる事業も拡大している。本章では，社協の歴史と組織を理解し，誰もが安心して生活することのできる地域社会づくりの実現に向け，社協がどのような理念のもと事業を展開しているかを学ぶものである。

[Key Concepts]
社会福祉協議会基本要項　　新・社会福祉協議会基本要項　　社会福祉法　　住民主体の原則　　市区町村社協経営指針　　小地域ネットワーク活動　　ふれあい・いきいきサロン　　地域福祉型福祉サービス　　基幹型社協　　地域福祉活動計画　　市町村地域福祉計画　　補助・委託事業　　組織・事業運営の透明性

1. 社会福祉協議会とは

(1) 社会福祉協議会の活動原則と組織

a. 社会福祉協議会の活動原則

性格─住民・公私の関係者が参加した自主的な民間組織　社協の基本的性格を比較したのが表7-1である。これらは全国社会福祉協議会（ないしは社会福祉協議会準備事務局）が，社協活動の方向性を検討し，全国的な指針として策定したものである。

1960年代前半に策定された「社会福祉協議会基本要項」（1962年4月）では，「住民が主体となり，……公私関係者の参加，協力をえて，……」と，住民主体の原則を明らかにし，また，「新・社会福祉協議会基本要項」（1992年4月）では，「……地域における住民組織と公私の社会福祉事業関係者により構成され，住民主体の理念に基づき，……地域福祉の実現をめざし，住民の福祉活動の組織化，社会福祉を目的とする事業の企画・実施を行う，……」ことを明確にした。時代とともに社協の性格も変化してきたが，社会福祉に携わる専門家だけでなく，地域住民も参加し，地域福祉の実現（地域社会の福祉増進）をめざす民間組織であることに変わりはない。

原則と機能─住民ニーズに立脚した活動　社協の活動原則と機能を「新・社会福祉協議会基本要項」をもとに見てみよう。社協の活動原則については，住民のニーズに立脚した活動を進める，住民の地域福祉への関心を高め自主的な活動を進める，といった社協固有の活動原則を基盤に次の原則をあげ，各地域の特性を生かした活動を進めるとしている。

(1) 住民ニーズ基本の原則～広く住民の生活実態・福祉課題等の把握に努め，そのニーズに立脚した活動を進める。
(2) 住民活動主体の原則～住民の地域福祉への関心を高め，その自主的な取り組みを基本とした活動を進める。
(3) 民間性の原則～民間組織としての特性を生かし，住民ニーズ，地域の福祉課題に対応して，開拓性・即応性・柔軟性を発揮した活動を進める。

表7-1 社協の基本的性格の比較

	社会福祉協議会組織の基本要綱及び構想案(社会福祉協議会準備委員会)昭和25(1950)年10月	社会福祉協議会基本要項(全国社会福祉協議会)昭和37(1962)年4月	新・社会福祉協議会基本要項(全国社会福祉協議会)平成4(1992)年4月
内容	社会福祉協議会は,一定の地域社会に於いて,広く社会福祉事業の公私関係者や関心をもつものが集って,解決を要する社会福祉の問題について調査し,協議を行い,対策を立て,その実践に必要な凡ゆる手段や機能を推進し以て社会福祉事業を発展せしめ,当該地域社会の福祉を増進することを企画する民間の自主的な組織である。	社会福祉協議会は一定の地域社会において,住民が主体となり,社会福祉,保健衛生その他生活の改善向上に関連のある公私関係者の参加,協力を得て,地域の実情に応じ,住民の福祉を増進することを目的とする民間の自主的な組織である。	社会福祉協議会は,①地域における住民組織と公私の社会福祉事業関係者等により構成され,②住民主体の理念に基づき,地域の福祉課題の解決に取り組み,誰もが安心して暮らすことのできる地域福祉の実現をめざし,③住民の福祉活動の組織化,社会福祉を目的とする事業の連絡調整および事業の企画・実施を行う,④市区町村,都道府県・指定都市,全国を結ぶ公共性と自主性を有する民間組織である。

(4) 公私協働の原則〜公私の社会福祉および保健・医療,教育,労働等の関係機関・団体,住民等の協働と役割分担により,計画的かつ総合的に活動を進める。

(5) 専門性の原則〜地域福祉の推進機関として,組織化,調査,計画等に関する専門性を発揮した活動を進める。

また,社協の機能については,①住民ニーズ・福祉課題の明確化および住民活動の推進機能,②公私社会福祉事業等の組織化・連絡調整機能,③福祉活動・事業の企画および実施機能,④調査研究・開発機能,⑤計画策定,提言・改善運動機能,⑥広報・啓発機能,⑦福祉活動・事業の支援機能,をあげ,住民の福祉ニーズを把握し,問題の自覚化を通して福祉課題を明確化するとともに,解決のための住民の活動を推進するという社協の本来機能を基盤に,連絡調整,事業の企画・実施,調査,計画,提言・改善運動(ソーシャルアクション),広報などの機能を駆使した活動を展開している。

b. 社会福祉協議会の組織

組織　社協の結成から半世紀を経た今日，社会福祉法で規定されている社協数は2004(平成16)年4月1日現在，全国段階1,都道府県・指定都市段階60,市町村段階3,114,区段階137,広域圏段階1の計3,313社協となっている。この他に任意で設置されている支部（校区，学区段階）や郡（地方ブロック段階）に社協が設置されている。それぞれの社協は独立した法人として[1]設置されており，市区町村から全国段階まで系統的に組織されている団体である（図7-1）。

構成　市区町村社協を例に見ると，広く地域における住民組織と公私の社会福祉事業関係者等により構成されている。具体的には住民会員，住民自治組織，当事者組織，ボランティア団体，NPOなどの市民活動団体，民生委員・児童委員，社会福祉施設・団体，更生保護事業施設・団体，福祉事業サービス事業者，社会福祉行政機関，保健・医療，教育等の関係機関・団体などである。

体制　組織体制としては，法人組織である理事会，評議員会，そして事業推進にあたって幅広く地域の意見を反映するために，住民や関係者が参加した部会や連絡会，問題別委員会などが設置される。

また，事務局には法人の運営や財務や人事管理などを担う部署，地域福祉活動

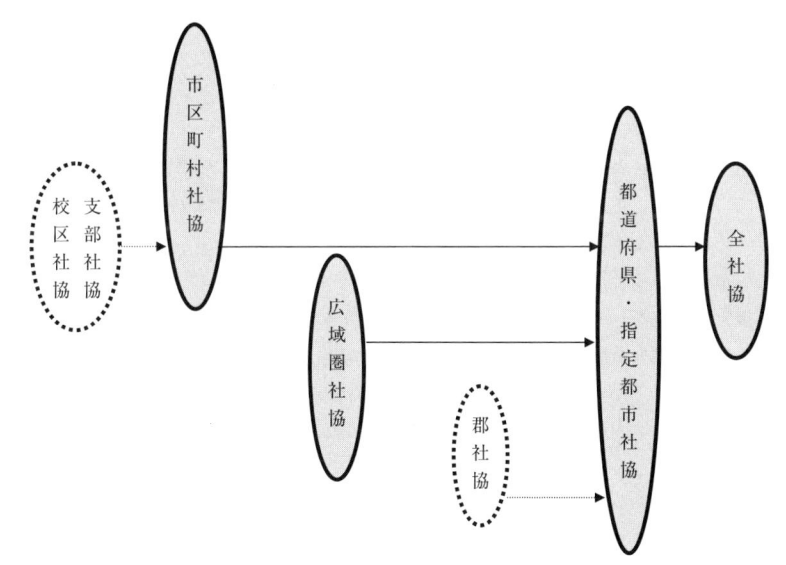

＊　網かけは社会福祉法に規定されている社協

図7-1　社会福祉協議会の体系と組織

やボランティア活動などを推進する部署，介護保険や支援費制度による事業や各種在宅福祉サービスの実施を担う部署，また相談や貸付事業などを行う部署がある。なお，「市区町村社協経営指針」（2003年3月・全国社会福祉協議会）では，市区町村社協の業務体制の考え方を図7-2のように提起している。

2. 社会福祉協議会の法的位置づけ

（1） 市区町村（指定都市）社会福祉協議会の法的位置づけ

社協は社会福祉法にその設置が規定されており，市区町村社協については，第109条に以下のように規定されている。

（市町村社会福祉協議会及び地区社会福祉協議会）
　第百九条　市町村社会福祉協議会は，一又は同一都道府県内の二以上の市町村の区域内において次に掲げる事業を行うことにより地域福祉の推進を図ることを目的とする団体であつて，その区域内における社会福祉を目的とする事業を経営する者及び社会福祉に関する活動を行う者が参加し，かつ，指定都市にあつてはその区域内における地区社会福祉協議会の過半数及び社会福祉事業又は更生保護事業を経営する者の過半数が，指定都市以外の市及び町村にあつてはその区域内における社会福祉事業又は更生保護事業を経営する者の過半数が参加するものとする。
　　一　社会福祉を目的とする事業の企画及び実施
　　二　社会福祉に関する活動への住民の参加のための援助
　　三　社会福祉を目的とする事業に関する調査，普及，宣伝，連絡，調整及び助成
　　四　前三号に掲げる事業のほか，社会福祉を目的とする事業の健全な発達を図るために必要な事業
　2　地区社会福祉協議会は，一又は二以上の区（地方自治法第二百五十二条の二十に規定する区をいう。）の区域内において前項各号に掲げる事業を行うことにより地域福祉の推進を図ることを目的とする団体であつて，その区域内における社会福祉を目的とする事業を経営する者及び社会福祉に関する活動を行う者が参加し，かつ，その区域内において社会福祉事業又は更生保護事業を経営する者の過半数が参加するものとする。
　3　市町村社会福祉協議会のうち，指定都市の区域を単位とするものは，第一項各号に掲げる事業のほか，その区域内における地区社会福祉協議会の相互の連絡及び事業の調整の事業を行うものとする。

- 法人運営部門 → 法人の運営(理事会・評議員会等)財務・人事管理等の組織管理(マネジメント),発展・強化計画の策定など事業の企画・調整
- 地域福祉活動推進部門 → 住民参加による地域福祉の推進
  - 福祉のまちづくりセンター
    - ○福祉のまちづくり機能
      地域福祉ネットワーク機能,地域福祉活動計画策定,調査研究・広報,共同募金への協力
    - ○福祉活動推進機能
      小地域活動・福祉活動支援
    - ○社会福祉施設(社会福祉事業)支援・協働機能
      事業者等のネットワーク化
    - ○当事者組織・セルフヘルプへの支援
      ※地域団体事務局センター
  - ボランティア・市民活動センター
    - ○ボランティア・市民活動センター機能
      ボランティア,NPO・市民活動支援,災害時福祉救援活動
- 住民参加型在宅福祉サービス(社協運営型)
- 福祉サービス利用支援部門 → 地域の福祉サービス利用者の支援
  - ○福祉サービス利用援助事業(地域福祉権利擁護事業等)
  - ○総合相談事業(事業者情報の提供,苦情の相談対応等を含む)
  - ○生活福祉資金貸付事業(リバースモゲージなどを含む)
  - ○基幹型マネジメント機能(基幹型在宅介護支援センター,障害者生活支援センター)
  - ○研修・教育機能(利用者教育,従事者研修等)
- 在宅福祉サービス部門 → 介護保険法や支援費制度に基づく指定事業及び一般福祉施策等による各種在宅福祉サービス事業の実施
  - ○ホームヘルプサービス事業
  - ○デイサービス事業
  - ○食事サービス事業
  - ○外出支援(移送サービス)事業
  - ○居宅介護支援事業(ケアプラン)
    ⋮
  - (お客様相談センター)
  - (介護保険事務部門—介護報酬請求事務)

図7-2 市区町村社協の業務体制の考え方

出典:「市区町村社協経営指針」平成15年3月,全国社会福祉協議会・地域福祉推進委員会,p.8

4　市町村社会福祉協議会及び地区社会福祉協議会は，広域的に事業を実施することにより効果的な運営が見込まれる場合には，その区域を越えて第一項各号に掲げる事業を実施することができる。
5　関係行政庁の職員は，市町村社会福祉協議会及び地区社会福祉協議会の役員となることができる。ただし，役員の総数の五分の一を超えてはならない。
6　市町村社会福祉協議会及び地区社会福祉協議会は，社会福祉を目的とする事業を経営する者又は社会福祉に関する活動を行う者から参加の申出があつたときは，正当な理由がなければ，これを拒んではならない。

設置についての規定　市区町村社会福祉協議会は市区町村を区域として設置されることが原則であるが，同一都道府県内（指定都市内）の二以上の市区町村をもって広域社協を設置することも可能となっている。また，「その区域内における社会福祉事業又は更生保護事業を経営する者の過半数が参加するもの」とされており，同一区域内に複数の社協を設置できない規定となっている（なお，地区社会福祉協議会とは指定都市の区社会福祉協議会のことで，東京都の特別区は市町村社会福祉協議会の位置づけとなっている。また，指定都市社協についてはこの第109条で規定されている）。

構成についての規定　社協の構成については「その区域内における社会福祉を目的とする事業を経営する者及び社会福祉に関する活動を行う者が参加」とあるように，幅広い層の参加が求められており（「社会福祉に関する活動を行う者」とは，住民組織，ボランティア団体，民生委員・児童委員などである），同時に6項において「参加の申出があつたときは，正当な理由がなければ，これを拒んではならない」と開かれた組織性が担保されている。また，5項においては「関係行政庁の職員は，役員の総数の五分の一を超えてはならない」と規定し，行政の関与について一定の制限がなされている。

事業についての規定　市区町村社協の事業については，①社会福祉を目的とする事業の企画及び実施，②社会福祉に関する活動への住民の参加のための援助，③社会福祉を目的とする事業に関する調査，普及，宣伝，連絡，調整及び助成，④そのほか，社会福祉を目的とする事業の健全な発達を図るために必要な事業，の4点が規定されている。

「事業の企画・実施」は社協が各種の福祉サービスを直接実施することであり，法制定から半世紀を経て，社協の事業実施が明確化されたのである。「活動

への住民の参加のための援助」は，住民やボランティアの活動への支援である。

また，市区町村社協は，広域的に事業を実施することにより効果的な運営が見込まれる場合には，当該の市区町村域を越えて事業を実施することができる。

なお，指定都市の社協については，他の市区町村社協と同様の事業実施とともに，都道府県社協と同様に「区域内における社会福祉協議会の相互の連絡及び事業の調整の事業」が規定されている。

（2） 都道府県社会福祉協議会の法的位置づけ

都道府県社協については第110条に以下のように規定されている。

（都道府県社会福祉協議会）
> 第百十条　都道府県社会福祉協議会は，都道府県の区域内において次に掲げる事業を行うことにより地域福祉の推進を図ることを目的とする団体であつて，その区域内における市町村社会福祉協議会の過半数及び社会福祉事業又は更生保護事業を経営する者の過半数が参加するものとする。
> 　一　前条第一項各号に掲げる事業であつて各市町村を通ずる広域的な見地から行うことが適切なもの
> 　二　社会福祉を目的とする事業に従事する者の養成及び研修
> 　三　社会福祉を目的とする事業の経営に関する指導及び助言
> 　四　市町村社会福祉協議会の相互の連絡及び事業の調整
> 　2　前条第五項及び第六項の規定は，都道府県社会福祉協議会について準用する。

設置についての規定　当然のことであるが，都道府県社協は都道府県の区域を単位に設置される。そして，「その区域内における市町村社会福祉協議会の過半数及び社会福祉事業又は更生保護事業を経営する者の過半数が参加するもの」とされている。市区町村社協同様，同一区域内に複数の社協を設置できない規定となっている。

事業についての規定　都道府県社協の事業については，市区町村社協で規定されている4事業のうち，広域的な見地から行うことが適切なものの実施，従事者の養成・研修，経営に関する指導・助言，市町村社会福祉協議会の相互の連絡及び事業の調整，が規定されている。

第110条での規定の他，第81条で福祉サービス利用援助事業の実施，第83条で運営適正化委員会の実施，第88条で福祉サービス費用請求の事務代行の実施

が規定されている（詳細については後述）。

3. 社会福祉協議会の事業

（1） 市区町村社会福祉協議会の事業

　市区町村社協は住民に最も身近な組織として，各種の調査活動や啓発・広報をはじめ，ボランティア活動の推進，住民の活動支援などに取り組んできたが，今日では住民個人個人の福祉課題に対応した支援や問題解決の取り組みの必要性が高まり，社協自らが新たなサービスを開発したり，各種の福祉サービスを実施したりするようになってきている。その他，福祉相談（心配ごと相談や各種専門相談），生活福祉資金の貸付などを行っている。以下，今日，地域の中で進められている事業についてみてみる。

　a.　小地域を基盤とした事業（活動）

　小地域を基盤とした事業としては，在宅の高齢者などを対象とした日常的な見守りと支援のための小地域ネットワーク活動（2000年4月1日現在で59.7％の社協が実施）や当事者組織の組織化支援（ひとり暮らし高齢者の会，介護者の会，身体（知的・精神）障害児・者家族の会，ひとり親（母子）家族の会等）などが行われている。

　また近年，地域の身近な所で高齢者や障害者が気軽に集まり，一時を過ごすふれあい・いきいきサロン（住民と参加者とが共同企画して運営していく楽しい仲間づくりの活動で，虚弱やひとり暮らしの高齢者，障害者，子育て中の親などを対象に活動をしている）の活動が活発化してきており，すでに設置か所も現在，1万5,000か所を超えるまでになっている。

　b.　介護保険，支援費制度の取り組みへ

　1970年代後半以降の在宅福祉への関心は，その後の社協における各種の在宅福祉サービスの開発と実施を推進し，さらに，行政からの公的サービスの受託を拡大させた。2000(平成12)年4月からは介護保険制度が，2003(平成15)年4月からは支援費制度が始まり，これまで行政からの受託事業として実施してきたホームヘルプサービスやデイサービス事業などの多くは，介護報酬や利用料に基づ

表7-2　介護保険制度・支援費制度による事業の実施状況

1）　介護保険における指定事業所指定状況（平成16(2004)年4月現在）

①居宅介護支援事業の指定件数

	件数(件)	割合(%)
社協	2,403	8.9
全体	27,084	100.0

②指定居宅サービス種類別指定件数の内訳（抜粋）

	訪問介護		訪問入浴介護		通所介護		福祉用具貸与	
	件数(件)	割合(%)	件数(件)	割合(%)	件数(件)	割合(%)	件数(件)	割合(%)
社協	2,330	11.4	724	24.9	1,473	10.8	156	2.0
全体	20,358	100.0	2,902	100.0	13,695	100.0	7,817	100.0

出典：全国介護保険担当課長会議（平成16年9月14日・厚生労働省）資料をもとに作成

2）　支援費制度におけるサービス別居宅生活支援事業所数（平成15(2003)年7月1日現在）

①居宅介護等事業（ホームヘルプサービス）

	身体障害者		知的障害者		児童		合　計	
	件数(件)	割合(%)	件数(件)	割合(%)	件数(件)	割合(%)	件数(件)	割合(%)
社協	2,082	24.6	1,819	27.8	1,615	12.3	5,516	26.4
全体	8,470	100.0	6,537	100.0	5,882	100.0	20,889	100.0

②デイサービス事業

	身体障害者		知的障害者		児童		合　計	
	件数(件)	割合(%)	件数(件)	割合(%)	件数(件)	割合(%)	件数(件)	割合(%)
社協	185	17.7	42	7.1	49	8.2	274	12.3
全体	1,047	100.0	592	100.0	600	100.0	2,239	100.0

③短期入所事業

	身体障害者		知的障害者		児童		合　計	
	件数(件)	割合(%)	件数(件)	割合(%)	件数(件)	割合(%)	件数(件)	割合(%)
社協	25	2.3	53	2.1	40	2.2	118	2.2
全体	1,065	100.0	2,514	100.0	1,809	100.0	5,388	100.0

④地域生活援助事業（グループホーム）

	知的障害者	
	件数(件)	割合(%)
社協	9	0.3
全体	3,278	100.0

出典：厚生労働省資料をもとに作成

＊　1），2）とも、全体欄の件数は他の実施主体（社会福祉法人（施設等），医療法人，営利法人等）による実施件数を加えた合計数である。

表 7-3　市区町村社協で実施している主な事業

平成 14 年度実績

		実施社協数（か所）	割合（％）
住宅福祉サービス	食事サービス	2,290	68.7
	寝具乾燥消毒サービス	609	18.3
	移送サービス	1,398	42.0
	福祉器機関係サービス（展示・リサイクル等）	568	17.1
高齢者福祉関係事業	住宅介護リフレッシュ事業	1,265	38.0
	家庭介護・看護講習	1,068	32.1
	健康教室・栄養教室	671	20.1
	外出介助サービス	676	20.3
	買い物サービス	496	14.9
	機能回復訓練	319	9.6
	電話による声かけ運動	706	21.2
	緊急通報システム	573	17.2
障害福祉関係事業	手話・点訳等講習会	1,082	32.5
	手話通訳派遣	382	11.5
	住宅障害者訪問活動	352	10.6
	家庭介護・看護講習	276	8.3
	機能回復訓練	245	7.4
児童福祉関係事業	父子家庭のための活動	705	21.2
	子育て家庭へのサービス提供	448	13.4
	児童虐待への対応	331	9.9
	不登校・閉じこもり児童対象の活動	136	4.1

出典）「2003 年社会福祉協議会活動実態調査報告書」（平成 17 年 3 月 15 日，全国社会福祉協議会）

く事業運営となった。介護保険による事業の指定状況，支援費制度による居宅生活支援事業所数を見たのが表 7-2 であるが，社協が高齢者や障害者（児）に対する各種の在宅介護やサービスを担っているのがわかる。

また，これらの制度以外にも各種の在宅福祉サービスや事業が実施されている（表 7-3）。

c.　地域福祉型福祉サービスの展開

ところで今日，ふれあい・いきいきサロンをはじめ，宅老所，グループホームなど地域の中にさまざまな形で生活支援の活動が現れてきている。これらの活動

は制度化されたものばかりではないが，その人らしい生活や社会とのつながりを重視し，「人間関係づくり」と「居場所づくり」を目的に10人～20人程度の小規模な場として運営されている。

　これまでの福祉サービスを地域福祉の視点（住み慣れた地域社会の中で人びとの自立を支援する）から見直すもので，地域福祉型福祉サービスといわれている。高齢や障害に伴う介護，育児・保育，心身の障害・不安の他，社会的孤立や孤独など，さまざまな生活のしづらさを抱えた住民に焦点をあて，その人が地域の一員として，その人らしく在宅で暮らし続けられるよう支援をしていこうとい取り組みである。一人ひとりの生活や願いを支える，まさに地域に密着した社協ならではの事業として展開されている。

（2）　都道府県社会福祉協議会の事業

　都道府県社協は県域の社協として，調査・研究，啓発・広報をはじめ，ボランティア活動や福祉教育の推進，各種事業の開発とモデル実施，従事者の研修，人材養成や紹介・あっせん，などの事業を行っている。

　ところで，2000（平成12）年6月に改称・改正された「社会福祉法」は，1997（平成9）年から開始された，いわゆる社会福祉基礎構造改革の議論の内容が結実したものである。この改革の理念は，個人が尊厳を持ってその人らしい自立した生活が送れるよう支えるという「個人の尊厳の保持と自立支援」をめざすものであり，具体的には，①福祉サービスに関する情報の提供，利用の援助，苦情の解決に関する規定を整備し，利用者の利益の保護を図る，②措置から利用制度に改める，③サービスの質の向上を図る，④地域福祉の推進を図る，といった点を内容とする制度改革であった。

　そして，自立支援という観点から「地域福祉権利擁護事業（福祉サービス利用援助事業）」が，利用者の利益の保護という観点から「苦情解決事業（運営適正化委員会）」が，そして，サービスの質の向上という観点から「第三者評価事業」が実施されており，福祉サービス利用援助事業と運営適正化委員会については都道府県社協の事業として位置づけられている（社会福祉法第81条，83条）。

a.　地域福祉権利擁護事業

　判断能力が十分でないために福祉サービスの選択や契約などを適切に行うこと

が困難な人たちを対象に，福祉サービスの利用援助や日常的な金銭管理，書類等の預かりなどの援助を行うのが地域福祉権利擁護事業である。この事業は社協と利用者が契約を結び，基幹型社協（県内複数か所の市区町村社協に設置）に配置された専門員の作成した支援計画に基づいて，生活支援員による日常的な支援が行われる。1999（平成11）年10月の事業開始から2004（平成16）年度末までに，問合せ・相談の累計件数は約85万件，2005（平成17）年3月時点の契約件数は約14,700件となっている。基幹型社協は530社協，専門員数は670人，生活支援員数は10,116人となっている。

b. 苦情解決事業

社会福祉事業の経営者は，提供する福祉サービスについての利用者等からの苦情について適切に解決に努めなければならない（第82条）ことが規定され，苦情解決責任者，苦情受付担当者，第三者委員等の苦情解決体制の整備が行われている。運営適正化委員会は，福祉サービス利用援助事業の適正な運営を確保するとともに，福祉サービスに関する利用者等からの苦情を適切に解決するため，都道府県社会福祉協議会に，運営適正化委員会を設置し解決を図るもので（第83条），福祉サービスに関する苦情の相談を受け付け，中立的な立場から相談，助言，斡旋を行うものである。

2000（平成12）年度からの平成16年度までの累計苦情受付け件数は約8,000件となっており，平成16年度の状況でみると，苦情の分野は高齢39.1%，障害41.7%，児童10.2%，その他9.0%となっている。苦情申出人の属性は，利用者31.7%，家族47.8%，代理人1.9%，職員6.1%，その他13.4%で，苦情の内容は，職員の接遇33.3%，サービスの質や量22.1%，利用料3.7%，説明・情報提供10.5% その他15.8% などとなっている。

c. 第三者評価事業

社会福祉基礎構造改革によって，多くの福祉サービスは措置から利用者の選択による利用制度に移行した。第三者評価事業は，公正・中立な第三者評価機関が，客観的な立場から施設など事業者の提供する福祉サービスの質を評価するもので，評価結果によって事業者自身が事業の具体的な問題点を把握し，福祉サービスの質の向上につなげるものである。サービス利用者にとっては，評価結果がサービスを選択するうえでの情報ともなる。

第三者評価事業は，福祉サービス利用援助事業や運営適正化委員会とは違い実施主体に制限はなく，第三者評価機関として都道府県の認証機関から認証を受けた都道府県社協やNPO・市民団体などが評価事業を行っている。

4. 社会福祉協議会の活動方法・技術

　第1節で説明した社協の機能に即し，各種の方法・技術が駆使され，日々の社協活動が展開されていくことになるが，以下，そのいくつかをみてみる。

(1) ニーズ把握（調査）

　地域社会の問題の解決や住民の支援を行うに当たって，まず問題は何か，その人の願いや解決したい課題は何かなど，ニーズを的確に把握する必要がある。一般に，ニーズは顕在化したものと潜在化したものに分けられるが，顕在化したニーズは個人がそのニーズを自覚している状態であり，潜在化しているニーズとは個人がそのニーズを未だ自覚していない状態である。したがって，調査票や質問用紙を使ってのニーズ把握だけでは，十分に捉えることができないこともあるので，ニーズ把握は多面的に行われる必要がある。

　一般的に行われるのが社会調査で，調査票や質問用紙を使って行われる統計的調査（個別面接調査法，配票調査法，集合調査法，郵送調査法など）がある。実際の調査は，①調査目的の明確化→②仮説の設定→③調査対象の決定→④調査票の作成→⑤事前調査の実施→⑥調査実施の諸準備→⑦実施，といった手順で進められる。

　統計的調査以外に，話し合いによるニーズ把握がある。問題の発見と把握のために意図的・目的的に当事者や住民との話し合い（多くに場合，地域懇談会の開催や当事者の会への参加などを通して行われる）をもつことによって，ニーズを捉えていこうとするものである。また，事業を通してのニーズ把握がある。日頃，地域の中で活動しているボランティアや民生委員・児童委員の活動の中から住民の問題を明らかにしていく。ホームヘルパー，医師，保健師などの専門家とのケース検討会や情報交換などを通して地域の問題状況をつかむ。さらに，福祉事務所や児童相談所，福祉関係機関・団体との連携などを通じて問題状況を把握

(2) 相談・支援

　生活上の問題が発生した時に相談を通して問題つかみ，具体的な支援を行うことが要請されるが，相談に取り組むことは，顕在化された問題を明らかにするだけではなく，問題の早期発見にもつながる。

　相談・支援活動の展開は，①問題の発見→②対応の検討→③解決活動→④活動の評価，の手順で行われるが，問題の発見には，社協の窓口や事業を通して，また，民生委員・児童委員やボランティア活動を通して発見することはもちろんのこと，地域の社会・経済状況の変化にも注視し，幅広い視点で住民の生活を見ていくことが重要である。対応の検討では，悩みを受けとめることだけで解決できる問題と何らかの支援を要する問題とに振り分けられる。解決活動では，既存の制度・サービスの利用による支援，あるいは地域での見守り等による支援，ないしはその両方が行われる。活動の評価では，上記の解決活動によって問題の解決が図られたのかが検討される。

(3) 計画策定

　計画には大きく分けて，個々の問題の支援内容を明らかにした「個別援助計画」と地域社会全体の問題解決や達成すべき目標と実現するための体制を明らかにした地域福祉活動計画がある。これまで社協では，地域福祉活動計画の策定に取り組み，とくに住民の計画策定過程への参画を重視してきた。地域福祉活動計画は地域住民の福祉ニーズを出発点に，その問題の解決の方法と解決にあたっての公私との連携，また，住民の福祉活動への参加の醸成といった分野について，住民の立場からその目標と行動計画を明らかにするものである。

　具体的な策定の手順は，①策定準備（計画策定の方針決定，組織内の体制づくり，行政計画等の確認，社協の現状確認）→②策定委員会づくり（策定委員会，小委員会・部会等の設置）→③現状把握・課題の確認（福祉課題の把握，福祉施策，民間活動の現状把握，活動課題の明確化）→④基本目標・基本計画づくり（計画の枠組みの明確化，基本目標・基本計画の策定）→⑤実施計画づくり（実施計画の策定）→⑥計画決定（理事会・評議員会での審議，決定），のプロセス

で行われる。住民や当事者をはじめとする幅広い層の意見反映がされるよう，策定開始段階から，広報を通じての周知や意見集約が必要であり，委員会そのものへの参画なども重要である。また，計画に基づく実践が行われた後，計画そのものの評価を行うとともに，見直しや次期計画へ課題をつなげていくことが大切である。

ところで，社会福祉法により市町村地域福祉計画（107条）ならびに都道府県地域福祉支援計画（108条）の策定が行政計画として位置づけられ，福祉分野の総合的な計画として民間の分野も含めた計画として策定すること，さらに策定に当たって広く住民や関係者からの意見反映が求められることが示された。地域福祉計画は，これまで社協が策定してきた地域福祉活動計画と策定プロセスや内容ともに共通するものがあり，行政と社協との合意が可能であれば一体的な策定（ニーズ把握の共同化，策定事務局の合同化，市町村地域福祉計画と地域福祉活動計画の策定委員会の一本化，市町村地域福祉計画と地域福祉活動計画の一本化（地域福祉計画・地域福祉活動計画））が求められる。

5. 社会福祉協議会の経営

(1) 社会福祉協議会の財務運営

これまで，市区町村社協には行政からのさまざまな補助・委託事業があり，また，県や国段階からの補助事業，モデル事業などが実施され，財源的にも大きな位置を占めてきた。しかし，2000（平成12）年からの介護保険制度の導入によって，これまでの公費助成による事業運営から，介護報酬による自主財源による事業運営への変化は，公費依存から経営努力へと社協の財務体質を変化させている。とくに，介護保険事業では民間事業者等もサービス提供に参入しており，サービス利用について住民からの信頼を得るためにも社協らしい事業展開が必要となってくる。

そのためにも，サービスの質の向上はもちろんのこと，効率的な事業運営のためのコスト意識，経営努力といった財務運営が求められる。こうした意識改革を進めることによって，公費だけに依存しない自主的で自立的な社協としての役割

が高められ，他の事業を含め真に地域福祉の推進を図ることを目的とした団体としてふさわしい役割を発揮することができるのである。

ちなみに介護保険制度導入前と導入後の財源構造を比較してみると，1999(平成11)年度における市区町村社協の収入額の平均は1億2,009万円で，その内訳のうち補助金・委託金などの公的財源の占める割合は75.5%となっている。これが2002(平成14)年度になると，1社協当たりの平均収入額は1億5,594万円と1999年度の1.3倍となり，介護報酬での収入が36%，補助金・委託金などの収入が47%となっている（表7-4）。

（2） 社会福祉協議会の職員体制

一般に市区町村社協の職員体制は，事務局長以下，社協の法人運営や地域福祉活動，相談・支援活動の推進を担う一般業務職員と介護保険や支援費による事業や在宅福祉サービス等の事業を担う経営事業職員に分けられるが，今日，在宅福祉サービス関連事業の拡大とともに事業担当職員が大幅に増加している。1993年に29,046人であった職員数が，1999(平成11)年には75,590人(2.6倍)，2002(平成14)年には101,428人（3.5倍）に拡大している。社協職員全体の内訳は，

表7-4 市区町村社協の財源構造の変化

	1999年度決算額		2002年度決算額	
	収入（千円）	割合（%）	収入（千円）	割合（%）
会費収入	3,570	3.0	3,740	2.4
寄付金収入	3,560	3.0	3,770	2.4
補助金収入	30,670	25.5	30,500	19.6
委託金収入	60,060	50.0	42,730	27.4
事業収入	4,140	3.4	6,440	4.1
共同募金配分金収入	4,730	3.9	4,830	3.1
介護保険事業収入	—	—	56,100	36.0
その他の収入	13,370	11.1	7,830	5.0
合計	120,090	100.0	155,940	100.0

出典：「2000年社会福祉協議会活動実態調査報告書」ならびに「2004年度社協実態調査」（ともに全国社会福祉協議会）より作成

一般業務職員が19.9％で，80.1％は経営事業職員となっている。一般業務職員はもちろん，在宅福祉サービス等経営事業を担う職員も社協職員として，共通の理念のもと業務に当たる必要がある。

なお，「市区町村社協経営指針」では，①福祉サービス利用者に対する尊厳の尊重（人権感覚，守秘義務），②地域住民（活動・事業者団体などを含む）や行政との協働の推進（パートナーシップ），③地域住民の主体性を引き出す（エンパワーメント），④自らの業務についての説明責任を持つ（説明責任・情報公開），⑤地域の社会資源や地域の実情の把握と施策の理解（地域に根ざした活動の展開），⑥地域住民や支援を必要とする人と地域とのつながりをつくる視点をもつ（ネットワーキング），⑦事業の効率性や評価に対する意識づけ（コスト意識），の7点を職員の具備すべき資質としてあげている（「市区町村社協経営指針」p.30, 2003年3月・全国社会福祉協議会）。

（3） 社会福祉協議会をとりまく諸状況

a. 市町村合併と社会福祉協議会

現在，市町村合併が各地で進んでいる。総務省の資料によれば，2002（平成14）年4月，全国に3,218（市675, 町1,981, 村562）あった市町村数も2004（平成16）年12月には2,927（市712, 町1,734, 村481）となっている。来年以降も約500の市町村が編入，新設等による合併が予定されておりその数はさらに増えることが予想されている。[2]

市町村合併が行われる場合，当然，市町村社協も法人合併が行われることになる。その場合，新しい市町村域での事業展開をどのように行っていくか，当該社協の関係者同士の共通認識をつくることがまず重要で，その上で，それぞれの社協で実施している事業の継続をどうするかなど，事業内容や財務状況などについて相互に検討する必要が出てくる。「市区町村社協経営指針」では，合併への検討課題として，①互いの地域福祉活動計画の内容をすり合わせるなど，合併地域の社会資源や住民参加の活動，生活圏域等を踏まえ，支所の設置など新しい圏域における地域福祉推進を構想化する，②各社協の会員構成や住民組織の状況の把握と合併後の組織構成のあり方の検討，③各社協の事業内容，財源状況の把握と合併後の事業体制の検討，④各社協の職員処遇等の把握と合併後の処遇や職員配

置の検討, をあげている (「市区町村社協経営指針」p. 35, 2003 年 3 月・全国社会福祉協議会)。

b. 新たな課題への取り組み

今日, 社協はその組織, 事業, 職員等々大きく拡大・発展している。地域福祉の推進を図ることを目的とする団体として, また, 各種の福祉サービスを実施する事業者としての責任も増している。他方で, 介護保険事業や生活支援の各種事業に NPO 団体や民間事業者等が参入してくるなか, 在宅福祉サービスがかつてのように社協の独壇場ではなくなってきている。さらに, 市町村合併や地方分権が進み, 住民の生活の場を基盤とした事業が改めて重要視されてきている。また今日, 地域社会における失業やホームレスの問題, 孤立, 引きこもりなどの課題への支援の必要性も認識されるようになってきており, こうした課題に開拓的に対応していくためにも福祉だけでない幅広い分野との連携が必要となってきている。

こうした状況を背景にして, 社協自身もより一層住民に身近な存在としてその事業や活動を展開していかなければならない。そのためにも, 社協の組織・事業運営の透明性を高めていくことが大切であり, 財務諸表や事業内容の情報公開などに取り組んでいくことが必要である。また, 社協事業の利用者に対する個人情報保護やリスクマネジメントに取り組むことによって地域住民の信頼を得ていくことが重要である。

注)
1) 2004(平成 16)年 4 月 1 日現在, 全国, 都道府県・指定都市の社協は 100％, 市町村社協は 99.6％, 区社協 86.1％ の法人化率である。なお, 社協の場合, 民法第 34 条に基づいて設立される「社団法人」「財団法人」ではなく, 民法以外の特別法 (社会福祉法) に基づいて, 社会福祉事業を行うことを目的として設立される「社会福祉法人」である。
2) 2006 年 4 月 1 日時点で, 全国の市町村数は 1,951 程度になるといわれている。

■演習問題■

1 在宅福祉サービス等社協における事業実施が発展してくる経過について, 法律改正との関連で説明しなさい。

第 7 章　主体 II　地域福祉の推進と社会福祉協議会　　107

解説　長らく社協は"連絡調整機関"としての性格が強調されていたが，地域組織活動の実践を通してサービス実施の必要性が認識されてきた。1970年代後半に入ると在宅福祉という形で関心が高まり，各地でホームヘルプ事業や食事サービスや入浴サービスなどが実施されるようになってきた。その後，「在宅福祉サービスの戦略」が刊行され，以降，在宅福祉サービスをはじめとする具体的な事業実施が社協活動の大きな部分を占めるようになってくる。
　さらに，1990（平成2）年に社会福祉関係8法の改正が行われ，それまでの各地の社協の実践を踏まえ，市町村社協の事業に「社会福祉を目的とする事業を企画し，及び実施するよう努めなければならない」という事項が明記された。2000（平成12）年6月には社会福祉法が改称・改正され，社協の事業として「社会福祉を目的とする事業の企画・実施」が規定され，社協が具体的実施に取り組むことが一層明確にされた。

2　「新・社会福祉協議会基本要項」にいう社協の活動原則を説明し，そのなかで社協固有の原則として位置づけられているものを示しなさい。
解説　社協の活動原則については，①住民ニーズ基本の原則，②住民活動主体の原則，③民間性の原則，④公私協働の原則，⑤専門性の原則，の5点をあげ，広く住民の生活実態・福祉課題等の把握に努め，そのニーズに立脚した活動をすすめるという「住民ニーズ基本の原則」と住民の地域福祉への関心を高め，その自主的な取り組みを基本とした活動をすすめるという「住民活動主体の原則」を社協固有の活動原則として位置づけている。

3　住民のニーズの状態と地域におけるニーズ把握の方法について述べなさい。
解説　一般に，ニーズは顕在化したものと潜在化したものに分けられる。顕在化したニーズは個人がそのニーズを自覚している状態であり，潜在化しているニーズとは個人がそのニーズを未だ自覚していない状態である。
　ニーズ把握の方法として一般的に行われるのが社会調査で，調査票や質問用紙を使って行われる統計的調査があるが，ニーズ把握は多面的に行う必要がある。その一つに話し合いによるニーズ把握がある。当事者や住民との話し合いを持つことによって，ニーズを捉えていこうとするものである。また，事業を通してのニーズ把握がある。ボランティアや民生委員・児童委員の活動の中から住民の問題を明らかにしていく。ホームヘルパー，医師，保健師などの専門家とのケース検討会や情報交換などを通して地域の問題状況をつかむ。また，福祉事務所や児童相談所，福祉関係機関・団体との連携などを通じて問題状況を把握するなどの方法がある。

第 8 章 | 方法 I 地域福祉と地域ケアサービス

▶ **本章で学ぶこと** 　地域ケアサービスといってもその種類と内容は多様である。介護保険サービスのように公的なサービスもあれば、住民相互が助け合うことを目的に自然発生的に生まれたインフォーマルなものもある。

　地域ケアサービスが多様でかつ担い手も多岐に渡るのは、住民一人ひとりの生活が異なるように、生活困難（ニーズ）とされる内容も異なるからである。そうした個々のニーズに対応することで、新しい地域ケアサービスが生み出され、制度化されてきた。そういう意味で地域ケアサービスの種類や内容は、これからも更新されていくことになる。

　本章では、地域福祉を構成する地域ケアサービスの内容とその実際の運用について学び、さまざまな生活困難を抱えている住民がそうした地域ケアサービスを活用することで、どのようにして自らの生活困難を解決していくことができるかを理解する。

[Key Concepts]

自立支援　尊厳の保持　包括的生活支援　2015 年問題　支援費　介護保険　ケアマネジメント　居宅介護支援　住民参加型福祉サービス　ふれあい・いきいきサロン

1. 地域ケアサービスのめざすもの

（1） 地域ケアサービスとは

　住民が何らかの理由によりそれまでの生活を継続することが困難になったとき，地域において当事者としての問題を抱えた住民が主体的に自らの問題に取り組み，さまざまな地域のサービスを活用してその解決を図ることを支援していく仕組みが必要不可欠である。たとえば，脳梗塞により障害をもった高齢者が急性期を経て在宅復帰を果たしたとき，それまでの生活の継続性を確保していくために介護保険サービスを活用することが考えられるが，その場合ケアマネジャーはそうした高齢者の自立支援を行っていくために包括的な生活支援のためのケアプランの作成を行い，公私のサービスの調整等のさまざまな支援を進めていく。ここでは，そうした地域での総体的な仕組みや取り組みを地域ケアということにする。

　そうした地域ケアを支えるサービスは，高齢者の場合の介護保険サービス，精神障害者を除く障害児者の場合の支援費に代表される公的サービスが近年整備され，かなり充実してきている。一方，生活困難な課題を抱える住民のニーズは，必ずしもそうした公的サービスにより全て充足されるとは限らない。たとえば，生きがいや人とのふれいあい等のニーズなどは，友愛訪問やふれあい・いきいきサロンなどのボランタリーサービスが主として対応している。図8-1は，そうしたニーズをまとめて見たものである。このように，住民が地域において直面している生活困難な課題の解決のために活用する公私のサービスが地域ケアサービスといえる。

（2） 地域福祉と地域ケアサービス

　地域ケアサービスを地域福祉との関係で見ると，永田幹夫によれば地域福祉の構成要件は次のとおりである。

　　① 在宅福祉サービス（予防的サービス，専門的ケア，在宅ケア，福祉増進サービスを含む対人サービス）

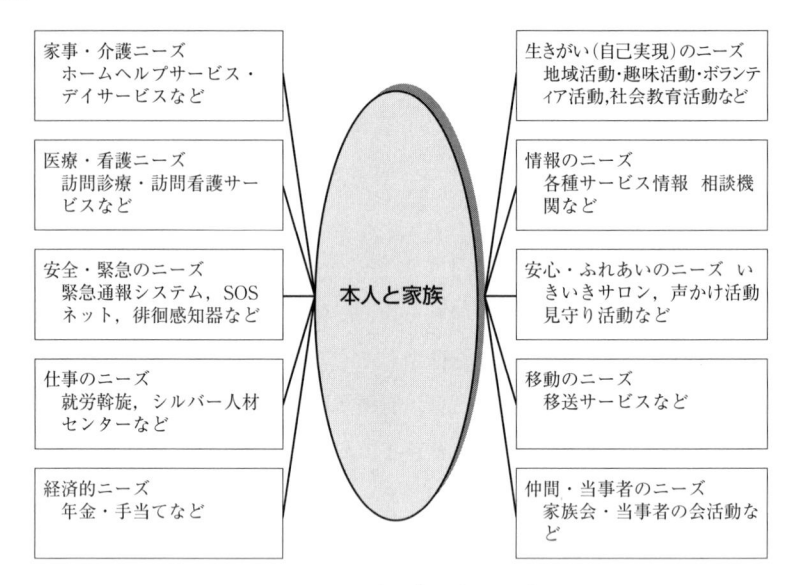

```
┌─────────────────┐                              ┌─────────────────┐
│家事・介護ニーズ  │                              │生きがい(自己実現)のニーズ│
│ホームヘルプサービス・│                          │地域活動・趣味活動・ボランテ│
│デイサービスなど  │                              │ィア活動,社会教育活動など│
└─────────────────┘                              └─────────────────┘
┌─────────────────┐                              ┌─────────────────┐
│医療・看護ニーズ  │                              │情報のニーズ      │
│訪問診療・訪問看護サー│                          │各種サービス情報 相談機│
│ビスなど         │                              │関など           │
└─────────────────┘                              └─────────────────┘
┌─────────────────┐         ╭─────╮              ┌─────────────────┐
│安全・緊急のニーズ│        │       │             │安心・ふれあいのニーズ い│
│緊急通報システム,SOS│      │本人と家族│            │きいきサロン,声かけ活動│
│ネット,徘徊感知器など│      │       │             │見守り活動など    │
└─────────────────┘         ╰─────╯              └─────────────────┘
┌─────────────────┐                              ┌─────────────────┐
│仕事のニーズ     │                              │移動のニーズ      │
│就労斡旋,シルバー人材│                           │移送サービスなど  │
│センターなど     │                              │                 │
└─────────────────┘                              └─────────────────┘
┌─────────────────┐                              ┌─────────────────┐
│経済的ニーズ     │                              │仲間・当事者のニーズ│
│年金・手当てなど │                              │家族会・当事者の会活動な│
│                 │                              │ど               │
└─────────────────┘                              └─────────────────┘
```

図 8-1　地域で暮らすニーズ

② 環境改善サービス（物的・制度的施策を含む生活・居住条件の改善整備）
③ 組織活動（地域組織化及びサービスの組織化，管理の統合的運用によるコミュニティワークの方法技術）

（永田幹夫『改訂地域福祉論』全国社会福祉協議会，1993 年，p.45）

このように地域福祉の構成要件は住民の生活総体を包含するゆえにかなり多様で幅が広い。また，わが国において在宅福祉サービスに逸早く着目し，その概念と構成要素を明らかにした「在宅福祉サービスの戦略」（1979 年全国社会福祉協議会）においては，在宅福祉サービスの構成要件を図 8-2 のように整理している。

そこで，地域ケアサービスは，地域福祉における在宅福祉サービスであり，図 8-2 の広義の在宅福祉サービスとして考えていく。

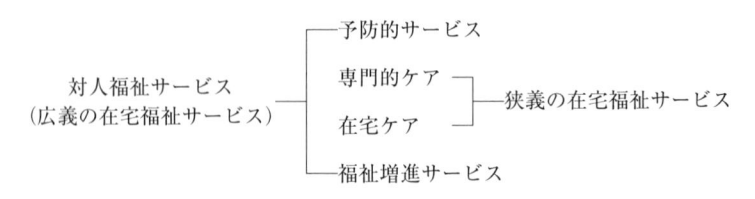

```
                        ┌─予防的サービス
対人福祉サービス        ├─専門的ケア ──┐
(広義の在宅福祉サービス)─┤            ├─狭義の在宅福祉サービス
                        ├─在宅ケア ────┘
                        └─福祉増進サービス
```

図 8-2　在宅福祉サービスの構成要件

（3） 地域ケアサービスの目標

　地域ケアサービスを考えるときに重要な視点は，介護保険創設の契機となった，1994(平成6)年の高齢者介護・自立支援システム研究会の報告書「新たな高齢者介護システムの構築を目指して」の中で述べられている「介護の基本理念として，高齢者が自らの意思に基き，自立した質の高い生活を送ることができるよう支援すること」とあるように「自立支援」ということである。さらに，この報告書の中で当事者の支援ばかりでなく介護者である家族支援の重要性も明らかにしており，地域ケアの目指すべき方向が明らかにされている。

　また，2000(平成12)年に社会福祉事業法に代わって成立した社会福祉法の第3条福祉サービスの基本理念では「福祉サービスは，個人の尊厳の保持を旨とし，その内容は福祉サービスの利用者が心身とも健やかに育成され，またその能力に応じ自立した日常生活を営むことができるように支援するものとして，良質かつ適切なものでなければならない」とされ，福祉サービスの目標を人間の尊厳の保持と自立支援ということに規定している。

　そして，2003(平成15)年6月に出された厚生労働省老健局長の私的研究会である高齢者介護研究会の報告書「2015年の高齢者介護～高齢者の尊厳を支えるケアの確立に向けて」でも，今後の介護問題として認知症（痴呆症）高齢者の増加を指摘し，「高齢者介護においても，日常生活における身体的自立の支援だけではなく，精神的自立を維持し，高齢者自身が尊厳を保つことができるようなサービスが提供される必要がある」とし，自立支援の根底には「尊厳の保持」があることを明らかにし，自立支援のもつ内容をさらに深めている。

2. 地域ケアサービスの種類と内容

　ここでは，そうした基本的理念をもとにどのような地域ケアサービスが地域において提供されているかをみていく。

（1） 公的な地域ケアサービスの展開

　わが国の公的な地域ケアサービスとしては，高齢者の分野では，2000(平成

12)年度から実施された介護保険サービスが，また障害者の分野（精神障害者を除く）では2003(平成15)年度から実施された支援費サービスが基幹的サービスとして位置づけられる。その概要は居宅サービスの場合表8-1，表8-2のとおりである。

　介護保険制度は，主として65歳以上の高齢者等を対象に要介護認定調査を行い，要介護状態と認定された高齢者等が利用できるサービスである。サービスの利用量も要介護状態により一律に上限が設けられている。また，そのサービスの内容も表8-1のとおりあらかじめ決められており，対応するニーズもそのサービスの範囲内という限定したサービスとなる。そういう意味ではニーズがあるからといって誰もが利用できるサービスではない。しかし，介護保険制度は，本格的にケアマネジメントを導入しており，ケアマネジャー（居宅介護支援専門員）がケアプランの作成や利用者本人・家族への支援などが行う。これは，サービス利用者と介護保険サービスとを結びつけるとともに，公私のサービスを調整することで包括的な支援を行うことである。

　さらに，介護保険制度は，措置制度と異なって利用するサービスの決定や事業者の選択を利用者自身が決めることができるというように自己選択・自己決定が原則となっている。費用負担については，サービスの利用にあたっての利用料の1割負担があり，応益負担が原則となっている。

　支援費制度は，表8-2のサービスを提供するものであるが，介護保険とは異なって社会保険ではなく，税を基にした行政サービスである。介護保険のような全国共通の要介護認定や要介護状態に基づく共通したサービス利用の限度額設定といったものはなく，障害者は市町村にサービスの申請をし，市町村長が申請内容を勘案してその支給を決定し，サービスの支給期間，支給量を定める方式である。介護保険のようにケアプラン等を作成するケアマネジャーが具体的に設定されていない。費用負担は所得に応じてという応能負担が原則である。

　介護保険と共通しているのは，利用者はサービス事業者を選択して決定できるという点である。

　ケアマネジメントについては，介護保険のようにケアマネジャー（居宅介護支援専門員）を制度化していないが，人材育成等については以前から行ってきた。1997(平成9)年度から「障害者ケアマネジメント体制整備推進事業」して研修等

表8-1 介護保険サービスの概要（居宅サービス）

サービス名	サービスの内容
訪問介護（ホームヘルプサービス）	訪問介護員（ホームヘルパー）が訪問して身体介護や調理・掃除等の生活支援を行う
訪問入浴介護	入浴設備や簡易浴槽を積んだ移動入浴車で訪問して入浴の介助を行う
訪問看護	看護師等が訪問して療養上の世話または必要な診療の援助を行う
訪問リハビリテーション	理学療法士や作業療法士等が訪問して，日常生活の自立のためのリハビリテーションを行う
居宅療養管理指導	医師，歯科医師，薬剤師等が訪問して，療養上の管理や指導を行う
通所介護（デイサービス）	デイサービスセンター等に通所し，入浴，食事の提供，日常動作訓練等を受ける
通所リハビリテーション（デイケア）	デイケアセンター等に通所し，理学療法士，作業療法士等からリハビリテーションを受ける
短期入所生活介護（ショートステイ）	短期間，特別養護老人ホーム等に入所しながら介護や機能訓練が受けられる
短期入所療養介護（ショートステイ）	短期間，老人保健施設や介護療養型医療施設等に入所しながら介護や機能訓練が受けられる
認知症（痴呆）対応型共同生活介護（グループホーム）	認知症（痴呆）の高齢者が5人〜9人で共同生活をし，家庭的な雰囲気の中で介護スタッフから日常生活の支援や機能訓練を受ける
特定施設入所者生活介護	有料老人ホームやケアハウス等に入所している高齢者も必要な介護保険サービスを受けられる
福祉用具貸与	在宅での介護に必要な車いすやベッド等の福祉用具を貸与する
居宅介護福祉用具購入費	入浴や排泄用などの福祉用具の購入費を支給する
居宅介護住宅改修費	廊下や便所，浴室の手すりの取り付け，段差の解消等の小規模な住宅改修費用を支給する
居宅介護支援	介護支援専門員が，介護サービス計画を作り，サービスの調整等を行う

表8-2 支援費サービス（居宅生活支援）

サービス名		サービスの内容	対象
居宅介護等事業（ホームヘルプサービス）	家事援助	ホームヘルパーが訪問して掃除や洗濯、食事の用意等の日常生活支援を行う	身体障害 知的障害 障害児童
	身体介護	ホームヘルパーが訪問して、身体介護等の日常生活の支援を行う	
	移動介護	外出するときにホームヘルパーが移動の援助を行う	
	日常生活支援	全身性障害者の日常生活支援	身体障害
デイサービス事業		デイサービスセンターに通所し、創作活動や入浴等の援助が受けられる。障害児童の場合は、療育訓練、日常生活動作訓練、集団への適応訓練等が受けられる	同上
短期入所生活事業		介護している家族等が疾病、その他の理由により、家庭での介護が困難になったときに本人が施設に短期間入所し介護などを受ける	同上
知的障害者地位生活援助事業（グループホーム）		地域で自立生活を行うために一般住宅で共同生活を営み、生活の援助を受ける	知的障害

を開始しており、さらに2003（平成15）年度から「障害者ケアマネジメント体制支援事業」として本格化されている。

こうした介護保険制度と支援費制度の発足は、措置制度の時とは異なって要件に該当すれば誰もがサービスを利用することを可能とし、介護保険においては、誰もがサービスを利用することが可能になったため、措置制度の時とは異なってサービス利用量は飛躍的に増加し、在宅生活の継続や家族の介護負担の軽減に効果をあげている。支援費制度においても、脱施設化にともなう地域自立生活を促進する効果を発揮している。

介護保険のサービスは表8-1が共通のサービスとしてあるが、この他に介護保険の保険料を財源として市町村特別給付（上乗せ、横だし）と保健福祉事業があり、介護保険における市町村独自の取り組みが可能となっているが、保険料との関係でその取り組みはあまり進んでいないといえる。

前述したとおり、地域で生活していくためには多様なニーズに対応するサービ

表8-3　介護予防・地域支えあい事業の実施状況（2003年度）

区分	事業名	主な内容	市町村実施率
介護予防・生きがい活動支援事業	介護予防事業	転倒骨折予防教室	62.8%
		IADL訓練事業	17.5%
	アクティビティ・痴呆介護教室	アクティビティサービスや痴呆介護教室・予防教室等の開催	31.9%
	食の自立支援事業	配食サービス等	78.1%
高齢者等の生活支援事業	外出支援サービス	送迎サービス	64.4%
	軽度生活援助事業	宅配の手配，食材の買い物，家屋内の整理整頓等	74.1%
	住宅改修支援事業	住宅改修相談助言，介護保険住宅改修申請理由書の作成等	69.0%
	寝具類等洗濯乾燥消毒サービス事業	寝具類等の洗濯乾燥消毒	52.0%
	訪問理美容サービス事業	理美容師が訪問して実施	29.4%
その他	介護用品の支給	現物給付またはクーポン券	71.7%
	緊急通報体制等整備事業	緊急通報装置の貸与・給付等	88.3%
	高齢者実態把握事業	高齢者実態把握調査等	84.4%
	介護予防プラン作成事業	介護予防プラン作成	53.0%

（厚生労働省資料）

スが必要であるが，高齢者の領域においても介護保険制度で対応できないニーズが数多くあることは当然であり，要介護状態を悪化させない，あるいは要介護状態になるのをできるだけ遅らせるといった効果をねらって，国は，「介護予防・地域支えあい事業」（補助事業）を創設し都道府県とともに市町村の取り組みを支援している。2003（平成15）年度における市町村の実施状況は表8-3のとおりである。なお，「介護予防・地域支えあい事業」の内容は，固定されたものではなく，毎年見直しが行われ変化している。

　精神障害者に関わる地域ケアサービスは，支援費とは別の設定されておりその内容は表8-4のとおりである。精神障害者の地域におけるサービスとしては，①社会復帰施設と②居宅生活支援事業があり，居宅生活支援事業はホームヘルプサービスとショートステイ，グループホームからなるが，2002（平成14）年度か

表 8-4　精神障害者の居宅サービス

サービス名	サービスの内容
居宅生活支援事業 / 居宅生活支援事業（ホームヘルプサービス）	ホームヘルパーから食事，身体の清潔保持等，介助により日常生活に必要な便宜を受ける
居宅生活支援事業 / 短期入所事業（ショートステイ）	介護者の疾病等により居宅において一時的に介助をうけることが困難になった場合に，生活訓練施設等に短期間入所することができる
居宅生活支援事業 / 地域生活援助事業（グループホーム）	地域において共同生活を営むのに支障のない精神障害者が5～6人で生活する住居。職員1名が配置されている
社会復帰施設 / 精神障害者社会復帰施設	精神障害者生活訓練施設　精神障害者授産施設　精神障害者福祉ホーム　精神障害者福祉工場
社会復帰施設 / 相談援助施設	精神障害者地域生活支援センター

ら法定事業として全国的に実施されることになったものである。それ以前は国の試行的事業として実施されてきた。そういう意味で精神障害者の地域ケアサービスは最近になって整備されてきたものである。

　こうした自己決定，自己選択に基づく地域ケアサービスの利用が適切に行われるために，利用者の支援サービスとして，1999(平成11)年から実施され，2000(平成12)年の社会福祉法制定により法制化された地域福祉権利擁護事業がある。この事業は，判断能力が不十分な高齢者や知的障害者，精神障害者等を対象に，さまざまな福祉サービスの利用援助としての情報提供，助言，手続きの援助，日常的な支払いの代行，通帳，権利書等の預かり等の援助を行うことで，地域自立生活を支援する。

（2）インフォーマルサービス活動の展開

　図8-2のとおり住民が地域で生活する場合には多様なニーズがあり，そうしたニーズを充足するために，公的サービスとは別に住民相互の助け合いや社会福祉協議会，NPO等が地域のニーズ基づいて地域ケアサービスを展開している。その内容を例示すると表8-5のとおりである。そのサービスは，①住民参加型在宅福祉サービス等に見られる有償ヘルプサービス活動，②小地域ネットワーク等による見守りやサロン活動等のような近隣住民の助け合いによる日常的な活

表 8-5　地域で展開されるインフォーマルなサービスの例（高齢者）

家事・介護	安全・安心・ふれあい	いきがい	移動	情報	その他
生活援助型食事サービス（週5日以上の配食） 入浴サービス 買い物サービス ごみ出しサービス 宅配サービス 理美容サービス 有償ヘルプサービス ミニデイサービス 福祉用具の貸し出し ふとん乾燥サービス 洗濯サービス 住宅改修・補修	緊急通報装置の貸与 SOSネット 除雪・排雪 防火点検 友愛訪問 電話訪問 安否確認訪問 ふれあい・いきいきサロン 食事サービス（週1回〜2回） 会食会	文化・趣味活動 シルバー人材センターによる仕事の斡旋 老人クラブ活動 各種サークル活動 ボランティア活動の推進 レクリエーション活動 スポーツ活動	移送サービス 通院介助 外出介助	各種相談（心配ごと相談高齢者総合相談センター等） 介護教室，料理教室等の開催 情報通信機器の活用 朗読サービス 声の広報	当事者団体活動支援 家族の会活動支援 介護者の集いの開催

動，③ガイドヘルプといったボランティアが主体的に担う活動，といったようなタイプに分けられる。こうした活動は，提供主体，当事者のニーズ等によって，その専門性や活動スタイル，費用負担（有償性・無償性）等に差異が生じる。

　そうした取り組みは，わが国の高齢化率が1970（昭和45）年に7％を超えてわが国が高齢化社会に移行し，以後急速に高齢化する時期と重なって本格化していき，住民団体や社会福祉協議会，NPO等が先駆的に取り組んできている。その中には公的サービスとして制度化されていったものも多い。そういう意味で，今後もそうした可能性を有しているといえる。

3. 地域ケアサービスの展開と今後の方向性

（1）在宅福祉サービスの展開

　前述したように，わが国で，高齢化率が7％を超えたのは1970（昭和45）年で，さらに14％を超えるのは1994（平成6）年である。わずか24年間で，高齢化

社会から高齢社会に突入するという他の先進国に見られない急速な高齢化を体験した。地域ケアサービスはその急速な高齢化と軌を一にして取り組まれるのであった。それまでは，施設入所が中心であったが，高齢化が進む中で，地域でひとり暮らし高齢者の孤独死などが顕在化し，住民の目もしだいに地域へ向くようになってきた。その結果，1970年代中ごろから1980年代にかけて，ひとり暮らしの高齢者や高齢者夫婦世帯への乳酸飲料の配達を通しての安否確認や町内会による声かけや見守りなどの活動から，寝たきりの高齢者のために特別養護老人ホームの特殊浴槽を利用した入浴サービス，移動入浴車を利用した家庭での入浴サービス，ひとり暮らし高齢者等への配食サービス，会食サービス等が社会福祉協議会等を中心に先駆的に行われるようになっていく。しかし，そうしたサービスは，あくまでも住民の自主的活動であったり，社会福祉協議会等の民間資金をもとにしたものであったりして，その供給体制は脆弱であった。このために，十分なサービス量を提供できていなかった。たとえば，食事サービスが週1回から2回，入浴サービスも月1から2回といった，およそ生活支援というような水準までは確保されていなかった。

　こうした各地の取り組みについて，全国社会福祉協議会に設置された「在宅福祉サービスのあり方に関する研究委員会」が調査研究を行い1979(昭和54)年に「在宅福祉サービスの戦略」(全国社会福祉協議会刊)により，在宅福祉サービスの概念を明らかにするとともに体系化した。1980年代に入るとそうした活動は全国的に一層普及し，市町村の補助金等もあって拡充されていくが，措置制度の考えが浸透しており，福祉サービスの利用者をたとえば市町村住民税の非課税世帯までとか，同居家族がいない単独世帯などといった限定する傾向が強く，誰もが利用できるサービスとはいえなかった。そういう意味で量も対象も限定的なサービスの時代が，1990(平成2)年の社会福祉関係8法改正により在宅福祉サービスが表8-6のとおり，法定化されるまで続いた。

　高齢者の在宅福祉サービス関係については，1989(平成元)年の高齢者保健福祉十か年戦略(ゴールドプラン)，1994(平成6)年の新高齢者保健福祉推進十か年戦略(新ゴールドプラン)の策定で，児童関係では，1994(平成6)年の「今後の子育て支援のための施策の基本的方向について」(エンゼルプラン)の策定があり，障害関係では，1995(平成7)年の「障害者プラン―ノーマライゼーション7

表8-6　1990(平成2)年の社会福祉関係8法改正により法定化されたサービス

分野	在宅福祉サービス	根拠法令
高齢者	老人居宅介護等事業（ホームヘルプサービス） 老人デイサービス事業 老人短期入所事業	老人福祉法
障害者	身体障害者居宅介護等事業（ホームヘルプサービス） 身体障害者デイサービス事業 身体障害者短期入所事業	身体障害者福祉法
	知的障害者居宅介護等事業（ホームヘルプサービス） 知的障害者短期入所事業	知的障害者福祉法
障害児童	児童居宅介護等事業（ホームヘルプサービス） 児童デイサービス事業 児童短期入所事業	児童福祉法
母子寡婦	母子家庭居宅介護等事業 寡婦居宅介護等事業	母子及び寡婦福祉法

か年戦略」の策定によって，地域ケアとしての在宅福祉サービスは整備されていく。そして，2000(平成12)年施行の介護保険，2003(平成15)年施行の支援費制度へ発展していくのである。

（2）　住民ニーズの変化とホームヘルプサービスの展開

　地域においてそれまでの生活を継続していくためには，地域ケアサービスの中でもホームヘルプサービスは重要な位置を占める。介護保険においても2002年度（平成14年度）の実績（2002年4月～2003年2月）を見ると，居宅介護（支援）サービス分野全体の費用において，約4分の1を占め，最も高い割合である。訪問・通所サービス分野全体の費用においても，約3分の1を占め，同じく最も高い割合である。支援費においても同様の傾向にある。

　そこで，地域ケアサービスの基幹的サービスであるホームヘルプサービスについてその歴史を振り返って見る。ホームヘルプサービスの変遷を表8-7にまとめたが，サービス自体は，1955(昭和30)年に長野県上田市社会福祉協議会がボランティア事業として始めたのが最初であるといわれている。つまり，住民のニーズに基づいて生まれたのである。7年後には国は「老人家庭奉仕員派遣事業」を開始，全国に普及しはじめた。しかし，その利用対象は，「要保護」世帯とい

表8-7 ホームヘルプサービス関係の国の動向

年	内　　　　容
1955(昭和30)年	長野県上田市社協により「家庭養護ボランティア事業」開始
1956(昭和31)年	※長野県で県の市町村委託による「家庭養護婦派遣事業」開始
1957(昭和33)年	※大阪市で市の民生委員連盟委託による「臨時家政婦派遣事業」開始
1958(昭和34)年	※大阪市は名称を「家庭奉仕員派遣制度」に変更
1962(昭和37)年	国による老人家庭奉仕員派遣事業開始(「老人家庭奉仕員派遣事業要綱」)
1963(昭和38)年	老人福祉法公布
1965(昭和40)年	国「老人家庭奉仕員事業運営要綱」派遣対象を「要保護」から「低所得」に拡大
1967(昭和42)年	身体障害者家庭奉仕員派遣事業制度創設(「身体障害者家庭奉仕員派遣事業運営要綱」)
1969(昭和44)年	「寝たきり老人家庭奉仕員派遣事業運営要綱」
1970(昭和45)年	重度心身障害児家庭奉仕員派遣事業創設
1973(昭和48)年	身体障害者介護人派遣制度創設
1974(昭和49)年	母子家庭介護人派遣事業制度新設 地域活動促進事業の拡大(盲人ガイドヘルパーの派遣事業)
1976(昭和51)年	家庭奉仕員派遣制度改正(身体障害者　老人　重度障害者)
1982(昭和57)年	厚生省「心身障害児家庭奉仕員の派遣事業について」通知(派遣対象を低所得者から拡大)
1989(平成元)年	母子家庭等同居の祖父母に介護人派遣事業開始
1990(平成2)年	身体障害者居住生活支援事業(ホームヘルプサービス　デイサービス等)
1991(平成3)年	ホームヘルパー, チーム方式推進事業
1992(平成4)年	※ホームヘルプ事業運営の手引き(老人, サービス量の拡大や対象の制限の撤廃等)
2000(平成12)年	4月　介護保険制度開始 6月　社会福祉法 7月　厚生省「知的障害児(者)ホームヘルプサービス事業運営要綱発表

現代社会福祉年表(建部久美子　明石書店)から引用。※は著者加筆。

ったかなり限定されたものであった。1965(昭和40)年に「要保護」世帯から「低所得」世帯に拡大されたが，依然として対象は限定されており，サービスの利用量も市町村によって異なるなど，誰もが利用できるといったものではなかった。

　1970年代に入り，高齢化が進むにつれホームヘルプサービスのニーズは次第に増加していき，介護問題が深刻化していくのだが，こうした公的なホームヘルプサービスの硬直性によりなかなか一般市民が気軽にというわけにはいかず，1970年代後半に公的なホームヘルプサービスとは別に住民の助け合いとして，自発的に有料・有償で行う家事援助や介護などを行う住民参加型在宅福祉サービスが，大都市を中心に生まれていった。住民参加型在宅福祉サービスは，公的ホームヘルプサービスと異なって住民のニーズに柔軟に対応するところにあり，不定形的な活動がその特徴としてある。必要なときに必要なサービスをというわけである。たとえば，核家族化が進行して身近に親がいない出産直後の母親のために家事援助や子育て相談にのるなどのサービスも行われる。

　住民参加型在宅福祉サービスは，1989(平成元)年度では271団体であったものが，2003(平成15)年度においては，2,190団体（全国社会福祉協議会調べ）に増加している。この住民参加型在宅福祉サービス団体からも，2000(平成12)年の介護保険制度開始時には介護保険指定事業者となってサービス供給の一翼を担っている。

　こうした住民の動きに対して，厚生省は1982(昭和57)年に派遣対象の拡大を行うが，市町村においては浸透せず，1992(平成4)年に「ホームヘルプ事業の運営の手引き」（厚生省老人福祉計画課）を出して，「所得はホームヘルパーの派遣対象者の要件ではないことから，派遣対象を低所得者に限ることは認められない」とし，市町村で上限を設けていたサービス量についても「サービス量の決定にあたっては，当該老人の身体状況，世帯の状況等を十分決定した上，必要に応じて高齢者サービス調整チーム等において，他のサービスとの調整を図った上で，適切に決定されるべきである。いずれにしても画一的にサービス時間を決定すべきではなく，たとえば15分や20分という短時間でも，逆に長時間でも，ニーズに応じてサービス時間を決定すべきである」ということ，さらにホームヘルプ事業の拡大として「従来のホームヘルプ事業の実施状況をみると，早朝，夜

間，休日等のニーズに対応したものとなっていない。在宅福祉では，高齢者の多様なニーズに対応していくことが必要不可欠である」を打ち出して，サービスの普遍化，ニーズに基づくサービスの提供について徹底するよう市町村に通知している。この背景には，救貧的選別的サービスの措置から普遍的，多元的福祉へと転換を図った1990(平成2)年の社会福祉関係8法の改正があるのはいうまでもない。また，そうした住民ニーズに変化や法改正等による福祉の動きに市町村のホームヘルプ事業が実際に対応できていない現状を現しているといえる。

こうした公私の取組みにより，先にふれたとおり，介護保険の時代になるとホームヘルプサービス（訪問介護）が訪問通所部門において最も利用されるサービスとなっているのである。支援費においても居宅介護支援として同様である。

このような経緯をみると，公的サービスが整備されたとしても，それが住民のニーズに適合した運営がなされない場合は，十分な活用がされないということと，そうした公的サービスを充実していく力として，住民参加型在宅福祉サービスのようなニーズを先取りするインフォーマルサービスが必要であり，住民のニーズが多様化している現在においては，先駆的開発的なインフォーマルサービスの存在が地域ケアサービスをより豊かにしていくことにつながるのであるといえる。

（3） 今後の地域ケアサービスの課題

住民の福祉ニーズの多様化，サービス供給の多元化，多様な支援機関（サービス提供機関）の関わりなど住民を支える地域ケアシステムなり地域ケアサービスは，より高度化が迫られているといえる。その中で今後どのような課題が地域ケアサービスの課題となってくるのであろうか。

高齢者介護において，新たな課題として2015年問題が浮上している。戦後生まれのいわゆる「団塊の世代（1947年から1949年）」が65歳以上となるのが2015年である。2015年には65歳以上人口が3,277万人になり高齢化率が26.0％になる。75歳以上の後期高齢者は12.5％になる見込みである。急激に高齢者が増加するわけで，その対応を2015年までに構築する必要がある。それは前期高齢者について実効性のある介護予防体制が構築できるかということである。なぜなら，その後10年を経ると「団塊の世代」は後期高齢者となるわけで要介護の高

齢者もまた急増するのである。

　前述の「高齢者介護研究会」は，2003（平成 15）年 6 月 26 日に「2015 年の高齢者介護―高齢者の尊厳を支えるケアの確立に向けて」という報告書を出した。その中で，①介護予防とリハビリテーション，②生活の継続性を維持するための，新しい介護サービス体系，③新しいケアモデルの確立：痴呆性高齢者ケア，④サービスの質の確保と向上，の 4 点が主要な柱となっている。

　その中で今後の高齢者介護について，1 つは認知症（痴呆症）高齢者のケアを地域においてどのように確立していくかということが大きな課題となり，2 つにはできるだけ要介護状態になるのを遅らせる，あるいは現在の状態をそれ以上悪化させないということからの介護予防ということが課題になっている。そのためには，「要介護高齢者の生活をできるかぎり継続して支えるためには，個々の高齢者の状況やその変化に応じて，介護サービスを中核に，医療サービスをはじめとするさまざまな支援が継続的かつ包括的に提供される仕組みが必要」であるとし，地域包括ケアという概念が新たに出されてきた。高齢者分野における地域ケアサービスは，フォーマルなサービスもインフォーマルなサービスもこうした課題にどう対応していくかが問われていると言える。2006 年度は介護保険の制度改正が予定されており，そうした視点を含めて見直しが進められている。

　障害者分野においては，支援費サービスの利用が急激に増加したための財源問題に直面しているが，国は障害者保健福祉施策の改革のために 2005（平成 17）年度に「障害者自立支援法案」の制定を目指しているが，そのねらいは次の 5 点である。

　①　障害者の福祉サービスを「一元化」……サービス提供主体を市町村に一元化。障害の種類（身体障害，知的障害，精神障害）にかかわらず，障害者の自立支援を目的とした共通の福祉サービスは共通の制度により提供。

　②　障害者がもっと「働ける社会」に……一般就労へ移行することを目的とした事業を創設するなど，働く意欲と能力のある障害者が企業で働けるよう，福祉側から支援。

　③　地域の限られた社会資源を活用できる「規制緩和」……市町村が地域の実情に応じて障害者福祉に取り組み，障害者が身近なところでサービスが利用できるよう，空き教室や空き店舗の活用も視野に入れて規制を緩和する。

④ 公平なサービス利用のための「手続きや基準の緩和」……支援の必要度合いに応じてサービスが公平に利用できるよう，利用に関する手続きや基準を透明化，明確化する。

⑤ 増大する福祉サービス等の費用を皆で負担しあう仕組みの強化……利用したサービスの量や所得に応じた「公平な負担」。国の「財政責任の明確化」。

これらのことは，身体障害，知的障害，精神障害といった障害別の福祉サービスが統合されるということであり，サービスが市町村において一体的に進められるということである。また，それは，市町村においてケアマネジメント体制を構築して包括的な地域ケアが必要であり，サービス提供主体も3障害に対応した地域ケアサービスを提供しなければならなくなるということである。

そして，障害者自立支援法の目的は「障害者及び障害児が，その有する能力及び適性に応じ，自立した日常生活又は社会生活を営むことができるよう，必要な障害福祉サービスに係る給付その他の支援を行い，もって障害者及び障害児の福祉の増進を図るとともに，障害の有無にかかわらず国民が相互に人格と個性を尊重し安心して暮らすことのできる地域社会の実現に寄与することを目的とすること」ということである。

このように，高齢者，障害者の地域ケア体制の抜本的見直しが進められているが，基本的な視点は自立支援ということであり，地域における生活の確立と継続性の確保である。それは，言い換えれば「個別性の尊重」ということであり，サービス利用者のニーズに立脚した支援体制を確立するということである。

■演習問題■

1 「あなたの住んでいる市町村の介護保険計画（高齢者保健福祉計画）から，住民のニーズとサービス供給についての課題について考えなさい」

解説 市町村介護保険計画は，高齢者保健福祉計画とともに策定されており，二つの計画により介護ニーズ（介護保険サービスで対応するニーズ）とそれ以外のニーズに総合的に対応するサービス供給計画となっている。この二つの計画は，高齢者人口の推移，これまでのサービス利用実績，ニーズ調査等に基いて策定されている。したがって，この二つ計画を分析することにより，当該地域の高齢者一般のニーズとサービス供給の実態が明らかになる。特に近隣市町村の介護保険計画（高齢者保健福祉計画）と比較することによって，よりそのことが明らかになる。具体的な課題把握については，居宅介護支援事業所の居宅介護支援専門員な

どにヒアリングする方法もある。

2 「あなたの市町村の地域ケアサービスの状況について調べ，利用する側にとってどのような点を改善すべきかを考えなさい」

解説 地域ケアサービスの供給状況や利用状況について調査をすることによって，いろいろなことが見えてくる。例えば利用者数と比較して利用実績が低かったりすることがあり，その場合，サービスのことが周知されていなかった，手続きが複雑なため利用しづらかった，あらかじめ利用回数が制限されていた，などのことが明らかになったりする。利用者の立場に立って地域ケアサービスを考える場合，提供されるサービスの質，内容等の基本的な事項の他に，PR，アクセスの問題，利用制限の問題，自己負担の問題等が考えられ，そのほかに，複数のサービスを利用する場合に連係の問題などもあり，総合的にとらえることが重要である。

3 「あなたの住んでいる市町村における精神障害者のニーズとサービスの実態について調べ，どのような課題をあるかを考えなさい」

解説 精神障害者が利用するサービスについては，介護保険や支援費制限と比較してもまだ不十分である。そういう意味で精神障害者のニーズを明らかにして，不足するサービスを拡充することが望まれている。精神障害者のニーズやサービスの実態を知るためには，精神障害者社会復帰施設や保健所等からヒアリングすることがまず考えられるが，市町村によっては障害者プランを策定しているので，精神障害者のニーズ把握とサービス供給計画について知ることが出来る。その場合，なぜ，地域生活への移行がすすまないのか，サービスの供給体制が不十分なのかを基本にいわゆる医療保健福祉サービス以外の住居，就労，教育等を含めた広い視点が必要である。さらに，精神障害に対する住民の意識についても把握する必要がある。

第9章 方法Ⅱ 地域福祉とコミュニティワーク

▶本章で学ぶこと　地域福祉におけるコミュニティワーク実践の特徴として，以下の事柄をあげることができる。
(1) 住民，集団，地域社会などに働きかける実践である。
(2) 住民，集団，地域社会などが自ら問題を発見し，解決を図ることを支援する実践である。
(3) 住民，集団，地域社会などの問題解決能力を育て，主体形成を図る実践である。
(4) 地域社会における住民，集団，組織などの協働・組織化を進める実践である。
(5) 課題の達成と共に協働・組織化を進めるプロセス（過程）を重視する実践である。
(6) 在宅福祉サービスなどの社会資源の調整・開発，組織化を進める実践である。
(7) コミュニティワーカーが側面的に援助する実践である。
(8) 以上のような取り組みを通して福祉コミュニティの形成を図る実践である。

本章では，これまでの地域福祉におけるソーシャルワーク実践で主に用いられてきたコミュニティワークを取り上げ，その概念，目的，対象，主体，プロセス，諸活動について学ぶ。

[Key Concepts]
コミュニティ・オーガニゼーション　コミュニティワーク　在宅福祉サービス　小地域ネットワーク　組織化　タスク・ゴール　地域福祉相談活動　当事者・家族の組織化　福祉コミュニティ　プロセス・ゴール　ボランティア活動　リレーションシップ・ゴール

1. コミュニティワークの概念

　ソーシャルワークはアメリカにおいて伝統的に体系化され，わが国においても踏襲されてきたものであるが，コミュニティ・オーガニゼーションについては，地域福祉を基軸とした社会福祉の再編や地域福祉概念の変化，コミュニティ・オーガニゼーション理論の限界などを背景として，1980年代以降，コミュニティワークと呼ばれる概念が支配的となってきている。コミュニティワークの概念は，いまだあいまいではあるものの，新たな地域福祉の課題に対応するものとして，コミュニティ・オーガニゼーションよりも幅広い内容をもつ概念であると理解されている。

　地域福祉におけるコミュニティワーク実践を検討するとき，組織化説，統合化説と呼ばれているロス（Ross, M.G.）のコミュニティ・オーガニゼーション理論を避けて通ることはできない。地域福祉の歴史において，長期に渡り中心的役割を担ってきた住民主体の地域福祉活動に対してもっとも強い影響を与えたのがこの理論である。ロスはコミュニティ・オーガニゼーションを，「共同社会がみずから，その必要性と目標を発見し，それらの順位をつけて分類する。そしてそれを達成する確信と意志を開発し，必要な資源を内部外部に求めて，実際行動を起こす。このようにして共同社会が団結協力して，実行する態度を養い育てる過程」[1]であると定義し，その基本的性質をコミュニティによる活動・運動の過程であるとしている。また，ロスは過程と方法の混同について触れ，この過程は「専門のワーカーがいなくても，また当事者（住民）がその過程の本質とか，方法についてくわしく知らなくても，あらわれてくることもある」[2]として，コミュニティの活動・運動の過程が，コミュニティワーカーの支援とは別に存在することを強調している。

　しかし，こうした論理は，コミュニティによる活動・運動と専門援助技術としてのコミュニティ・オーガニゼーションを混同するものであり，前者を地域住民活動・運動と説明することはできても，コミュニティ・オーガニゼーションと表現することはできないことは明らかである。同様に，コミュニティワークをソーシャルワークの1つであると捉えるならば，それはソーシャルワーカーが用いる

援助技術であり，過程とは，その対象となるコミュニティの活動・運動とその援助技術が展開される時間的経過であるということなになる。

すなわち，コミュニティワークとは一定の地域社会において，住民がかかえる地域生活問題の解決などを目的とし，専門家としてのコミュニティワーカー及び専門組織が参加・介在し，住民の主体性・自主性を尊重し，住民主体・住民本位の原則に立って，生活問題を総合的・全体的に捉え，福祉のニーズの把握とニーズを充足するために，地域における住民・住民組織や機能集団の相互扶助機能による協働活動や住民参加を推進し，また，サービスを中心とした社会資源の調整・開発，組織化を行うことを通して地域社会の統合化・民主化を計画的・組織的に図る援助技術であるといえる。

わが国においても，地域社会における複雑多様なニーズへの対応が大きな課題となり，それに対応するコミュニティワークが多様な形態をもつようになってきている。そして，従来のコミュニティワークという援助技術の見直しが行われ，ケアマネジント，ネットワーキング，プランニング，アドミニストレーションなどの援助技術と一体となった新しいコミュニティワークが展開されつつある。

2. コミュニティワークの目的

コミュニティワークの目的については，一般的に，問題解決の達成としてのタスク・ゴールとプロセス達成としてのプロセス・ゴールという2つの基本的枠組みがあり，プロセス・ゴールにおいては，権力関係の改革や民主化などを目的とするリレーションシップ・ゴールが含まれる。タスク・ゴールは，具体的な問題解決の達成を重視する考え方で，具体的には住民ニーズの充足や社会資源の開発・整備などを目的とするものであり，プロセス・ゴールは，地域社会の福祉課題を達成するというよりも，そこに至るプロセスを重視する考え方で，コミュニティワークの展開過程における住民，集団，コミュニティの自主的，主体的参加や主体形成，そして協働を目的とする。またリレーションシップ・ゴールでは，地域での権力関係の改革や住民参加による住民自治の構築などが目的となる。

また，このようなタスクゴールとプロセスゴールという2つのコミュニティワークの目的を小地域レベルと自治体レベルという2つのコミュニティ・レベルか

ら分類してみると，①小地域における問題解決活動を目的とするコミュニティワーク，②小地域において住民の主体形成などの推進を目的とするコミュニティワーク，③自治体レベルの変革を目的とするコミュニティワーク，④自治体レベルの福祉コミュニティ形成を目的とするコミュニティワークという4つに分けることができる。

3. コミュニティワークの対象

　コミュニティワークの対象は，地域における生活問題とその問題をかかえる住民，そして地域社会である。その住民は，個人，集団，個人と集団，集団と集団という形をとって対象となる。たとえば，コミュニティワークのインター・グループ・ワーク説では，集団と集団の場合は，組織間関係論によって地域内の複数の集団や組織・機関の配置連関や相互作用の分析を行ったり，セルフヘルプや当事者・家族の組織化活動などでは，組織分析という手法を用いて活動状況や組織の動態の分析などを行い，その組織化を進めることになる。

　したがって，地域福祉におけるコミュニティワーク実践は，地域社会内部の個々の住民や集団などの主体性とともに，構成メンバー間との相互関係・協働関係を重視するとともに，外部環境への受動的対応だけでなく，地域社会の目標へ向けての能動的対応や働きかけを行っていくという実践を重視することになる。

　すなわち，そこでは個々の住民や集団，地域社会の主体性と主体形成，そして地域社会の構成メンバーの協働関係の成立と体系的な活動を常に志向した取り組みが求められ，そのためには，地域社会に住民や集団が存在しているだけでなく，それぞれの間に価値規範，結びつき，そして共通の目標とニーズが必要となってくる。

　また，コミュニティワークの対象としての地域社会の概念は，「現実の存在概念というよりは，むしろあるべきもの，つまり当為概念として意図的に形成されるべきもの，自然にできるものではなく，作っていくもの」とされる[3]。コミュニティワークは，地理的コミュニティとともに特定の目的をもち福祉問題の解決や福祉の増進を図る機能的コミュニティを対象としているが，とくに明確な区別がされないまま地域社会といいつつ機能的コミュニティを含めている場合も多

い。また福祉コミュニティの捉え方は多様であり，その理解の仕方や立場などによって大きく異なっている。

コミュニティをどのように理解するのかという点について，ロスは，ケースワークやグループワークにおける一般的な目標が，コミュニティ・オーガニゼーションにおいても類似しているものとして捉え，「個人の尊厳と価値は生まれながらもっていること，各個人は自分の問題を処理するための資源をもっていること，生まれながらに成長する能力をもっていること，各個人（または集団でも共同社会でも）は自分の問題に対処する場合に賢明な選択を行う才能をもっていること」[4]と述べている。

すなわち，①コミュニティの価値—現在あるコミュニティそのものを受け入れること，②社会資源—問題解決は動員される社会資源に規定されることから，コミュニティには問題解決をするために必要とされる社会資源が存在していること，③主体形成—コミュニティには問題解決能力や主体形成力があること，④自己選択・自己決定—コミュニティには対立を超えて，合意形成による適切な解決策の意思決定ができる力があることがあげられる。これらはコミュニティそのものの価値を認め，主体形成や自己決定の可能性を重視していることによる。

4. コミュニティワークの主体

コミュニティワークにおいては住民や地域社会の生活問題は，コミュニティワーカーが解決するのではなく，基本的には住民やコミュニティ自らが主体的に解決することが求められる。したがって，コミュニティワークの主体であるコミュニティワーカーは住民や集団，そして地域社会の主体性を促す支援者という位置づけになる。

コミュニティワーカーによって，住民の意思や行動などをコントロールできるものではないし，すべきものでもない。住民自らが問題を把握し解決策を決定し，それを実行することを側面的に支援することが重要なことであるといえる。したがって，住民自身が必要としている事柄を発見できるような支援ができれば，住民の活動とコミュニティワーカーの実践が協働化，統合化されることになる。そして，そのような状況をつくりだすのが，プロセス重視のコミュニティワ

ークということになる。

　また，コミュニティワーカーの実践として地域社会に福祉活動をつくりだすこと，すなわち小地域を対象として問題解決のための運動を支援することが求められる。現実の実践としては，地域社会の個々の住民や集団などに働きかけ，問題解決活動への参加を動機付けし，解決策を見出し，実行することを支援することなどをあげることができる。

　ロスは，コミュニティワーカーの役割について，①共同社会が自分の目標を設定し，その到達手段を見いだすように援助をあたえるガイドの役割，②不満感情に焦点をあて，組織化をはげまし，良好な人間関係をつくり，共通の目標を強調することによって，コミュニティ・オーガニゼーションの過程を円滑にすすめる力をそえる人（enabler）としての役割，③共同社会の診断，調査，情報収集と提供，方法に関する助言，専門技術に関する情報の活用，評価などについての専門技術者としての役割，そして，以上を総合化して，④社会治療者としての役割の4つをあげている。[5] これらの役割は，いずれも非専門家としての住民と専門家としてのコミュニティワーカーの関係を端的に表したものであるが，そこでは住民とコミュニティワーカーが求める目標が同一であり，共通基盤が存在しているという前提が必要となる。

　また地域福祉における主体としては，第6章における地域福祉の主体論にみられるように，住民だけでなく，政策主体，経営主体，実践主体，運動主体などをあげることができるが，それらの主体は複雑に関連し合っている。したがって，地域福祉におけるコミュニティワーク実践をする主体としてコミュニティワーカーは，地域組織やNPOなどの集団・組織や施設，そして行政などとの関連も検討しなければならない。

5. コミュニティワークのプロセス

　コミュニティワークは，①活動主体の組織化，②問題把握，③計画の策定，④計画の実施，⑤計画の評価というプロセスにしたがって基本的に展開される。それぞれの段階は以下のような内容となっている。

　まず第1に，活動主体の組織化である。ここでは問題を抱える住民や問題解決

に係わる関係者を中心とした主体を組織化する。コミュニティワークのプロセスにおいては，第1段階として問題把握を位置づけることが一般的であるが，ここでは，活動主体の組織化を第1段階として位置づけている。しかし活動主体の組織化は，問題把握がなされたあと，あるいは，計画の策定，計画の実施，計画の評価といった各段階においても行われる場合があり，プロセスにおける位置づけとしては，必ずしも問題把握の前に位置づけなければならないということではない。

第2に，問題把握である。ここでは福祉問題やニーズ，そしてその背景あるいは原因となる地域社会の社会経済状況，社会資源の状況などを，既存資料の蒐集，アンケートなどによる調査，話し合いなどにより明確にする。そして，これらを通して住民や問題解決に関わる関係者の意識を高めるとともに，問題解決のための協働活動への動機づけを図る。

第3に，計画の策定である。問題把握によって明らかにされた問題のうち，その問題の緊急性や深刻度などから，問題解決の優先順位を決めるとともに，住民や関係者の力量などを評価し，解決のための基本目標，具体的な支援の実施方法，役割分担などを明らかにする。

第4に，計画の実施である。ここでは策定された計画を実施するために，住民参加を働きかけるとともに関係者の連絡調整をすすめる。また，問題解決に必要とされるあらゆる社会資源の開発と活用を図る。社会資源の開発においては，住民あるいは民間サイドの活動だけでは限界があることから，ソーシャル・アクションを展開する場合もある。

第5に，計画の評価である。実施された計画の総括であり，次の行動のスタートにつながるものである。ここでは計画の目標に照らし合わせ，その到達点と残された課題を明らかにする。これは具体的な問題解決という視点だけではなく，住民の意識・態度の変容，問題解決能力の向上，地域社会全体の構造の変化などの視点からも評価が行われる。

なお，調査，広報，集団討議，連絡・調整といった技術については，それぞれの段階において常に用いられるものである。また，このようなプロセスにおけるそれぞれの段階は，必ずしも固定化されたものではないことはいうまでもない。

6. コミュニティワークの諸活動

　以下，近年重視されているコミュニティワークの活動として，①小地域ネットワークづくり，②当事者・家族の組織化，③ボランティア活動への支援，④在宅福祉サービスの開発と組織化，⑤地域福祉相談活動の推進を取り上げる。

（1）小地域ネットワークづくり

　住民の基本的生活圏域である小地域は，問題が発生する場であるとともに解決する場でもある。したがって，その小地域において問題をいかに把握するか，その解決活動に住民がいかに参加するか，また社会福祉協議会をはじめとする地域福祉機関・施設がいかに関わるかなどが問われることになる。

　そこでコミュニティワーカーは，小地域を基本単位とする支援のネットワークづくりを進めるためにさまざまな活動を展開している。

　まず第1は，ニーズの早期発見システムづくりである。ニーズの早期発見システムとは，すべての人が安心して在宅での生活を送れるように，援助が必要な人びとを早期に発見し，ニーズを把握しようとするものである。とくに要援護高齢者のニーズは日々変化しやすく，緊急な対応が必要となる場合も少なくないので，ニーズ早期発見システムは不可欠なシステムとなる。コミュニティワーカーはこのシステムづくりを進めるために，近隣住民，民生委員，町内会や老人クラブなどの団体，そして，ソーシャルワーカーや保健婦などの福祉・保健・医療関係者のネットワークを図ることによって，このニーズの早期発見システムづくりに取り組むことが必要である。

　第2は，住民による見守り活動（助け合い活動）の推進である。住民による見守り活動とは，比較的軽度の身辺介助や家事援助，そして情緒的な安定を図るための援助を必要とする人びとに対して，近隣住民の見守りや助け合いによって，その在宅生活を支えようとするものである。具体的には，安否確認，話し相手，相談，外出介助，買い物，料理，緊急時の対応などを行う。このような活動は，日常的には住民の間で自発的に行われている場合も多いが，家族や地域社会の福祉的機能の低下により，その必要性がますます高まっている。

第3は，専門的サービスと住民の協働によるケア・グループづくり（個別援助活動の推進）である。ケア・グループづくりは，一人ひとりの在宅生活を守るために利用者のニーズに焦点を当てた個別の支援態勢として，ソーシャルワークの専門機関との協働で進めることが求められる。

第4は，地区社会福祉協議会などの組織化である。コミュニティワーカーは，以上のような小地域での活動を進めるための組織的基盤整備として，地区社会福祉協議会や小地域福祉活動の推進組織の組織化を図ることになる。これは，コミュニティワーカーが住民の生活に密着して活動をするためには不可欠のものといえる。

（2） 当事者・家族の組織化

これまで社会福祉サービスの対象として捉えられてきた障害者・高齢者などのいわゆる当事者が，地域社会のなかで自立した生活を営むためには，サービスの受け手というだけでなく，当事者・家族が，相互交流や相互援助などのインフォーマルな活動を通して，自ら抱える問題を共有し，その解決に向けてさまざまな活動を展開することが求められる。

このような当事者とその家族の自主的・主体的な福祉活動に対して，コミュニティワーカーが援助・支援することを当事者・家族の組織化といい，その推進が求められている。もちろんその活動があくまで自主性・主体性に基づくものである以上，その援助・支援は側面的なものにとどまる。

組織化の事例としては，ひとり暮らし高齢者，寝たきり高齢者や痴呆性高齢者の家族，障害児の親，若年母子の組織化などの取り組みがみられるが，コミュニティワーカーが行う組織化の技術としては次のようなものがある。

まず第1に，相談活動を通した組織化である。介護相談などの各種相談を通してニーズを把握し，信頼関係を確立するなかで，他の当事者や組織に結びつけ組織化をする技術である。

第2に，情報提供活動，広報活動を通した組織化である。当事者・家族にとっては，サービスの情報や同じ問題を抱える人びとに関する情報はかけがえのないものであり，広報紙の発行などを通して組織化をすすめる例も多い。

第3に，各種イベント，行事を通した組織化である。できるだけ多くの当事者

・家族の参加を促し交流を深めるために，そのプログラムの工夫が求められる。問題を抱える本人が参加する場合やその家族が参加する場合などが考えられるが，後者の場合はデイサービスやショートステイあるいは臨時保育所などを準備し，その介護や保育の代替を考慮する必要がある。

第4に，作業所，介護教室などの集まりのなかで，同じ問題を抱える人びととの交流をはかり組織化するという技術がある。

このような組織化は，当事者・家族の組織や専門機関と協働して当事者・家族の生活実態やニーズを把握することから始まる。また当事者やその家族が活動に参加するためには，このような人びとにかかわるボランティアや専門機関の協力を得ることが課題となるため，組織化にあたっては，他の当事者組織との協働とともに当事者組織を支援するボランティアグループなどの組織化，専門機関との連携をはかる必要がある。

(3) ボランティア活動への支援

住民による主体的な福祉活動の組織化の課題として，ボランティア活動への支援をあげることができる。

地域福祉の視点からみたボランティア活動の具体的役割としては，次のことをあげることができる。

① 福祉機関や施設が行うサービスにボランティアという立場で参加し協力する。

② 学び支え合う姿勢と，利用者との対等で全人格的な関わりを保つことによって，利用者の自立と地域社会で生きていく意欲を促す。

③ 公的な制度や専門職員では実施しにくいような個別性の強いニーズに対して，心の通うきめの細かい対応を行う。

④ ボランティア活動のなかで把握したニーズや利用者に対して，適切な施策やサービスが提供されるように便宜を図る。

⑤ 社会福祉の現状と問題点を社会的に訴え，利用者の立場に立って必要な制度・政策の改善をめざす活動を行う。

⑥ ボランティア活動のなかで福祉的な価値観を身につけ，利用者に対する偏見や差別，無理解をなくすための活動を行う。

したがって，このようなボランティア活動を組織化し，コーディネートすることは，地域福祉を推進するコミュニティワーカーにとって不可欠なことであり，市区町村社会福祉協議会の多くはボランティア・センターを設置して，ボランティア活動の組織化を地域組織化の主要な課題として，次のように取り組んでいる。

　まず第1に，住民のボランティア活動への参加を促進するために，ボランティア活動への参加ニーズを掘り起こし，活動への参加の拡大を図るための意識啓発や情報提供，ボランティア相談・登録斡旋，ボランティア体験活動の機会の提供，ボランティア活動に関わる学習機会の提供などを行っている。

　第2に，ボランティア活動のための基盤づくりとして，ボランティアセンターの設置，ボランティア・コーディネーターや専門相談員などの配置，ボランティア活動に対する社会的評価の向上への取り組み，ボランティア活動資金の開発と活動資金援助，ボランティア活動支援のための当事者組織，福祉施設，専門機関とのネットワークづくりなどを行っている。

　第3に，ボランティア活動のための多様な活動プログラムづくりとして，多様なボランティア・ニーズの把握，ボランティア・ニーズに対応できるボランティア活動の開発と拡大，シルバー・ボランティアや企業ボランティアなどの新たなボランティア活動に向けてのプログラム開発やその実施への支援などを行っている。

　また，社会福祉協議会がこのような支援を実際に行っていく際には，ボランティア活動と公的責任の範囲の明確化や専門職員とボランティアとのチームワーク，個々のボランティアやボランティア団体間での協力関係などについても配慮しながら進めていくことが重要である。

（4）　在宅福祉サービスの開発と組織化

　コミュニティワーカーの役割は住民の抱える福祉問題を迅速かつ確実に解決することにあり，問題解決の方法の1つとして公私による在宅福祉サービスの提供がある。しかし，ニーズに即した公的在宅福祉サービスがいまだ不十分な現状のなかで，コミュニティワーカーは市区町村に対してその整備や改善を求めるソーシャル・アクションを展開するとともに，自ら公的在宅福祉サービスを受託し，

地域組織化活動を生かした在宅福祉サービスの提供に取り組むことが求められる。

　また，公的在宅福祉サービスでは対応しにくい多様なニーズについては，柔軟な対応が可能な住民参加による在宅福祉サービスの開発と組織化が求められており，コミュニティワーカーとしてもその推進に積極的に取り組むことが必要となる。

　このような在宅福祉サービスの開発とその組織化を図るに当たって，コミュニティワーカーに求められる活動としては以下のことがあげられる。

　第1に，在宅福祉サービスの開発や運営に関するニーズを把握するための調査活動である。これは，アンケートなどによる調査だけではなく，地域福祉相談活動やケア・グループづくりの活動などのさまざまな活動や事業を通して把握されるもの，当事者組織やボランティア，民生委員，あるいは地区社会福祉協議会などを通して把握されるもの，さらに他の専門機関，施設などからの情報によって把握されるものなどがある。

　第2に，前述のニーズをアセスメントし，在宅福祉サービスの提供に結びつけることを可能とする相談活動である。そのためには，相談を担う適切なソーシャルワーカーの養成・確保とともに，小地域レベルの相談と援助のシステムづくりを進めていかなければならない。

　第3に，社会福祉協議会を中心として策定が進められている地域福祉活動計画や市区町村行政が策定する地域福祉計画のなかへ，ニーズに即した在宅福祉サービスの整備を組み込み，それを実施に移すことである。

（5）　地域福祉相談活動の推進

　地域福祉相談活動の特徴の第1は，住民が相談窓口にくるのを待つばかりではなく，ワーカーの側から地域社会の生活の場に出向いて相談活動を行うというアウトリーチにある。広報・調査活動，サービスの提供を通したニーズ把握など，さまざまな機会を見つけて相談活動を展開する。

　第2は，相談内容の枠を制限することなく，生活に関連したすべての相談に対応し，生活全体を総合的に捉えるなかで解決を図ろうとするところである。したがって，相談活動としては，措置機関における相談活動や他の専門相談機関にお

ける相談活動とはこのような点で異なっている。

 第3は,相談から問題解決まで何らかの形で最後まで関わる点である。利用者はまず問題の解決を望んでおり,たらい回し的な対応に不安を感じるものである。たとえ他の相談機関などへリファーラルする場合においても,必要に応じて継続した対応をはかることが必要である。

 第4は,地域福祉相談活動が,単に問題解決のためのサービスを提供することだけを目的とはしていない点である。家族や住民による問題解決のための自主的な取り組みへの支援,住民相互の見守り活動の組織化,適切なサービスのパッケージなどを行ってサポートネットワークづくりにつなげていく相談活動であるということができる。さらに,このような個別の問題を地域に共通する問題として分析整理し,地域全体のサービス供給や社会資源の整備・充実,公私の協働態勢をつくりあげることを計画的に進めることに結びつけていくことをめざしている。

 また,地域福祉相談活動の背景としては,家族や地域社会の福祉機能が低下したこと,利用者の生活問題が拡大・複雑化したこと,生活問題の解決方法がノーマライゼーション理念が浸透するなかで施設福祉から在宅福祉へ変化してきたこと,サービス供給組織が多元化するのにともなってサービスメニューが多様化したこと,さらに,このような制度・サービスの情報が必要とされる住民に届いておらず,またそれらのマネージメントも複雑化したことなどをあげることができる。

注)

1) Ross. M.G., Community Organization : Theory, Principles and Practice, Harper, 1955. 岡村重夫訳『コミュニティ・オーガニゼーション―理論・原則と実際』全国社会福祉協議会,1963年,p.42.
2) Ross,前掲書,p.42.
3) 中央社会福祉審議会答申「コミュニティ形成と社会福祉」1971年
4) Ross,前掲書,p.65.
5) Ross,前掲書,p.220−p.250.

■演習問題■

1 あなたが住んでいる市町村の社会福祉協議会のコミュニティワーカーはどのような役割を果たしているかを調べなさい。

解説 コミュニティワーカーは，地域住民が主体的に生活問題の解決や福祉コミュニティの形成に取り組むことを側面的に支援することを基本的な役割としているが，ここではあなたが居住する市町村の社会福祉協議会の活動や機能を踏まえて，コミュニティワーカーの具体的役割について調べなさい。

2 ロスのコミュニティ・オーガニゼーション理論が日本のコミュニティワークに与えた影響について調べなさい。

解説 ロスのコミュニティ・オーガニゼーションは日本のコミュニティワークにもっとも大きな影響を与えたといわれている。とくに1962年の社会福祉協議会基本要項や住民主体の原則などはその例である。ロスのコミュニティ・オーガニゼーションの定義などを踏まえて，日本のコミュニティワーク理論や実践に与えた影響について具体的に検討しなさい。

3 あなたの住んでいる市町村において，コミュニティワークという技術を用いて活動する福祉及び関連領域での専門職にはどのような職種があり，またそれぞれがどのように連携しているのかを調べなさい。

解説 市町村のなかに，コミュニティワークという技術を用いて活動する専門職が配置されている福祉及び関連領域の施設，機関にはどのような所があるのかを具体的にあげ，その職種と各々の役割を明確にしたうえで，それらの専門職が地域住民のかかえる生活問題を解決するために，どのような役割分担と連携をしているのかについて調べなさい。なお，機関・施設の例としては，福祉事務所，保健所，社会福祉協議会，ボランティアセンター，公民館，福祉施設，NPOなどがあげられる。

第10章 方法Ⅲ 地域福祉計画

▶**本章で学ぶこと**　今日の住民生活を取り巻く生活困難（ニーズ）は，社会，経済の変動や少子高齢社会の進行及び地域社会における相互支援の空洞化などのなかで生起し，その解決方策が大きな課題となっている。このための解決の取り組みは，市町村レベルの地域社会において，住民参加を基軸とした総合的かつ計画的な視点と実践が求められている。その政策的方向が，ようやく2000（平成12）年の社会福祉法で提示され，2003（平成15）年度より同法第107条の市町村地域福祉計画として法定化された。しかし，一方では住民や行政担当者から「地域福祉計画のイメージがわかない」「他の高齢者などの分野別の計画があるのに，なぜ策定しなければならないのか」「住民参加で策定するとは何か」などの消極的姿勢やとまどいも見られる。また，21世紀の少子高齢社会，地方分権，自己決定，利用制度という状況を見すえたなかで，「この地域福祉計画がなければ住民の生活を支えていくことができない。これを新たなまちづくりの出発点にしていきたい」など，積極的な取り組みのあるのも事実である。

　本章では，社会福祉法の理念でもある福祉サービスを必要とする住民の尊厳を踏まえた地域自立生活支援が担保される地域福祉計画を取り上げ，地域福祉計画の背景や概念，住民参加による意義・必要性・方法や策定過程の事例などを解説するなかで，コミュニティソーシャルワーカーとしての支援の留意点などについて述べる。

[Key Concepts]
社会福祉法　市町村地域福祉計画　地方分権化　住民自治　住民参加　住民参加法　総合化　公民協働（パートナーシップ）　地域特性　コミュニティーワーク　コミュニティソーシャルワーク　策定プロセス重視　情報公開（広報）　住民懇談会（住民座談会）　ワークショップ　地域活性化　地域包括ケアシステム

1. 地域福祉計画の考え方

(1) 地域福祉計画の背景

　これまで住民生活を規定する地域社会は都市化，少子高齢化などの社会環境の変化，財政力の低下などのなかで貧困化してきている。特に，要援護状態の高齢者などの住民の側から見るならば，昼間，地域に人がいない，また，これまでの近隣による日常生活支援活動が空洞化している現象を生み出すなど生活不安・困難を顕在化させている状況である。さらに，過疎化などによる社会資源の減少や行政や専門家に任せておけばよしとする住民意識では，地域での自立生活が成立し得ないところまできている現実がある。したがって，今日の地域社会（基礎自治体）は，地域福祉の確立が重要な課題とならざるを得ないと思われるのである。

　このような背景のなかで，1990(平成2)年に市町村の役割や在宅福祉などを重視し，また，市町村における老人保健福祉計画の義務化を規定するなどの社会福祉関係八法の改正が行われた。また，1998(平成10)年には社会福祉基礎構造改革（中間まとめ）が中央社会福祉審議会社会福祉構造改革分科会より示された。このなかで，改革の理念の1つとして，「地域での総合的な支援」を掲げた。それは，「利用者本位の考えに立って，利用者を一人の人間として捉え，その人の需要を総合的にかつ継続的に把握し，その上で必要となる保健・医療・福祉の総合的なサービスが，教育，就労，住宅，交通などの生活関連分野とも連携を図りつつ，効率的に提供できる体制を利用者のもっとも身近な地域において構築する」というものである。そのための具体的内容として「地域福祉の確立」をあげ，「地域福祉計画」の導入を提起した。ここでは，障害の有無にかかわらず地域のなかで自立生活が可能となる体制整備や，これまでの対象ごとの計画の統合である都道府県及び市町村を主体とし，当事者である住民が参加して策定される地域福祉計画を導入する必要性を指摘した。

　そして，2000(平成12)年にこれまでの社会福祉基礎構造改革の論議を具体化するものとして，従来の社会福祉事業法を改正し，戦後50年の総括的意味をも

って社会福祉法（以下「法」と略）として改称，成立したのである。この法の理念を具現化する手段として，2003(平成15)年度より施行の第107条「市町村地域福祉計画」及び第108条「都道府県地域福祉支援計画」が法定化されたのである。

これらの一連のなかでのキーワードになっていた地域福祉の特色について言及しておきたい。この点においては，三浦文夫が「一般的に地域福祉を社会福祉の一分野としてとらえたり，社会福祉の方法の一つとして考察する見解が広くみられるが，ここでは，社会福祉の現代的形態としてとらえていると理解することが妥当である」[1]と指摘するように，今日求められる地域福祉は21世紀の新しい社会福祉のあり方として考える必要があると思われる。その趣旨で，今回の法第1条（目的）で「……地域における社会福祉（以下「地域福祉」という）の推進を図るとともに……」と初めて地域福祉が法律用語として，明示された意味をおさえておく必要があろう。

以上のように，地域福祉計画の直接的な背景としては，社会福祉の基礎構造改革論議や社会福祉法の成立と思われるが，同時にわが国の社会・経済的要因に規定された住民の生活困難の現実が地域福祉の確立を要請し，その手段としての地域福祉計画の策定を必要としてきたといえる。

（2） 社会福祉法と地域福祉計画

ここでは，このたび法定化された地域福祉計画の策定を考えていくために，社会福祉法における位置づけや関係性について，特に市町村地域福祉計画を中心に，社会福祉法の解説[2]から整理してみたい。

（市町村地域福祉計画）
　法第107条　市町村は，地方自治法第2条第4項の基本構想に即し，地域福祉の推進に関する事項として次に掲げる事項を一体的に定める計画（以下「市町村地域福祉計画」という）を策定し，または変更しようとするときは，あらかじめ，住民，社会福祉を目的とする事業を経営するもの，その他社会福祉に関する活動を行う者の意見を反映させるために必要な措置を講ずるとともに，その内容を公表するものとする。
　　1　地域における福祉サービスの適切な利用の推進に関する事項
　　2　地域における社会福祉を目的とする事業の健全な発達に関する事項
　　3　地域福祉に関する活動への住民の参加の促進に関する事項

この条文だけでは，今後実際に地域福祉計画策定をするに当たっては，理解が困難であろうと考えられる。ついては本条の趣旨，計画の位置づけ，またどのような内容が盛り込まれなければならないのかについて，社会福祉法の解説から要約する。[3)]

① 趣旨は，市町村が市町村地域福祉計画を策定し，または変更しようとするときは，あらかじめ地域住民や事業者，ボランティア団体などの意見を聞くなどの措置を講ずるとともに，その内容を公表しなければならない旨を定めたものである。事前・事後の両面にわたって，計画策定における手続き上の住民参加を保障しているものである。

② 次に義務づけられなかった理由として以下のように説明する。地域福祉計画の策定は，地方公共団体の自治事務と位置づけられるもので，特に地方公共団体の自主性及び自立性への配慮が求められるためである。

③ しかし，これにより地域福祉計画が行政計画であるという位置づけが変わるものではないとしている。

④ 地域福祉の推進は第4条において，地域住民，事業者及びボランティア団体などは相互に協力して推進に努めるべき責務が規定されていることから，策定過程における住民参加は不可欠である。

⑤ 市町村地域福祉計画としては，第107条に掲げる三つの事項が含まれていれば，社会福祉法上評価されることになる。また，老人福祉計画や障害者計画をすでに策定している市町村では，既存の計画を地域福祉計画の一部として位置づけることが可能である。いずれにしても高齢者福祉，障害者福祉，児童福祉などの分野において計画が策定されている場合は，それらの計画を総合化してとらえて初めて「市町村地域福祉計画」となるという点が重要である。

以上のように市町村地域福祉計画は行政計画であり，他の対象分野別の計画と総合化してとらえることが重要であること，また，計画策定は地方自治体の自治事務との関係で義務づけにはなっていないが，今後の新しい社会福祉システムとしての地域福祉の実現に向けては不可欠であり，それは住民参加と連動して意義をもちうることについては言葉を要しないであろう。これらの意味・内容などについては，次節以降でふれていくことにする。

（3） 地域福祉計画の概念

これまで地域福祉の確立，その具体化の手法としての地域福祉計画，そしてそれは社会福祉法のなかで法定化されてきたことについて触れてきた。次に，これ

からの地域福祉展開における地域福祉計画とはどのように定義され，特色をもつものなのかについて考えてみる。

一般に地域福祉計画は「地域福祉サービスを総合的・計画的に進める方法，あるいは，地域レベルにおける社会福祉計画。計画過程では住民参加を基礎とするので，地域組織化が不可欠の要件となる」[4]。

そして，これまでの経過における意味内容の変化として，以下のことを踏まえて今日的定義を考える必要があろうと思われる。

法的には2000年に改正され2003年4月に施行された社会福祉法107条・108条に規定される市町村地域福祉計画ならびに都道府県地域福祉支援計画をさすが，歴史的には，地域福祉計画がさす内容は時代ごとに変遷してきたといえる。

以下年代順に概略を示すと，

①第一段階：『社会福祉協議会基本要項』（1962年制定）において，コミュニティワーク過程で具体的な問題解決を促進するためにたてられる計画として，②第二段階：1970年代〜80年代前半に，各地の社会福祉協議会が策定した『社会福祉協議会発展・強化計画』の名称として，③第三段階：市区町村社会福祉協議会が法制化（1983年）を契機として社会福祉協議会が策定した，自らの強化計画を含んだ自治体の福祉計画として，④第四段階：1989年に東京都地域福祉推進計画など検討委員会が提言した，三相計画に基づく区市町村の福祉計画として，⑤第五段階：上述した，社会福祉法に規定されている現在の使われ方としての地域福祉計画，というようにそれぞれの意味を持って使われてきたものである。[5]

この意味において，社会保障審議会福祉部会が社会福祉法の規定を受けて，2002(平成14)年1月28日に「市町村地域福祉計画及び都道府県地域福祉支援計画策定指針の在り方について（一人ひとりの地域住民の訴え）」（以下「指針」という）を示した考えを紹介する。

すなわち，地域福祉計画とは「地方公共団体が地域福祉を総合的かつ計画的に推進することにより，社会福祉法に示された新しい社会福祉の理念を達成するための方策である。したがって地域福祉計画は，行政計画でありながら，福祉サービスにおける個人の尊厳の保持を基本にすえて，自己決定，自己実現の尊重，自立支援など住民などによる地域福祉推進のための参加や協力に立脚して策定され

るべきである」[6]と定義する。また策定にあたっては「地域福祉とは地域住民の主体的な参加を大前提としたものであり、地域福祉計画の最大の特徴は『地域住民の参加がなければ策定できない』ことにある。地域住民の主体的参加による地域福祉計画の策定・実行・評価の過程は、それ自体、地域福祉推進の実践そのものである」[7]とし、住民参加の重要性を強調している。

その意味においても、地域福祉計画の質では、地域福祉推進の方法論であるコミュニティワークがいかに地域において展開できるかという力量が問われてくると思われるのである。

2. 地域福祉計画と住民参加

地域福祉計画の質は、これまでの地域福祉実践や指針などで見るように住民参加の状況、濃淡によって決定づけられると表現しても過言ではないであろう。そこで、先の指針においても地域住民の参加がなければ策定できないと強調する住民参加について見ていきたい。まず、今回の地域福祉計画が住民参加を通して何をめざしているのか、また住民参加とはどのような考え方なのかなどについて整理してみる。

(1) 地域福祉計画がめざすものと内容

この課題を考えるにあたり、先の指針および全国社会福祉協議会の地域福祉計画に関する調査研究委員会（2001年）の「地域福祉計画の策定に向けて―地域福祉計画に関する調査研究事業報告―」[8]（以下「報告書」という）などをもとに整理してみる。

基本的には、個人が人としての尊厳をもって、家庭や地域のなかで障害の有無や年齢にかかわらず、その人らしい安心のある生活が送れるよう自立支援するという理念を地域において具現化するための地域福祉の推進を図ることにあるといえよう。そしてこの地域福祉計画は「地域福祉の計画というだけでなく、20世紀後半の社会福祉の歴史を総括した上で、21世紀初頭における『ネクスト・ステージ（新しい段階）』の計画」[9]になれるかどうかが問われているといえる。

そして、この策定を通して、指針の表現を引用するならば、①これからの社会

福祉は，地域住民全ての社会福祉として，かつ，地域住民すべてで支える社会福祉，②社会福祉を特定の人に対する公費の投入と考えるのではなく，むしろ福祉活動を通じて地域を活性化させるという積極的視点で捉え直すなかで，21世紀の福祉を決定づけるような計画策定をめざしていると位置づけたい。そのためには，報告書が策定にあたり5つの原則（①地域の個別尊重，②利用者主体，③ネットワーク化，④公私協働，⑤住民参加）を提示しているが，これが策定過程でどこまで貫徹されるかという力量が問われてくると思われる。

ここにおいて最終的にめざすものは，住民自身が自分たちのまちを自分たちの責任と努力により治めていこうという住民自治や，地域の生活福祉課題について解決していこうとする主体形成，およびこれらの取り組みにより地域の活性化（福祉でまちづくり）を図っていくところにあるべきではないかと思われる。

次に，以上のような地域福祉計画の目標を踏まえつつも，その計画の内容としてどのようなものが盛り込まれるべきなのかについて見ていくことにしたい。

社会福祉法上は，第107条で列挙する①地域における福祉サービスの適切な利用の推進に関する事項，②地域における社会福祉を目的とする事業の健全な発達に関する事項，③地域福祉に関する活動への住民参加の促進に関する事項が盛り込まれていれば地域福祉計画ということになる。前述した社会福祉法の解説においても，高齢者福祉，障害者福祉，児童福祉分野を統合化したり，一部として位置づけることの重要性を指摘している。また，対象分野ごとの「既存計画を内包する計画」として，「地域住民主体のまちづくり」や幅広い地域住民の参加を基本とする視点をもった地域福祉計画の導入を指摘しているように，これまでの社会福祉基礎構造改革などの趣旨を踏まえるならば3事項のみでは十分ではない。

また，法の3事項のみから地域福祉計画の内容をイメージすることは困難であろう。指針も指摘するように，3事項についてその趣旨を斟酌し具体的な内容を示し，そのほか必要な事項を加えて計画に盛り込む必要がある。

その意味で先の全社協報告書が地域福祉計画の内容（例）として示した5項目[10]は，市町村側から見るとより具体的で理解しやすいであろう。次に，その項目の主なものを見てみる。

① 個別の福祉施策に共通した理念・方針
　　自治体，事業者，住民の責務，役割，協働，福祉サービス利用者の権利，福祉サー

ビスの基盤整備など
② 福祉サービスの適切な利用推進に関する事項
　地域福祉権利擁護事業・苦情対応・情報システムの整備，福祉サービスの質として，第三者評価への支援・ケアマネジメントシステムの充実など
③ 社会福祉を目的とする事業の健全な発達にかかる事項
　福祉ニーズの把握，サービス基盤の整備，福祉人材の育成，事業者などの新規参入促進（NPOなどへの事業委託）など
④ 社会福祉に関する活動への住民の参加の促進に関する事項
　福祉NPO団体やボランティアへの支援，住民参加の福祉のまちづくりへの支援（福祉のまちづくり推進会議などの設置）など
⑤ その他，地域福祉計画に盛り込むべき事項，関連領域
　地域特性にあわせた福祉施策，福祉のまちづくり計画・条例の制定促進，福祉三計画・地域福祉活動計画・他分野生活関連計画・防災計画との調整

　以上，地域福祉計画の内容について見てきたが，今日の地域社会（基礎自治体）の方向，住民の生活実態を踏まえるならば，3事項はもとより，その他盛り込むべき事項の合意形成と計画化が試されることになると思われる。とくに，地域福祉計画が義務付けでない点を考えると条例化で担保することや，地震のように突然襲ってくる防災関係と住民の組織化活動を通しての主体形成をいかに図っていくかなどについて，当初から合意しておくことも重要であると考えられる。

（2）住民参加―定義・意義・手法―

　法の趣旨や指針でも強調されるように，今回の地域福祉計画ではどのように住民参加が図られるかが重要なテーマである。そこでまず，住民とは誰か，また住民を計画のなかでどのように位置づけるのか，そして住民参加とは何かについて考えてみる。
　住民とは地方自治法では「市町村の区域内に住所を有するもの……」（第10条1項），そしてその住民は，人種，国籍，性別，年齢の如何，行為能力の有無を問わない（「法律学小事典」有斐閣）と法的に解されている。したがって選挙権の有無ではなく，子ども，外国人，要援護者なども含まれ，計画策定における参加では過疎地で現在はその地域に住んでいなくても愛着，関心をもっている人も含めることなども重要ではないかと思われる。また，その性格については，指針も指摘するように「意見を述べるだけの存在ではない。計画策定に参加すると同

時に自らが地域福祉の担い手として認識することが重要だ」という点にも留意されるべきであろう。

また，住民参加とは，社会福祉では一般的に「地域社会の特定の課題解決にその地域の住民が参加することをいう。地域福祉で参加というときは，課題の解決過程への直接的な参加と当該地域の政策決定や施策の実施への住民の意思の反映をさす」[11]と定義される。

そして，指針ではより積極的に，地域福祉計画の策定，実施，評価に当たっては徹底した住民参加で進めるべきと強調する。そのことにより，地域福祉計画は行政計画であるけれども，施策の企画，実施，評価などあらゆる過程において住民参加を促進し，その成果を地域住民に還元していくことに従来の行政計画にはない特徴がある。こうした取り組みは，地方分権化の促進や行政評価にも影響を与えることになるとその意義を評価する。

このほか，住民が地域の福祉課題に関わるなかで，新たなニーズの発見や協働解決に向けた意識なり態度変容を伴う福祉教育的効果が大きいことも評価できる。

次に，住民参加手法について述べてみる。

従来から住民参加の意義は理解されつつも，コミュニティワークの展開には時間がかかることから十分に取り組まれてこなかった面がある。とかく計画策定においては行政主導・学識経験者中心やシンクタンクにゆだねてしまいがちで，ここでの住民はアンケートの客体か，少数の当事者団体へのヒアリングでどこかアリバイ証明的な住民参加が少なくなかった。しかし，今日の地域福祉計画における住民参加では，住民が地域の福祉課題に関心をもち，地域福祉の担い手（主人公）として，主体的に福祉のまちづくりを進めていくための不可欠な条件である。それも単発的・平面的ではなく，策定プロセスに応じた，重層的な参加手法を考え着手することが求められているのである。

まず，住民参加手法の具体例として，一般住民や福祉サービス利用者へのアンケート調査やヒアリング，住民座談会（住民懇談会）ワークショップ，策定委員会の当事者参加・公募委員の採用，セミナーや公聴会（住民説明会），パブリックコメント，住民モニター制の導入，住民リーダー研修会などを策定の展開過程，住民の地域福祉に対する関心度の濃淡に応じて取り組まれることが重要であ

る。ここでも，策定委員会を側面的に支援する役割を担うコミュニティワーカーの力量形成が求められることに留意すべきである。

次に，上記の手法のなかの代表的な手法について若干の留意点も合わせて説明をしてみる。

① 策定委員会での当事者組織や公募委員の参加……策定委員会は計画策定段階の初期で設置が検討される。すなわち募集の時期，方法，人数などである。委員構成の検討もあるので，事務局は学識経験者のアドバイザーから助言をもらうのも必要である。また，公募委員などは関心や熱意はあっても必ずしも地域福祉に関する理解，知識が十分でないので，何回かの学習会や研修会の開催が必要である。また，委員会の構成人数には限界もあるので，サブ組織としての○○小委員会や部会などを設置してより多くの住民の参加機会や場を設けることも考えられる。さらに，策定委員会の傍聴，ホームページの開設，パブリックコメントなども併せて検討されるべきである。

② 住民座談会の開催など……策定プロセスのなかで，近隣住民や関心の薄い人などが少しでも広く参加できるように小地域（小学校区や町内会単位）レベルで開かれるものである。一方的な説明会や意見要望中心の場にならぬよう，双方向性・協働解決型のワークショップ方式を採用することが効果的である。主催も行政事務局ではなく，策定委員会とするなどの工夫やKJ法などで参加者と課題整理する手法を取り入れることも必要である。いずれにしてもこの参加手法は，時間と準備がかかるので，事前に意義・方法などの合意を得ておくことが求められる。

③ その他の手法……策定の始まりや進行段階での住民からの意見聴取や評価および住民相互の学習の機会・場としてのフォーラムの開催，行事・イベントでの懇談会やアンケート，住民モニター制の導入なども求められてくる。

以上の住民参加手法は，地域の福祉課題のアセスメントから計画策定，実施，評価のあらゆるプロセスにおいて活用され，それぞれの段階で広く情報が公開され，どんな小さな疑問・意見やコメントを得るということが動員型参加ではなく，住民の主体的参加を担保することになることに留意すべきであろう。

3. 市町村地域福祉計画の実際
　　―北海道Ａ市の地域福祉計画策定過程に学ぶ―

　地域福祉計画は，何をつくるのかよりもどのようにつくるのかが大事だといわれる。これに解説を加えると，計画内容も関心ごとであるが，十分に住民参加の意義や目的を把握し，それを具体化していく地域組織化活動を不可欠とするところに特色をもっている計画策定であることからプロセスも重視するという意味である。地域福祉計画は，個々の市町村の地域特性・事情を尊重して，その市町村（住民）が親しみをもち，"わがまちの安心と夢，誇りと責任のもてる計画"づくりをしていくことが重要であろう。

　については，具体的な地域福祉計画の策定について，筆者が策定委員として関わった北海道Ａ市での2002(平成14)年度から2か年における計画策定過程の事例を通して考えてみたい。

（１）　計画策定の背景と問題意識

　当市ではこれまで，以下のような分野別を中心とした福祉計画を策定してきた。すなわち，障害者福祉計画（1998年3月），高齢者保健福祉計画・介護保険事業計画（2000年3月），第五回Ａ市総合計画（2001年6月），子育て支援計画（2001年6月），ヘルシーライフ21（2002年3月），障害者福祉計画（2003年3月）である。以上のように，2003(平成15)年度現在では地域福祉計画を除きすべて策定されている。また，全道一の福祉のまちづくり，地域福祉の推進をめざして「福祉のまちづくり」の検討と実践に取り組んできた。

　しかし，これまでの計画策定の住民参加状況に焦点を当てるならば，アンケート調査，関係団体へのヒアリング，当事者や公募委員などによる策定委員会の設置，住民説明会などの手法を試みてきているが，行政所管事務局主導の色彩が強く，住民の主体的参画，実施，評価の側面では課題も残されていた。参加した住民からは，「進行やまとめにおいて委員の姿勢が事務局（行政）まかせになって，お客様状態になっていた」「住民の要望など市が取り上げ改善してくれたのは良いが，それだけでよいのか，自分たちも今何ができるか，しなければならな

いかを検討するべきではないか」などの課題も指摘されていた。すなわち，行政主導の住民"お客様・理解協力者"型の参加に対する問題提起でもあった。

また，当市の地域実態は次項でもふれるが人口減，少子・高齢化の進行，豪雪・寒冷地域における生活不安，市町村合併問題に対する福祉サービスの低下などの危機感に対応するには，新しい展開が要請されていた。すなわち，これまでの計画策定過程や福祉のまちづくりの検討課題での成果と課題を踏まえ，指針が示すような住民参加を基調とした21世紀に耐えうる青写真づくりであった。

一方の住民側も日々の暮らしのなかでの除雪，買い物の不便さ，悪質な訪問販売などの危機意識から，自然発生的に小地域相互支援活動の取り組みも始まってきていた。そして，行政側も「これまでのように行政主導型で計画づくりを進めていくのは簡単だが，住民の危機意識や要求や地方分権，住民自治，社会福祉法の理念の具体化という時代的要請はそれではすまないことが明らかになっている。今回の地域福祉計画はこれまでの福祉の総決算であり，これからの新たなまちづくりの出発点である」という問題意識と危機感を背景にした積極的姿勢があった。

（2） 地域概況・特性

A市は旧産炭地であり，人口減少（ピーク時10万人，現在約3万人）の過疎，高齢化（27.3%）の進行，広域（278 km^2）・豪雪（年間約9m）・寒冷，厳しい財政力（財政力指数0.262）の地域社会である。また，身体障害者（5.9%），知的障害者（0.99%）とその比率は全道平均を上回っている。しかし今日では，稲作を中心とした空知穀倉地帯の整備やハイテクセンターを拠点として高度情報産業の誘致などに取り組むなど，地域再生の可能性をもつ地域社会でもある。さらに，産炭事故などで障害者も少なくないことから，医療・福祉施設などの社会資源も整備されてきた。また，住民意識において，旧産鉱長屋の緊密な人間関係や農村地域での手間換えの文化などによる相互支援の精神風土も残っている。

（3） 策定体制の組織化―地域福祉計画の方法―

一般に，地域福祉計画の策定と実施とは「だれがどのような方法で，計画にか

かわる人々を確保し，意向を反映したサービスを実施し，その結果を評価し，さらにその評価に基づいて計画を見直していくのかという過程である」[12]といわれる。

この事例では，計画策定における住民参加を重視しつつ，策定段階においてどのような策定体制の方法で取り組んできたのかについて，そのプロセスを中心に述べてみたい。以下にその策定体制として，事務局，庁内組織，策定委員会についてみる。

事務局体制　計画策定事務局（以下「事務局」という）は，策定委員会に先行して，2002(平成14)年5月に市社会福祉協議会（以下「社協」という）の事務局次長や地域福祉課長および市の所管部福祉課長を含む11名で設置した。今後の地域福祉推進においては，社協との連携・協働作業は不可欠であること，また社協も2003(平成15)年度を目標に地域福祉活動計画の策定を予定していることから関係強化を含めて協働体制をとることにした。ここで注目すべき点として，事務局スタッフは社会福祉士資格をもつ福祉課長（当時），社会教育分野の経験をもつ課長補佐，また社協派遣の経験のある係長，さらに社会福祉士などの資格をもつ社協の地域福祉課長などのコミュニティワーカーが担っていることをあげることができる。まず，事務局は両組織内部の合意形成，阪南市や高浜市などの先進地視察，当市のこれまでの計画策定過程の評価や大学教員との学習会などを通じて事務局の役割を詰めた。とくに，この年度は住民の地域社会に関する意識調査（3,200人対象），住民の地域福祉計画に対する動機づけ，広報をねらいとした講演会やシンポジウムを実施した。

庁内推進体制　当市では，これまで地域福祉計画を除く対象分野別などの計画策定がなされていること，また今後の地域福祉推進では全庁的な取り組みが求められてくることを予想して庁内体制も整備することとした。

2003(平成15)年4月に，A市地域福祉計画策定庁内推進会議（委員長保健福祉部長）を全庁レベルで組織した（保健福祉部，企画財政部などを含めた9部門17関係課長で庁内横断的，総合的な組織構成）。また，あわせて関係係長レベルで構成するワーキンググループ会議も設置した。なお，庁内推進会議の役割は，①小学校区（8校区）の現状と課題の抽出整理，②計画策定・推進に向けた方策の検討，③その他計画・推進に関する必要な事項について調査・検討を行い，地

域福祉計画策定組織である「地域福祉ささえあい推進委員会」への情報提供と，その後の行政的対応の検討を担うこととした。なお，2003年度は2回開催した。

　この組織は，地域福祉計画が行政計画であること，そして分野別の計画を統合化することの法の趣旨からも必要となると思われる。

　地域福祉計画策定委員会の設置　標記策定委員会（以下「策定委員会」という）は，2003年4月にA市地域福祉市民ささえあい推進委員会として設置された。目的としては，高齢者のみならず障害者，子どもを含めたすべての住民が，地域で安心して自立した生活が送れるように，公民協働による参画による計画策定をめざしている。

　この策定委員会の役割は，計画策定のみではなく，「計画の策定および進行状況の評価と全市的な地域福祉の推進を図る役割を担い，あわせて調査検討を行う。計画策定の必要な事項については，各地域にも出向くこととする」（設置要項第2条）としている。すなわち，地域アセスメントから計画策定，実施，進行評価の役割とそのための手法としての住民懇談会などの実施までの役割を担うこととしている点に特色がある。

　また，策定委員会は，公募委員，痴呆症高齢者の家族会などの当事者組織をはじめ，保健・医療分野などの23名からなり，公募委員の他これまでの分野別計画策定の責任者を加えたことと，合意形成プロセスには時間も必要とすることから3年の任期としていることが注目される。

　さらに，これまでの会議，シンポジウムなどで委員や住民から，「この計画は市に金がないから，行政がすべきことを住民に押しつけるものか。ボランティア活動レベルの計画か」「地域福祉とは何か」「住民参加で作るとはどのようなことか」などの意見や疑問が多く出されていた。その意味では，住民の相互学習や地域の暮らしに係る多様な情報提供なくして，住民が主体的に計画策定に参加し担うことは困難であることを学ばされた。

　そこで，策定委員会内部に課題別に3グループに分け，各々リーダー・サブリーダーを選出し，バズセッション方式による相互学習，地域福祉課題の検討・評価，ワークショップ方式の住民懇談会の方法，進行などを行った。

（4） 策定過程における住民参加手法

　A市における策定過程では，極力事務局は側面的支援（黒子役）に徹し，策定委員会主導方式にこだわった展開でもあった。それは，策定過程における住民参加手法の選択，実施展開は住民が地域福祉の担い手としての理解と意識・態度変容のプロセスでもあると考えたからである。

　手法として実施したのは，市民意識アンケート（対象3,200人），地域福祉講演会（講演とシンポジウム），策定委員会（7回），構成員による課題別グループ会議（14回），リーダー・サブリーダー会議（4回），当事者および福祉関係団体のヒアリング，地域懇談会（小学校区10回），子ども懇談会（1回）であった。また，住民参加促進のために，地域福祉ネットワーク通信の発行（4回），市広報誌「メロディ」（毎月1万部発行）などで委員公募の案内，地域懇談会や子ども懇談会の開催状況など毎月何らかの形で情報提供を行った。しかし，計画策定における住民の主体形成を目指していくときは，福祉教育の視点から，繰り返し，計画展開過程それぞれの段階で実施していくことが重要である。

　以上の手法のなかで，特に有効だったのは，策定委員会主催による地域懇談会であった。最初委員のなかに「なぜ私たちが……」「司会進行はどうするのか」「KJ法って何だ」などのとまどいや不安もあったが，後半では「住民も文句を言うだけでなく，われわれの意識も変えていかなければ……」とか「これは単に計画を作るだけが目的でない，地域を創っていくことが目的だ。そのためにも自分たちの意識と行動を変えることが早道ではないか」と変容も見られるようになった。そして，懇談会での仲間の切実な声に応えようと，2つの地域では自主的にボランティアセンター（仮称）を立ち上げられた点は注目できる。

　さらに，福祉系大学の学生と協働で開催した「子ども懇談会」では，「今までこのまちを変えることや活性化させることを諦めていたが，今回のことで，まだできることがあるのではないかと希望がもてた」などの発言も出された。さらにこれらの声を組織化していくために，2004（平成16）年度も継続して開催されている。

（5） 事例のまとめ

　以上，地域福祉計画策定過程を中心に，その背景，地域特性，策定体制の組織化，策定過程における住民参加手法などを中心に見てきた。

　ここでは，旧炭産地・過疎・高齢化などという地域特性のなかでの住民の危機意識の高まり，行政の地方分権化における住民主体による新たなまちづくりの出発点にしようという積極的な姿勢を通して取り組まれた策定過程の事例であった。ここでは特に，従来の行政計画策定の反省を踏まえ，策定委員会を主体とした計画策定方法を重視した。同時にこのことは事務局スタッフのコミュニティワーカーとしての援助の視点や技術，役割の大きさも明らかになったと思われる。2004年度においても地域懇談会が継続し，住民と行政の密接なパートナーシップを通して，計画の実施に向けて取り組んでいるところに実態化に向けた可能性を見ることができる。策定委員会がさらなる住民参加促進の条件整備に向けて提起した課題への取り組みがポイントになると思われる。

　なお，策定委員会は2004年3月にA市地域福祉計画を市長に提出した。さらに策定委員会は2004年3月に地域福祉計画の具現化を担保するものとして制定した「A市福祉のまちづくり条例」（3章19条より構成）と連動し，2004年度も地域懇談会を継続実施することとしている。

　この条例で特徴的なのは，①地域福祉計画の策定を義務づけたこと，②今後市が行うすべての施策において福祉のまちづくりの視点をもって実施すること，③住民参加は住民の基本的権利とし，この場合子どもを含めて参加を保障したこと，④地域包括ケアシステムの構築そして社協と協働して実施することを明記している点である。これらの実質化は策定委員会および地域住民の主体形成に向けたコミュニティワーク展開の力量が問われているといえよう。

4. まとめと課題

　本章では，住民の生活実態，社会環境の変化，そしてそれを支援する地域支援の空洞化現象とも思われる現状と社会福祉の基礎構造改革，地方分権化，社会福祉法の制定という背景のなかで，住民参加を基軸にした地域福祉計画の策定，実

施は不可欠であることが明らかになった。その計画策定の具体化においては、コミュニティソーシャルワークの視点と援助実践の質が課題にならざるを得ない。

とくに地域福祉計画策定におけるコミュニティワーカーの存在、すなわちコミュニティワークの重要性が指摘できる。すなわち、コミュニティワークとは「地域社会（コミュニティ）が、その地域生活上の諸問題と主体的・組織的に取り組んでいけるよう、コミュニティワーカーが援助する方法または、活動諸形態をいう。……略……。コミュニティワークの展開は一般に、①問題の明確化、②対策計画の策定、③対策行動の展開、④評価、の過程をとるが、それにともなう方法・手段として、調査、集団討議、広報教育、計画立案、連絡調整、資源の動員・配分、圧力行動などの手法が局面に応じて用いられる」[13]と説明される。地域福祉計画策定過程において、コミュニティワーカーが地域住民の問題解決に向けてこれらの方法、技術をもって側面的支援ができる力量形成が図られているかが問われているのである。A市の事例においても、行政、社協による協働事務局体制で配置された社会福祉士資格と地域福祉実践の経験をもつコミュニティワーカーの存在が大きかった点が評価できる。とくに、策定委員会主催の地域懇談会においての支援に見ることができる。

次に、A市の策定計画内容の柱の1つは、利用者本位の視点を踏まえて「地域包括ケアシステム」の構築を柱にしたことである。それは調査や当事者組織からのヒアリング、地域懇談会などで集約されたなかに、総合的な相談・支援体制の確立、高齢者などへの不適切対応（虐待など）の予防・解決、地域権利擁護システムづくりが課題になっていたからである。

これらを具体的に展開するにはケアマネジメントを含むソーシャルワーク体制が必要とならざるを得ない。この機能においては利用者へのエンパワーメントをめざす援助や代弁者（アドホケイト）する権利擁護の視点や、地域での福祉課題解決に向けたシステムづくりを担うコミュニティワークが総合的に展開されるかどうかは、計画の実施・評価段階における試金石となってくると思われる。これらの趣旨は、先の指針においても指摘されたところでもあった。

最後に、今回の計画策定に2年間関わってきた立場から学び教えられたことについて述べ結びとしたい。

この計画づくりでは、住民の切羽詰まった思いや、生活困難の姿に気づき、出

会いを出発点として，すでに止むに止まれず始まっている住民の小さな力をどこまで信頼し，支援できるか，また，行政も謙虚に公的責任を担いきるという覚悟が求められている。ましてや，行政の作文や金の裏づけで他市町村に遅れをとらないように……とする「見栄をはる計画」でもない。

　今日の市町村地域福祉計画は，住民自治によるまちづくりをめざして，住民の言葉と地域固有の歩幅で創った公私協働による行政計画である。そして，それは，次世代を担う子どもたちに夢をもたせるものであることを忘れてはならない。

注）
1) 大橋謙策・宮城武編『社会福祉基礎構造改革と地域福祉の実践』万葉舎，1998年，p.25.
2) 社会福祉法令研究会編『社会福祉法の解説』中央法規，2001年
3) 前掲書 pp.324-326.
4) 京極高宣監修『現代レキシコン』雄山閣，1998年，p.520.
5) 秋元美世・藤村正之・大嶋巌他編集『現代社会福祉辞典』有斐閣，2003年，p.317.
6) 社会保障審議会社会福祉部会「市町村地域福祉計画および都道府県地域福祉支援計画策定指針のあり方について（一人ひとりの住民の訴え）」2002年
7) 同上（指針）
8) 地域福祉に関する調査研究委員会編集『地域福祉計画の策定に向けて―地域福祉計画に関する調査研究事業報告書―』全国社会福祉協議会，2001年
9) 前掲書 p.3.
10) 前掲書 pp.8-10.
11) 日本社会福祉実践実理論学会編集『社会福祉基本用語辞典』川島書店，1996年，p.101.
12) 日本地域福祉学会『地域福祉辞典』中央法規，1997年，p.238.
13) 日本社会福祉実践実理論学会編集『社会福祉基本用語辞典』川島書店，1996年，p.60.

■演習問題■

1 これまでのわが国における地域福祉計画策定をめぐる反省点と社会福祉法で法定化された地域福祉計画の特徴について述べよ。

解説　これまでの計画策定では，ニーズ把握や計画策定にあたって，国や都道府県から指針が示

されていた結果，とかく計画内容が画一的で，住民参加などが不十分であったことなど反省すべき点は少なくない。しかし，今回の計画ではとりわけ地方分権化，広域行政化などの中で，21世紀少子・高齢化を展望した計画を目指している点に特色を持っている。そして，その趣旨を具現化するために地域ニーズのアセスメントから策定，実施，評価のあらゆる段階での徹底した住民参加で進めることにしていることに留意すべきである。

2 地域福祉計画策定が真に21世紀初頭の市町村における計画となるための視点や留意点について述べなさい。

解説 計画策定と実施において，何よりも住民自信が各プロセスにおいて参加することにより納得と今後の地域での暮らしに夢が持てることが重要である。その策定段階における視点として，わが町の地域特性を踏まえることを基本的視点として，暮らしの総合性（福祉・医療・交通・防災・防犯など），公民協働，多様かつ幅広い住民参加の保障と促進が重要となる。

3 地域福祉計画策定過程における住民参加手法を整理し，特に有効的と評価されている住民座談会の取り組みの留意点について述べなさい。

解説 住民参加の手法は，計画の策定，実施，評価などの各段階で次のような手法を適切に選択し用いることが必要である。たとえば，策定委員会での公募委員，アンケート調査，フォーラムの参加，住民座談会，ワークショップ，インターネット，パブリックコメント，当事者・関係団体等へのヒアリングなどである。

特に住民座談会では，①日ごろの地域福祉活動において肩書きの持たない近隣住民や子どもの参加。②進行は行政事務局でない策定委員等が担い双方向性を重視したワークショップ方式の活用，③そしてなんに要望・陳情型ではなく，協働解決型をめざすこと。それは座談会での身につまされる地域課題の気付きが課題解決に向けた実践活動へと結びつきうるからである。

第11章 | 仕組み
地域福祉の制度・政策・財政

> ▶本章で学ぶこと　本章では，地域福祉に関わる制度・政策・財政を学ぶ。通常，制度とは法や通知などの具体的な「決まりごと」をいい，政策は制度の制定や改廃を含む政治上の方針や手段のことをいう。このように，一応概念として両者は区分できるものの，実際には，その時々の政策に基づいて個々の制度が形成されるわけであり，さらにそれらによって財政も規定されてくる。したがって，これらは一体的に理解することが有効である。
>
> 　本章では，まず，わが国の地域福祉に関わる制度の沿革を，その時々の政策と関連づけながら，第1節で社会福祉法制定前までを，第2節で社会福祉法制定後を学ぶ。そして，第3節では，地域福祉の推進に関わる財政に関し，主に民間福祉活動に関わる財源の在り方について学ぶ。なお，地域福祉の推進組織である，社会福祉協議会，共同募金，民生委員，特定非営利法人等についてもそれぞれの節の中で言及する。

[Key Concepts]
社会福祉事業法　社会福祉法　民生委員法　共同募金　社会福祉協議会　社会福祉事業　社会福祉を目的とする事業　地域住民　ドナーチョイス　コミュニティファンド

1. 戦後社会福祉の発展と地域福祉政策の整備

（1） 社会福祉事業法制定と地域福祉

a. 社会福祉事業法の目的と特徴

　1951(昭和26)年，社会福祉の全分野における共通的基本事項を定めた社会福祉事業法が制定された。社会福祉事業法の主たる目的は，第1条に「社会福祉事業が公明かつ適正に行われることを確保し，もって社会福祉の増進に資することを目的とする」と明示されているように，極論すれば「社会福祉事業の適正運営の確保＝社会福祉の増進」ということにあり，そのために，条文の半数以上は社会福祉事業及びその運営主体となる社会福祉法人に関する規定に充てられていた。

　また，これと合わせて，社会福祉審議会，福祉事務所，社会福祉主事等，実際のサービス提供の組織に関する規定が設けられたことで，福祉地区単位に置かれる福祉事務所とそこからの措置委託を受けて実際のサービスを行う入所施設及びその運営主体の社会福祉法人という，戦後の社会福祉体制の基本的枠組みが社会福祉事業法によって確定した。

b. 共同募金と社会福祉協議会の法定化

　では，このとき，地域福祉はどのように規定されたのであろうか。社会福祉事業法には，地域福祉という言葉そのものは登場しないが，それを推進する機関に関わる規定が「第8章　共同募金及び社会福祉協議会」として置かれている。共同募金は，1947(昭和22)年には「国民たすけあい運動」としてすでに全国的に行われており，また，社会福祉協議会も1951年初めに中央社会福祉協議会（現在の全国社会福祉協議会）や都道府県社会福祉協議会が結成されていた。この第8章の規定は，これらすでに実態がある事業を法定化することでその適正な運営を担保するという目的とともに，その積極的推進を後押しするという目的もあった。このことは，「とくに地域社会組織化事業の規定は，新しい試みであるが，これは公私社会福祉事業の提携協力のみでなく，国民が社会福祉事業へ参加することを目ざすものあるから，社会福祉協議会活動の健全な育成につとめられたい

こと」という通知[1]からも知ることができる。

同時に，この法定化には次の特徴を見ることができる。

第1に，そもそも共同募金及び社会福祉協議会の事業の目的が明示されていなかったことである。ちなみに，両者に「地域福祉の推進」という目的が明記されたのは，2000(平成12)年の社会福祉法への改正時である。

第2に，都道府県を単位として実施する共同募金会の認可要件として社会福祉協議会の存在が規定されたことから，社会福祉協議会の規定もまた都道府県段階までにとどまり，市町村の社会福祉協議会が法定化されなかったことである[2]。

第3に，第2のような経過から，社会福祉事業法の条文構成が共同募金の間に社会福祉協議会の規定がはさまれる形になったことであるが，これは，技術的な面だけでなく，共同募金と社会福祉協議会が「地域社会福祉事業における車の両輪」[3]として位置づけられたためでもある。以降，両者はまさしく車の両論として事業を進めたが，社会福祉協議会の人件費に対する共同募金配分金の充当については，行政管理庁の勧告を受けた厚生省通知（1967年）により禁止された。これ以降，現在に至るまで人件費確保は社会福祉協議会の大きな課題となっている。

このような法定化の特徴の背景には，政策的にはコミュニティ・オーガニゼーション思想等の紹介もあり，地域住民の参加による福祉活動の必要性を期待しながらも，その素地が不十分ななかで，まずは上からの意図的な制度づくりを進めたということがあげられる。

時代は異なるが，これは1998(平成10)年に，特定非営利活動促進法が，実践者の声の高まりを受けて議員立法によって成立した経緯とは対照的であり，このような法の制定経過は，後々まで共同募金や社会福祉協議会の体質や運営方法に影響を及ぼすこととなった。

(2) 民生委員と制度

a. 民生委員法の特徴

大正時代に制度の源流をもつ民生委員は，日本特有の委嘱ボランティアとして現在まで地域福祉に大きな役割を果たしているが，戦後その制度上の位置づけは大きく変化した。1936(昭和11)年に全国統一制度となった方面委員令は，1946

(昭和21)年に民生委員令に，さらに1948(昭和23)年には民生委員法と変化した。つまり，内閣が定める政令から，国会が議決する民生委員法という法律に変わったのである。これは，それだけ民生委員のあり方が重要視された結果であるが，その背景には，民生委員をめぐる次のような状況があった。

第1に，1946年施行の（旧）生活保護法で民生委員が市町村長の補助機関と位置づけられたことである。その後1950(昭和25)年の（現行）生活保護法によって協力機関と位置づけが変わるが，それまでは，いわば，行政機関の末端に位置づけられ公的立場をもっていたのである。また，このような経過から，現在も，民生委員の業務の中で自治体に対する協力業務が大きなウェイトを占めている。

第2に，1948年に施行された児童福祉法で民生委員は児童委員でもある旨規定されたことで，当時，喫緊の課題であった児童福祉分野においても多くの役割の発揮を期待されていたことである。

第3に，以上の2点からもわかるように，民生委員は地域住民の生活に大きな影響力をもっていたことで，民生委員の選出が地域の政治的駆け引きや影響力の行使などに利用される例があり，必ずしも適切でない者が民生委員に選出された例があったことである。

以上のような事情から，民生委員法では，民生委員の役割などとともに，その選出方法の在り方が入念に規定されたのである[4]。その後，2000(平成12)年の民生委員法改正でも，この選出過程の入念な規定自体の基本的な変更は行われていない。

b. 民生委員の役割と制度の整備

前述の経過や民生委員法でも「関係行政機関の業務に協力すること」（第14条）という職務が明記されているように，民生委員は行政機関との濃厚な関係のもとで職務を行っている。しかし，このことは必ずしも民生委員が行政の「下請」や一方的な協力者であることを意味するものではない。次のようないくつかの歴史的出来事からも，民生委員の独自性，中でも新たな制度の整備に果たす役割の大きさを知ることができる。

まず，時代はさかのぼるが，民生委員が方面委員と呼ばれていた1927(昭和2)年，大量の生活困窮者の救済のために「救護法」の制定を求めた全国大会決議を

行い，同法が国会で成立した後も国の財政事情から施行が延びていたことを受け，早期施行を求める運動を強力に展開し，ついに，1932(昭和7)年にその施行を勝ち取っている。また，戦後では，1960年代後半以降に行った「ひとりぐらし老人実態調査」や「寝たきり老人介護実態調査」などの全国一斉モニター調査のデータは，国の進める特別養護老人ホームの整備や在宅福祉サービスの整備等の促進につながっている。さらに，低所得者のための活動として，当初はいくつかの県単位で民生委員が行っていた自立更生運動は，のちに全都道府県で実施されるようになり，さらに国への働きかけによって「世帯更生資金貸付制度」(現在の「生活福祉貸付制度」)の創設につながった。

このように，民生委員は，ボランティアとしての柔軟性や先駆性，あるいはその組織力を生かしてこれまでさまざまな制度の整備や充実に貢献した実績をもっている。民生委員法でも，このような力をそれぞれの地域でも発揮できるよう，民生委員の自主組織である民生委員協議会が「民生委員の職務に関して必要と認める意見を関係各庁に具申することができる」(第24条)ことを規定しており，現にこの規定を根拠として，市町村に対して各種の提言を行っている民生委員協議会もある。

2000(平成12)年に改正される前の民生委員法には「無報酬」という意味の「民生委員は名誉職とする」[5]という規定があり，一部には，これを「肩書きだけで実際の職務は行わない人」という誤解があった。しかし，これまでの先駆的活動やソーシャル・アクション機能，そして何よりもその地域に永く住み，地域住民や社会資源を熟知していることを考えれば，地域福祉の実践に当たって，その実施主体がどのような機関であっても，いかに民生委員の特性を生かしながら連携できるかが，その活動の正否を握るといっても過言ではないだろう。

(3) 社会福祉の見直しと在宅福祉サービス

1950年代～60年代には，いわゆる福祉関係六法の成立など，現行の社会福祉の枠組みがほぼ完成し，折りからの高度経済成長とあいまって社会福祉予算は増加を続け，入所施設整備が進められた。その後，公害や交通戦争，過疎化といった地域社会の変質による社会問題の発生からコミュニティに対する関心が高まり，一方，社会福祉でも入所施設の問題点の顕在化，ノーマライゼーション理念

の紹介などもあって，施設中心の福祉施策整備に対する見直しの声が一部に起こりはじめた。

こうして，1970年前後にはコミュニティを基盤としたサービスの必要性が提起され[6]，老人福祉分野を中心に在宅福祉サービスの整備が始まった。しかし，それらの制度上の位置づけは，デイサービスやショートステイ事業などがいずれも厚生省社会援護局長通知を根拠に始まったように，在宅福祉サービスは法律ではなく各種通知を根拠に実施され[7]，以降，1990（平成2）年に社会福祉事業法等福祉関係八法改正によって法定化されるまで通知の改正や追加を根拠として事業が続けられた。

（4） 社会福祉事業法等福祉関係8法改正

a. 地域と地域住民の登場

他法の改正に伴う用語修正以外ほとんど内容改正は行われていなかった社会福祉事業法が，1990年に老人福祉法などとともに大幅に改正された。いわゆる「社会福祉事業法等福祉関係八法改正」である。この改正事項で，地域福祉に関わってとりわけ注目されるのは次に示す第3条である。

> （基本理念）
> 第3条　国，地方公共団体，社会福祉法人その他社会福祉事業を経営する者は，福祉サービスを必要とする者が，心身ともに健やかに育成され，又は，社会，経済，文化その他あらゆる分野の活動に参加する機会を与えられるとともに，その環境，年齢及び心身の状況に応じ，地域において必要な福祉サービスを総合的に提供されるように社会福祉事業その他の社会福祉を目的とする事業の広範かつ計画的な実施に努めなければならない。
>
> （地域等への配慮）
> 第3条の2　国，地方公共団体，社会福祉法人その他社会福祉事業を経営する者は，社会福祉事業その他の社会福祉を目的とする事業を実施するに当たっては，医療，保健その他関連施策との有機的な連携を図り，地域に即した創意と工夫を行い，及び地域住民等の理解と協力を得るように努めなければならない。

それまでは，社会福祉事業法に基本理念という言葉はなく，「社会福祉事業の趣旨」として，「援護，育成又は更生の措置を要する者に対し，その独立心をそこなうことなく正常な社会人として生活することができるように援助すること」

が規定されていたが，新たに基本理念として，「あらゆる分野の活動に参加する機会を与えられる」という，まさしくノーマライゼーションの理念が法に明記された。また，「地域において必要な福祉サービスを総合的に提供される」と援助の場を明記することで，地域福祉の視点も明確にされていることも注目される。

第3条の2では新たに「地域等への配慮」が設けられた。ここでも「地域に即した創意と工夫」として，地域福祉の視点が明確にされている。同時に，このときには「地域住民」という言葉も登場し，社会福祉事業経営者はその「理解と協力を得るように努めなければならない」とされた。ただし，すでに述べたように，社会福祉事業法はあくまでも事業者の責務を中心に定めた法である。したがって，この段階では地域住民は地域福祉の主体というよりも，事業者に対して協力する立場であり，そこが後述する社会福祉法と大きく異なる点であり，社会福祉事業法の限界であったといってもよいだろう。

2. 社会福祉法制定と地域福祉の実体化

(1) 社会福祉の推進方法の変化

2000（平成12）年に社会福祉事業法を改正・改称して成立した社会福祉法は，従来の社会福祉事業者を中心とした法から，より幅広い基盤に立って社会福祉を進める法にその性格を変え，地域福祉をその中核に位置づけた。まずその手がかりとして，第1条「目的」の改正内容を見てみよう（図11-1）。

両法の目的が「社会福祉の増進に資すること」は共通であるが，その実現方法として，社会福祉法にはあらたに次の3つの方法が加わった。

第1に，法の対象分野を「社会福祉事業」から「社会福祉を目的とする事業」に広げ，その健全な発達をめざしていることである。「社会福祉事業」は法第2条に限定列挙された特定の事業をいうのに対し，「社会福祉を目的とする事業」の法律上の明確な定義はない。「事業」という社会通念から考えれば，拠点を定めて一定程度継続，反復して行われる行為のうち，支援を必要とする人びとのために行われる営利目的ではない行為をさすと考えられる。その中で特に国民生活に重大な影響をもつ事業が限定的に取り上げられ，「社会福祉事業」として規制

社会福祉事業法	社会福祉法（2000年改正・改称）
第1条　この法律は，社会福祉事業の全分野における共通的基本事項を定め，生活保護法，児童福祉法，母子及び寡婦福祉法，老人福祉法，身体障害者福祉法，知的障害者福祉法その他の社会福祉を目的とする法律と相まって，社会福祉事業が公明かつ適正に行われることを確保し，もって社会福祉の増進に資することを目的とする。	第1条　この法律は，社会福祉を目的とする事業の全分野における共通的基本事項を定め，社会福祉を目的とする他の法律と相まって，福祉サービスの利用者の利益の保護及び，地域における社会福祉（以下「地域福祉」という）の推進を図るとともに，社会福祉事業の公明かつ適正な実施の確保及び社会福祉を目的とする事業の健全な発達を図り，もって社会福祉の増進に資することを目的とする。

（注）社会福祉事業法では，生活保護法以下各法に成立年と法律番号があるが，ここでは省略した。

図11-1　社会福祉事業法と社会福祉法の目的

〈社会福祉を目的とする事業〉
○実施主体の制限はない
○共同募金の配分や社協が行う連絡調整の対象になる

〈社会福祉事業〉
○法第二条で限定列挙
○知事等の指導監督を受ける
○実施主体に制限がある
○税制上の優遇の対象になる

図11-2　「社会福祉事業」と「社会福祉を目的とする事業」

や助成の対象になっているのである（図11-2）。

社会福祉法第1章「総則」には繰り返しこの「社会福祉を目的とする事業」が登場する。なぜなら，これからの社会福祉は限定列挙された「社会福祉事業」のみが担うのではなく，たとえば地域の住民参加型非営利組織やボランティアグループ，NPO，当事者組織などが行う多様な事業によって作られていくという理念があるからである。

第2に，「福祉サービスの利用者の利益の保護」という視点を明確にしたことである。そのために，社会福祉法に新たに「第八章　福祉サービスの適切な利用」が新設され，福祉サービス利用援助事業や福祉サービスに関する苦情解決の仕組みの整備などが法定化されている。

第3に，社会福祉法では地域を社会福祉の推進の場として位置づけ，「地域における社会福祉」を地域福祉と規定したことである。地域福祉の用語は，実践や研究の場では従来から当たり前のように使われてきたが，法に登場したのは社会福祉法が始めてである。

以上のように，社会福祉法が想定した新しい社会福祉の実現には，社会福祉事業が適切に行われることに加え，「社会福祉を目的とする事業」の健全な発達や利用者の利益の保護も必要としているということから，限定的にとらえられやすい「事業」の二文字をとり社会福祉法としたのである。

（2） 地域福祉の推進の法定化

従来，社会福祉事業の実施に当たっては，地域や地域住民を意識した展開が求められていたが，社会福祉法では，地域住民の立場は，それまでの理解や協力をする「客体」の立場から，社会福祉事業の経営者等と並んで，地域福祉推進を推進する「主体」に変化した。また，この第4条によって，第1条で「地域における社会福祉」とだけ表現されている「地域福祉」の具体的目標が，「福祉サービスを必要とする地域住民が地域社会を構成する一員として日常生活を営み，社会，経済，文化その他あらゆる分野の活動に参加する機会が与えられる」社会，言い換えればノーマライゼーションが具現化する社会を実現することにあることも理解できる。

（地域福祉の推進）
第4条 地域住民，社会福祉を目的とする事業を経営する者及び社会福祉に関する活動を行う者は，相互に協力し，福祉サービスを必要とする地域住民が地域社会を構成する一員として日常生活を営み，社会，経済，文化その他あらゆる分野の活動に参加する機会が与えられるように，地域福祉の推進に努めなければならない。

このような社会は，一部の専門家や事業者だけでできるものではない。地域社会を構成するさまざまな機関，そして何よりも地域住民の主体的参加があってこそ実現可能である。こうして，社会福祉における地域住民の法律上の位置付けは，部外者（当初の社会福祉事業法）→理解者・協力者（1990年の社会福祉事業法改正）→主体（2000年の社会福祉法）に段階的に変化したのである。

（3） 地域福祉計画の法定化

社会福祉法第107条で法定化された地域福祉計画の詳細は第9章でふれられている。ここでは，法の条文を紹介した上で，他の計画との関連を中心にその特徴を見ておこう。

（市町村地域福祉計画）

第107条　市町村は，地方自治法第二条第四項の基本構想に即し，地域福祉の推進に関する事項として次に掲げる事項を一体的に定める計画（以下「市町村地域福祉計画」という。）を策定し，又は変更しようとするときは，あらかじめ，住民，社会福祉を目的とする事業を経営する者その他社会福祉に関する活動を行う者の意見を反映させるために必要な措置を講ずるとともに，その内容を公表するものとする。
　　一　地域における福祉サービスの適切な利用の推進に関する事項
　　二　地域における社会福祉を目的とする事業の健全な発達に関する事項
　　三　地域福祉に関する活動への住民の参加の促進に関する事項

　第1に，地域住民の参加の位置づけである。前述のとおり，社会福祉法によって地域住民の位置づけは社会福祉の主体に変化した。そのことはボランティアなどによる実際の援助場面への参加だけでなく，さまざまな政策の策定への参加も意味しており，地域福祉計画の規定も，当然これを受けた内容になっている。これは「社会福祉を目的とする事業を経営する者」に関しても同様である。

　第2に，国の計画との役割の違いである。国の段階で策定されるさまざまな「○○プラン」はサービスの総量整備に重点を置く。これに対し，法でも「地域における福祉サービスの適切な利用の推進に関する事項」が掲げられているように，市町村が策定する地域福祉計画は，量の整備とともに，支援を必要とする人が実際に地域社会の中で安心して暮らせる仕組みづくり具体的に進める役割を果たすことが期待されている。

　第3に，計画の「守備範囲」である。社会福祉基礎構造改革の過程でまとめられた中央社会福祉審議会の「中間まとめ」（1998年6月）では，地域福祉計画に関して「教育，就労，住宅，交通などの生活関連分野との連携に配慮する必要がある」「構造物に着目した街づくりにとどまらず，人間の活動を重視したまちづくりの視点も持つ必要がある」等の提言が行われた。地域福祉計画の本格的な策定はこれからであるが，これらを受けとめて，幅広い分野を取り込んだ，あるいは連携をした計画の策定が望まれる。

　計画を制度化する目的は，望ましい事柄を積極的に奨励するためか，望ましくない事柄を規制したり修正するため，のどちらかである。福祉分野の計画の多くは前者であるが，中には都道府県老人保健福祉計画のように，特別養護老人ホームの「作り過ぎ」を規制するために圏域を設けて数量の上限を設ける例もある。しかし，言うまでもなく，地域福祉計画は，前者の奨励や推進をするための計画

である。どれだけ多くの人びとや機関が地域福祉計画の策定や実践に関わるかが，法定化そのものの評価になるといってもよいだろう。

（4） 共同募金と社会福祉協議会の性格の明確化

前述のとおり，共同募金と社会福祉協議会について初めて地域福祉の推進という目的が明記されたが，そこには2つの意味がある。

1つは，ボランティアグループやNPO等と異なる，地域福祉の推進に総合的に関わり，一定の法的な責任をもつということが明確になったということである。もう1つは，その場合の責任の果たし方である。社会福祉法でいう地域福祉は，第1条や第4条にあるとおり，地域住民や社会福祉を目的とする事業を行う者など，さまざまな担い手によって実現されるものである。たとえば，共同募金では，いわゆる「過半数配分規定」を廃止し，配分先を幅広い分野から柔軟に選定できるようになった。これは，いかにしてさまざまな地域福祉の芽を見つけ，それらが育つために共同募金が財政的支援を果たせるかということが問われることでもある。このように，共同募金，社会福祉協議会とも，目的が明確にされたことの意味は，地域福祉に関わる事業を独占的に行えるというという意味ではなく，社会福祉法が提示した地域福祉をいかに実現するか，その大きな責任を課せられたという意味でもある。

3. 地域福祉の財源

地域福祉に関わる財源は極めて広範囲に及ぶ。たとえば，在宅福祉サービスに投入されている費用の額やその経年変化，その総額と入所施設に投入されている費用総額との比較なども地域福祉の財源を考える際には視野に入れる必要があるだろう。あるいは，地域福祉の推進機関である社会福祉協議会に対する公費助成の内容に注目する必要もあるかもしれない。

これ以外にも，地域福祉と関わりのある事柄をたどっていくと，実にさまざまな財源を考えなければならないが，ここでは，直接的な公費の支出以外の方法で行われる，主に民間の地域福祉事業や活動に対する助成金という性格をもった費用に焦点を合わせて財源を考えてみたい。

(1) 共同募金

a. 仕組みと配分

　共同募金の大きな特徴は，社会福祉法に定められた「法定募金」という点にある。社会福祉法では，実施主体として各都道府県単位に社会福祉法人の共同募金会を置くことを定め，募金の実施区域の単位や募金を実施する期間，配分先，配分委員会の設置等を定めている。さまざまな方法で募金が行われるが，戸別募金が最も実績額が多い[8]。

　共同募金は，「寄附者の自発的な協力を基礎とするものでなければならない」（社会福祉法116条）とあるように，任意で行われるが，実際には，強制感をもつ住民も少なくない。とくに，共同募金はあらかじめ配分計画を定めて行う「計画募金」であることから，募金に当たって「目安額」が明示されることがあり，それが強制感を感じさせることにもつながっている。

　集まった募金の配分先は，初期の頃は社会福祉施設に対する配分中心であったが，その後，施設に対する補助金などが充実する一方で，民間福祉活動の資金支援の必要性が高まったことから，ボランティアグループや当事者グループ，NPOなどの組織が行う先駆的事業などに対する配分が増えている。その配分方法も，これまではいったん，市町村社会福祉協議会に配分し，そこから活動団体助成として補助が行われる，いわば社会福祉協議会をトンネルする方法が多かったが，直接配分を行う例が増えている。

b. 共同募金改革と今後のあり方

　中央共同募金会が設置した委員会がまとめた提言「新しい『寄付の文化』の創造をめざして」（1996年）では，それまでの共同募金の役割を評価しながら，「国民がいつでも，どこでも，自発的に寄付ができる文化的な風土」づくりと，「住民参加の福祉コミュニティの構築」という共同募金の使命を確認し，寄付もボランティアと位置づけた上で，寄付者が使途を選択できる募金制度（ドナーチョイス）の導入や，記念日募金などを呼びかけている。また，企業との連携強化や，配分対象範囲の拡大，配分申請の公募制の導入，先駆的活動への配分などの改革も提言した。

　この提言をうけて，各都道府県共同募金会はさまざまな改革を進めているが，

単に，募金を集めて配分するということだけではなく，その過程を通して，前述のように，以下に地域福祉の推進に寄与するかが問われている。また，共同募金の「計画募金」という特徴を生かし，たとえば社協の策定する地域福祉活動計画と連動させた総合的な福祉のまちづくりを進めるために重点的に配分するといった取り組みも期待される。

（2） 民間財源

　地域福祉活動を進める場合の財源は自ら確保しなければならないが，この場合の自ら確保するという中には，さまざまな助成金を賢く活用するという意味も含まれると考えてよいだろう。つまり，助成金を「受ける」のではなく「使う」ことができればよいのである。幸いインターネットによって，全国どこからでも瞬時に助成金に関する情報を入手することができる。ここでは民間福祉活動に対する助成金のいくつかを紹介しておこう。

a. 長寿社会福祉基金

　独立行政法人の「福祉医療機構」が国の拠出した原資をもとに運営するもので，長寿社会福祉基金，高齢者・障害者福祉基金，障害者スポーツ支援基金，子育て支援基金の4分野があり，それぞれの分野の趣旨に沿った活動を行う民間団体に対して助成を行っている。

b. 地域福祉基金

　多くの自治体に地域福祉基金が設けられ，その果実（利子収入）による助成が行われているが，利率の低下によって助成金額が減少するとともに，自治体収入の減少によって，従来は自治体の一般財源で負担していた費用を振り替えた例もあり，先駆的，開拓的な地域福祉活動に対する助成という本来の目的が見えにくくなっている。

c. 民間助成財団

　民間助成財団は，企業や企業の創設者などの拠出金によって設けられ，研究助成や奨学金などさまざまな助成を行っており，近年ではNPOに対する助成も増えている。民間助成財団は，財団としては公的規制を受けているが，助成内容そのものに対する干渉は受けないので，民間の独自性を発揮して，先駆的事業やユニークな事業などに助成をしている例が多い。

（3） これからの地域福祉の財源のあり方

　最後に，これからの地域福祉，特にその中での民間福祉活動に必要な財源の在り方を考えてみたい。その場合，本来の事業自体で資金を生み出すこと，資金獲得のために別な事業を行うこと，メンバー自身が「持ち寄る」こと，また，その事業に公益性がある場合は，公的費用の獲得も考えられるが，いずれの活動団体であっても，これからは，広く市民から資金を募ることを考えるべきであろう。そのためには，いくつかの仕かけが必要である。

　1つには，個々の団体がそれぞれで寄付を募る方法もあるが，かつて社会福祉施設が共同募金を作ったように，コミュニティファンドの仕組みをつくることである。コミュニティファンドという明確な定義はないが，ボランティアグループやNPOに対する助成を行うために，自治体や民間団体等が一定範囲の個人や企業などに呼びかけてファンド（基金）を設けるもので，公益信託や自治体の条例に基づく基金などの形態が考えられる。コミュニティファンドの設置には，幅広い個人や団体の支援が必要であることから，今後の民間福祉活動を支援する資金の望ましい姿を示している。すでにいくつかの先駆的取り組みもあるが，今のところは，多数の個人の拠出というよりも自治体中心の拠出が多くなっている。ただし，中には，市民が寄付をした金額と同額を自治体が拠出する「マッチングギフト」を採用しているところもあり，今後の拡大が注目される。また，共同募金の提案にあったようなドナーチョイスが実際に可能であれば，共同募金がこの仕組みを設けることも検討されてよいだろう。

　次に寄付を促進するための税制の整備である。自治体の中には，市民が納める個人住民税の1％相当を，自分の指定するNPO団体等の支援に活用するよう指定できる制度を整備したところがある。この仕組みは，税金の使い道を自治体に白紙委任（ただし首長選挙はあるが）するのではなく，一部とはいえ，自分の納得のいく使い方を選択できるという点で今後の展開が注目される。ただし，これは，地方税の範囲であり，国税，つまり国の段階では行われていない。もちろん，社会福祉法人や共同募金などに対する寄付は一定要件を満たせば所得控除の対象になるが，たとえば，任意団体である当事者組織やボランティア等に対する寄付は控除の対象にはならない。また，1998（平成10）年に誕生した特定非営利

活動法人に対する寄付も，通常の場合は寄附者に対する所得控除の適用はない。この点は関係者の働きかけもあり，国税庁長官が認定をした特定非営利活動法人（これを「認定特定非営利活動法人」という）に対して寄付をした者が税制上の優遇措置を受けられる仕組みが2001（平成13）年10月に導入されたが，認定要件が厳格なために，適用される団体は少数にとどまっている。確かに，国や自治体の最も基本的な収入源である税金を安易に控除することは避けるべきであるが，徹底した情報公開を進めながら，認定特定非営利活動法人の認定に当たっても採用されているパブリックサポートテスト9)などを活用しながら，市民の寄付の増進につながる税制を整備すべきであろう。

　さらに，資金循環という面から，融資制度にも言及しておきたい。すでに，信用金庫や信用組合など地域密着型の金融機関が，市民団体と共同で先駆的事業を行う特定非営利活動法人やコミュニティビジネス等に対して緩やかな条件で融資する制度が一部で始まっている。ある意味では，ベンチャービジネスに対する融資に近いが，助成が出したままで終わってしまい，次の原資が生まれない限り助成が継続できないのに対し，融資であれば，返還された資金を次に回すことができる。また，事業を行う側も，事業の一層の効率性に努めることになるだろう。事業の内容にもよるが，「融資」という方法も1つの財源確保の在り方といえるだろう。

注)

1) 「社会福祉事業法の施行について」（1951年6月4日，厚生省事務次官通知）
2) 法定化はされなかったものの，1950年の全国社会福祉協議会の調査によると，全市町村の83.3％にあたる4098市町村で社会福祉協議会が結成されていた。
3) 注1に同じ。
4) 1948年6月10日の衆議院厚生委員会において，竹田儀一厚生大臣は法案内容説明で，「第一に民生委員の選出方法の民主化をはかったことでありまして，民生委員法の主眼目の一は，いかにして適当なる民生委員を選ぶかにあり……」と述べている。
5) 現在は「給与を支給しない」（民生委員法第10条）と規定されている。
6) 東京都社会福祉審議会報告「東京都におけるコミュニティケアの進展について」（1969年），中央社会福祉審議会答申「コミュニティの形成と社会福祉」（1971年）などがある。
7) 老人家庭奉仕員は歴史的な経過から老人福祉法に明記されていた。

8) 2003年の実績では，募金総額 23,338,366,324 円のうち，個別募金が 17,024,401,454 円（72.9％）を集めている。
9) パブリックサポートテストとは，「収入に占める寄付金の割合を尺度とすること」をいう。この割合が低いということは，それだけ事業収入や特定の補助金などの割合が高いということであり，広く市民から支えられているとは言えないということになる。ただし，何割が適切かという絶対的な基準はない。たとえば，認定特定非営利活動法人の要件は，総収入額に占める寄付金額の割合が2割以上あればよいことになっているが，これも以前は，3分の1以上であった。

■演習問題■

1 1990年の「社会福祉事業法等福祉関係八法改正」によって，はじめて「地域」及び「地域住民」という用語が登場した。その積極的意義と限界について考えてみよう。

解説 1990年改正前・後の社会福祉事業法の第3条を対照することで，その違いを明確にできる。また，八法改正では，老人福祉法なども改正されているので，その概要を調べることで，地域や地域住民が登場した背景を知ることができるだろう。一方，社会福祉事業法制定の目的を正しく理解できれば，そこに地域住民を位置づけるうえでの限界も明確になる。

2 2000年に成立した社会福祉法の中で，地域住民は具体的にどのように位置づけられているか考えてみよう。また，その趣旨を踏まえて，地域住民が実際にどのような活動をしたり，役割を発揮できるか考えてみよう。

解説 社会福祉事業法から社会福祉法への改正は，名称だけでなくその性格を大きく変えた。
また，その結果，新たな事業も創設された。地域住民が地域福祉の担い手となったという理念だけでなく，計画の策定や，社会福祉協議会，共同募金，利用者の権利擁護のための各種事業等，さまざまな場面で地域住民の役割が考えられる。まず，これらの事業内容を正しく理解し，その上で，地域住民の役割を考えてみたい。

3 これからの民間福祉活動を支える財源の在り方を考えてみよう。

解説 民間福祉活動の財源は，その柔軟性や先駆性などを失わないためにも，できるだけ多様な方法で確保されることが望ましい。ただし，その具体的方法に関して一つの決められた答えがあるわけではない。先駆的事例なども調べながら，さまざまな方法の可能性を探ることが重要である。

第12章 | 環境
生活環境とまちづくり

▶本章で学ぶこと　私たちの生活は，大きく捉えれば住民個々人が持つ力と，その生活基盤として存在する地域社会の環境によって規定されているが，近年特に地域福祉を推進していくための生活環境に着目し，その改善や整備が進められているところである。これらの環境改善・整備はまちづくりとの関係で，ハード面からのアプローチを中心として取り組みがなされているが，私たちの生活を支えていくこうした環境基盤は，何もハード面からのみ進められているものではない。むしろ地域福祉との関連でいえば，住民の意識改善や情報の公開，自己決定の促進などを図っていく，ソフト面からのアプローチが重要になってくる。

本章では，住民がよりよい地域生活を送っていくうえで必要とされる生活環境整備の考え方やその内容について注目し，その取り組みについて考察していく。とくに，ハード面からばかりでなくソフト面からの環境改善について着目し，地域社会の中で安心できる生活を送っていくための仕組みづくりについて，考えてみたい。

[Key Concepts]

ソーシャル・インクルージョン　バリアフリー　ユニバーサルデザイン　小規模生活単位（ユニットケア）　グループホーム　障害者基本法　ハートビル法　交通バリアフリー法　福祉有償運送　第三者評価事業　地域福祉権利擁護事業　運営適正化委員会　オンブズパーソン制度　社会福祉基礎構造改革　総合的な学習の時間　ボランティア活動　福祉NPO活動　ボランティア・コーディネーター　特定非営利活動促進法　接近性（アクセシビリティ）

1. 地域福祉と生活環境・まちづくり

（1） 地域福祉の推進と生活環境整備・まちづくり意識の高揚の必要性

　現在の社会福祉分野の中で，地域福祉の推進は最も注目されているところである。こうした地域福祉の推進に当たっては，今の社会福祉の状況を反映してか「在宅福祉サービスの提供」にとかく関心が集中する傾向にある。確かに，地域福祉を構成する要素についてのさまざまな説を見ても，その多くは「在宅福祉サービス」を中心に構成されており[1]，地域福祉の中核に在宅福祉サービスの提供があることは間違いない。

　しかしながら地域福祉の推進は，こうしたサービス提供のみによって進められているものではない。そこには，課題や障害をもっていたとしても地域で生活できる環境の整備とサービス提供が不可欠であると同時に，地域の住民がノーマライゼーションやソーシャル・インクルージョンの思想を持ち，その具現化としての行動，たとえばボランティア活動などがふんだんにあること，そしてそれらが広い意味での「まちづくり」につながっていくことが求められていると考えられるだろう。つまり，地域福祉の推進に当たっては在宅福祉サービスの提供は不可欠であるが，それと同等に「生活環境の整備」と「地域住民の福祉意識／まちづくり意識の高揚」という2つの視点が必要とされているといえる。それは，在宅福祉サービス等のサービス提供や直接的な支援がいくら豊富に用意されていたとしても，サービスを効果的に利用できるような住宅や地域の生活環境が整っていなかったり，またそうしたサービスがあることを知らなかったり，どのように利用したらよいのかがわからなかったりすれば，結局のところ利用希望者がサービス提供まではたどり着かず，地域住民の生活課題も解決されないということになるからである。

　それゆえ，このような「生活環境の整備」及び「住民のまちづくり意識の高揚」は，地域福祉を推進していくための「社会的な基盤」となる部分であり，この部分を固めていくことが，地域福祉の推進には不可欠であるといえるだろう。

（2）「生活環境の整備」と「住民のまちづくり意識の高揚」の考え方

　本章では，この「生活環境の整備」と「住民のまちづくり意識の高揚」という2つの視点から，地域福祉の推進について考えてみる。

　前述のとおり，この両者は地域福祉を推進していくための「社会的な基盤」となる部分であるが，ここではその内容を整理し，別のものとして分けて考える。必ずしもきちんと二分できるわけではないが，区分を意識して述べてみたい。

　最初の「生活環境の整備」を，住宅や道路，公共施設や移動手段といった「物質面（ハード面）での環境整備」として考え，バリアフリーやユニバーサルデザインの考え方を紹介しながら，特にハード面での生活基盤となる住宅環境や公共施設等の整備を中心に考察する。

　もう1つの「住民のまちづくり意識の高揚」については，情報の提供や開示，福祉教育，福祉意識の醸成や住民参加の活動など「意識面・人材面（ソフト面）での環境整備」として考え，住民が主体的に地域福祉に関わることができるよう意識面への働きかけを中心とした分野について考察をする。

（3）バリアフリーとユニバーサルデザインの考え方

　これら2つの視点から地域福祉の推進を考えた場合，ハード面においてもまたソフトの面においてもその基礎となる考え方として，「バリアフリー」と「ユニバーサルデザイン」という言葉をよく耳にする。これらの言葉は福祉分野に限らず，生活環境の改善やまちづくりの分野などでもよく出てくる言葉だが，具体的な環境整備の内容に触れる前に，これらの言葉の持つ意味を今一度おさえておくことは，今後の地域福祉の推進を特に環境面で考えていく場合には，必要なことだろう。以下，簡単に「バリアフリー」と「ユニバーサルデザイン」の2つの考え方に触れておく。

　2000(平成12)年版の障害者白書によれば，バリアフリーとは「障害のある人が社会生活をしていく上で障壁（バリア）となるものを除去（フリー／自由に）する」という意味で用いられている[2]。バリアフリーの考え方は，国連の機関連絡会議の提言を受けた専門家会議が1974年にまとめた「バリアフリーデザイ

ン」という報告書の提言から始まっているといわれる。その後，1982年には「国連障害者の10年」の目標として「障害者に関する世界行動計画」が定められ，この計画の重要な柱として「物理的，社会的な障壁の除去（すなわちバリアフリー）」が盛り込まれた。

わが国では1970年代より，福祉のまちづくりとの関連で，建築物等のバリアフリーについてさまざまな取り組みが行われているが，1993(平成5)年に策定された「障害者対策に関する新長期計画」の中で，バリアフリー社会の構築を目指すことが正式に提示された。その後2000(平成12)年3月に，政府は内閣に「バリアフリーに関する関係閣僚会議」を設置し，国レベルでの積極的な取り組みが行われるようになっている。

バリアフリーの考え方を理解するためには，バリア＝障壁がどのようなものであるのかということを理解しておく必要がある。先に述べた障害者白書では，バリアの考え方を①「物理的なバリア」（公共施設や交通機関・道路等のバリア），②「制度的なバリア」（資格取得等にかかる障害者の欠格事由など，法律や制度に関するバリア），③「文化・情報面でのバリア」（情報の取得・提供に関するバリア），④「意識上のバリア」（社会の中にある偏見等心のバリア）の4つに分けて示している。すなわち，バリアフリーの考え方は，こうした4つのバリアの考え方からもわかるように，単に物質的な障壁＝バリアを除去するだけではなく，

表12-1 バリアの種類

物理的バリア	歩道の段差，車いす使用者の通行を妨げる放置自転車や電柱等の障害物，乗降口に段差のある車両構造のバス，鉄道・地下鉄等の駅の狭い改札口やホームまでの段差，施設等の出入り口の段差等の物理的障壁等
制度的バリア	障害があることを理由に資格・免許などの付与を制限する（欠格条項），社会慣習，教育制度，施設の管理（入場制限）等の制度的な障壁
情報・文化のバリア	音声案内，展示，手話通訳，字幕放送，わかりやすい表示の欠如などによる文化・情報面での障壁
心理的バリア	心ない言葉や視線，人間としての尊厳を傷つけるような扱い，障害者を庇護されるべき存在として捉える等の意識上の障壁

出典：三星昭宏監修『福祉をひろげる』地域福祉自治研究所，2004年，p.83

文化や情報，あるいは意識といった目に見えないソフト的な障壁を取り除くということも含まれているのである（表12-1は具体的なバリアの内容について例示している）。

こうしたバリアフリーの考え方は，今日では日常の生活に障害をもつ人にとっての障壁を除去するという意味で，大きな成果を上げてきた。しかしながらバリアフリーの考え方は，すでにできあがっているものを改良して，あるいは意識を「変えて」対応するということが主であり，成果が思うように期待できなかったりまた条件に制約ができてしまうなど，取り組み上の問題点も多い。

そこで，最初からすべての人が共通して利用できるようなものや環境，制度などを作っていこうとする「ユニバーサルデザイン」という考え方が提唱されるようになった。ユニバーサルデザインの考え方の基本は，「すべての人のためのデザイン」ということであり，誰が使っても使いやすく，見た目が良いという物を作り出していくことにある。もともとこの考え方は，アメリカ・ノースカロライナ州立大学の故ロン・メイス（Ron Mace）教授によって提唱されたものである。彼のこの考え方は，同大学のデザイン学科ユニバーサルデザインセンターに継承され，現在に至っている。センターではユニバーサルデザインの考え方を「すべての人にとって，できる限り利用可能であるように，製品，建物環境をデザインすることであり，デザイン変更や特別仕様のデザインが必要ないもの」とし，これをより具体化していくために「7つの原則」を規定している（表12-2参照)[3]。ユニバーサルデザインの考え方は，誰もが住みやすいまちづくりの観点では，今後必要な視点として位置づけが増してくると考えられよう。

2. ハード面から見た生活環境とまちづくり

（1） 生活の基盤となる住宅環境の整備

いくら道路や公共施設のバリアフリー化が進んだとしても，生活の基盤をなす住宅環境が貧しいものであったら，私たちの生活自体が豊かなものには到底なり得ないだろう。地域で生活する住民にとって，ハード面からの生活環境整備を考える場合，まず第一に考えなければならないのは，生活の基本となる住宅環境が

表 12-2　ユニバーサルデザインの 7 原則

① 誰にも公平に利用できること（さまざまな能力の人が使いやすく市場性のあるデザイン）
② 使う上で自由度が高いこと（個人的な好みや能力の広い範囲を許容するデザイン）
③ 簡単で直感的に分かる使用法（ユーザーの経験，知識，言語力，あるいはその時の集中力のレベルに影響されることなく，使い方が理解されやすいデザイン）
④ 必要な情報がすぐに分かること（取り巻く条件やユーザーの感覚的能力と関わりなく，ユーザーに対して効果的に必要な情報を伝達するデザイン）
⑤ エラーの許容性（予期しないかあるいは意図しない動作のもたらす不利な結果や危険を最小限にするデザイン）
⑥ 低い身体的負荷（効率がよく，心地よく，しかも疲れの少ない状態で活用されるデザイン）
⑦ 近づいて使うための大きさとスペース（適切なサイズと空間がユーザーの体の大きさや姿勢，あるいは運動能力と関わりなく，近づいたり，手が届いたり操作したりするために十分に整えられているデザイン）

出典：三星監修，前掲書，p.84

快適でしかも安心できるものでなければならないということである。

　福祉と住環境整備との関係に詳しい早川和男は，「……居住の安定がなければ，これからの社会は成り立っていかない。高齢社会の福祉など成立しようもない。『住居は人権であり，福祉の基礎である』という考えは，その意義をましているように思う」と述べている[4]。早川は自らの研究で，住民が生活する居住環境ストックを充実させることが，その地域がもつ福祉的機能を向上させ，また「まちづくり」や防災にも大きな効果を及ぼすと述べているが，このことは本章で主題としている「地域福祉推進のための環境整備」への 1 つの重要な提言であるだろう。そのため国は高齢者や心身障害者に対し，老人世帯向公営住宅や心身障害者向公営住宅等の公営住宅を建設し，住宅困窮者への住宅供給を行ってきている。また高齢者住居に関しては，2001（平成 13）年に「高齢者の居住の安定確保に関する法律」を制定し，民間活力を活用した高齢者向けの賃貸住宅の供給促進を図っている。

　しかしながら地域福祉を推進させていく上で，単に「住む」場所としての住居を確保すればよいというものではない。その住居がもつ機能を充実させ，だれもが住みよい，そして安全な住居を提供することが，地域福祉との関連で住宅環境の整備には重要なことである。そのためには，既に住宅として使用されている住

居のリフォームを進め，前述したバリアフリー対応のものにしていくとともに[5]，新たに建築される住宅に対して，高齢者や障害者が安心して生活できるような基準を設定していくことが必要となる。わが国では1994(平成6)年に，当時の建設省（現国土交通省）が「長寿社会対応住宅設計指針」を発表し，公営住宅については基本的なバリアフリー対応が必須と規定された。しかしながら，民間の住宅についてはこの規制の法的拘束力はなく，今後の課題とされている。

また福祉との関連で居住環境について触れる場合，社会福祉施設，特に入所施設の状況についても，ふれておく必要がある。居住環境は生活の中で連続して維持されるべきであり，在宅生活が無理になった場合の施設の居住環境があまりにも変化のあるものであっては，そこで生活する市民の生活にも大きな影響を及ぼすことになる[6]。その点でわが国の社会福祉施設は長年の間，生活施設というよりも収容施設として位置づけられてきたが，現在ではその性格も変化が見られる。たとえば「特別養護老人ホームの設備に関する法律」（1999年3月）では，特別養護老人ホームを大規模な集団生活型の施設ではなく，「小規模生活単位型（ユニットケア・個室化）」で考えるということが打ち出され，高齢者個人のプライバシーを守ると共に，高齢者の自己決定ができるための配慮を行っている。加えて施設の規模も大規模型ではなく，共同生活型（9人以下）の集団として，「グループホーム」の設立が相次いでおり，これまでの在宅での生活になるべく近づけようとしてきている。

さらに，施設の社会化・地域化と呼ばれる試みが進められており，その機能の一部を施設居住者以外にも利用できるようにしたり，さまざまな公共機関（たとえば役所の出張所や地区センターなど）を併設し，さまざまな方々に施設の存在を知り利用してもらうことで，住民に福祉的な視点を醸成してもらうとともに，複合的な機能を備えることで地域福祉の拠点として，機能していくことが社会福祉の施設には今後望まれてくるであろう。

（2） アクセスを可能にする各種利用条件の整備

近年のわが国では，公共的な建築物についての環境の整備は，以前に比べるとかなり進んだといえるだろう。とくにその動きは，1993(平成5)年の「障害者基本法」で国及び地方公共団体が公共的な施設の設備について，障害者の利用便宜

についての規定を設けたのを受けて，翌1994(平成6)年には「高齢者，障害者等が円滑に利用できる特定建築物の建築の促進に関する法律（通称：ハートビル法。2003年4月に改正）」[7]が制定され，公共建築物の他，大規模な商業施設や娯楽施設などの民間事業者も含めて，障害者等が使いやすくする配慮をするように規定が設けられた。こうした建築物に対する環境的な配慮は，公共の建物を中心に整備が進められている。

また建築物等の環境整備と併せて，移動環境の整備・改善も取り組みが進められている。2000(平成12)年には「高齢者，身体障害者等の公共交通機関を利用した移動の円滑化の促進に関する法律（通称：交通バリアフリー法）」が定められ，高齢者や障害者等が公共の交通機関を利用する際の移動の利便性・安全性（駅等旅客施設及び車両のバリアフリー化，駅前環境の整備など）について定めている。さらに「障害者の明るいくらし促進事業（1998年7月）」では，都道府県・指定都市に対して障害者の社会参加を図るための各種事業（外出介護員／ガイドヘルパーの派遣や，自動車免許取得への補助など）が展開されているし，市町村レベルでは「市町村障害者社会参加促進事業（1998年7月）」において，同じく自動車運転免許の取得支援事業やリフトバスの運行等具体的な移動手段確保対策の支援を行い，移動手段における環境整備を進めている。

移動環境整備に関する新たな動きとして，介護保険事業の拡大等により，高齢者や障害者に対する自動車を用いた「福祉有償運送」[8]のニーズが増加しているが，これまでこうした要介護者等の輸送（送迎）に関しては法的な規制がなく，自家用自動車（白ナンバー車）を用いた有償輸送は従来の道路運送法上の規定に抵触，また安全管理上も問題があると指摘されてきた。これに対し国土交通省は，2004(平成16)年3月に「NPO等非営利法人による有償要介護者等輸送」[9]について，一定の条件の下で自家用自動車の有償運送許可を取得し，あらかじめ会員登録された会員を輸送する場合のみ，有償運送ができるとしたガイドラインを示した。今後国は各都道府県や市町村に対し，運営協議会等を設置して許可取得の誘導をしていくようである。利用者の安全，サービスの質的な向上等の観点からいえば，こうした動きは歓迎すべきことであるが，許可制にすることで，利用者の使いやすさやサービスへの接近性（アクセス）に新たな障壁（バリア）が生まれないよう，留意していくことが重要である。

こうして，わが国において建築物や移動交通等の環境整備を進める動きは着実に進められてきているが，諸外国の動きとの関連で見てみるとその対象が限定されていたり，民間事業者への影響力・指導力などの面で，今後に向けての課題は多いといえる。こうした環境整備の動きは，まだまだ始まったばかりであるといえるだろう。

3. ソフト面から見た生活環境とまちづくり

(1) 自己決定を促すための情報の提供と開示

前節では主に，建築物等のハード面を中心とした環境整備について述べてきたが，バリアフリーやユニバーサルデザインの考え方を浸透させ，地域福祉を推進させていくためには，住民の主体的なまちづくりの動きやその意識を啓発・高揚すること，および制度や情報，心理面での環境づくりを進めていくことが不可欠である。

90年代以降の社会福祉の分野においては，福祉サービス等の利用者を広く地域住民全般としながら，そうしたサービスの利用に当たっては利用者自身の主体性を重視し，自己決定を支援する援助の動きが制度の中にも盛り込まれてきている。社会福祉法第3条は福祉サービス提供の基本理念をうたっているが，ここでは福祉サービスを，利用者の自己決定による「自立」を「支援する」ものでなければならないこととしている。[10]それを受けて同法では，第75条以下で情報提供等のあり方について，とくに社会福祉事業者等が留意すべき「福祉サービスの適切な利用」についての規定を定めている。すなわち，社会福祉事業の経営者に対し，福祉サービス利用者がサービスを適切に利用できるように（情報面で・括弧内筆者）配慮すること（第75条），利用契約に当たっての説明の徹底（第76条）などが規定されている。このことは，地域で生活する住民が自立した生活を送れるようにするために，サービス提供者側からの一方的な情報提供だけではなく，双方向で情報のやりとりをしていくことの必要性を規定したものである。そしてこのことは，とかく「情報弱者」になりやすい福祉サービス利用者の，情報面でのバリアを除去するためのものとして位置づけられるだろうし，地域福祉を

推進していくための今後の生活環境整備の視点としては重要なものであろう。

　一方で，情報の提供・開示が住民に対してもたらす「リスク（たとえばプライバシーや人権の侵害，苦情処理など）」についても，その対応を考えておく必要がある。社会福祉法では国に対し，事業者が提供するサービスを第三者が客観的な立場から適正に評価する仕組みを設けて，市民に対して良質のサービス（情報含め）が提供できるように努めること（第三者評価事業・第78条），都道府県社会福祉協議会に対して，福祉サービス利用援助事業に従事する人材の資質向上や利用に当たっての普及啓発をはかることを課し（地域福祉権利擁護事業・第81条），社会福祉事業経営者に対する苦情解決の努力（第82条），及び苦情解決のために「運営適正化委員会」を都道府県社会福祉協議会に設けること（第83条）などが，前述した「リスク」への対応として用意されているところである。

　しかしながら，こうした一連の情報提供・情報利用およびそれに関連するリスク回避に関連する流れは，やはり利用者である地域住民への働きかけがまずもって必要であろう。リスクの内容は個別性の高いものがほとんどであり，また一連の福祉サービス利用と直結していることから，サービス利用者がリスクを感じてもその解決までを単独で行うことには無理がある場合も多い。こうした場面に対処していくためには，中立的な立場でサービス利用者の人権を擁護する役割の「オンブズパーソン制度」[11]を充実させていくことも重要であると考えられるだろう。

（2）　福祉教育の推進と展開

　ソフト面における生活環境整備という点では，福祉教育の推進は欠かすことのできないものである。

　地域福祉との関係で現代の福祉教育の必要性を取り上げた場合，2つの重要な役割を見つけ出すことができる。1つは，福祉のまちづくりを進めるために「社会連帯の考え方・意識を育てて，積極的な社会参加をうながす」ことである。このことは福祉教育の場・機会が生涯を通じて提供されることで，一人ひとりが地域の福祉課題を身近なものとして捉えることができるよう，意識醸成を行うということである。1993(平成5)年に国が発表した「国民の社会福祉に関する活動への参加の促進を図るための措置に関する基本的な方針」によれば，国民が福祉活

動に積極的に参加をしていくためには福祉活動そのものへの理解をもつことが必要であり，その具体的な措置として「福祉教育」が位置づけられている。そしてこのことは，その後の「社会福祉基礎構造改革（中間まとめ）」で，地域住民が主体性を持って積極的に（地域の）活動参加することで，「福祉文化の創造」を進めるべきとしたことにつながるものである。

現在こうした意識醸成のための「福祉教育」は，具体的な施策の中でどのように展開されているのであろうか。意識醸成という点での最も大きな動きは，2002（平成14）年より全国の小中学校で始まった「総合的な学習の時間」の設置であろう。これは，国際理解・情報・環境と並んで福祉・健康が学校教育の教科に初めて取り上げられ，学校の授業で実施されているものである。これまで，幼少期からの福祉意識の醸成の必要性がさけばれながら実現できないでいたのが，これを機会に全国レベルで展開されることになった。しかしながら，教員自身がこうした福祉教育の経験に乏しい中で，実際のカリキュラム等は千差万別で整合性に欠け，必ずしも本来の福祉教育の意味が子どもたちに浸透していない実情が伝えられている[12]。今後は学校と地域，福祉実践現場が互いに連携し合い，真の意味で意識醸成が図ることができる福祉教育プログラムをつくっていくことが早急の課題であろう。

もう1つは90年代以降の社会福祉改革の流れの中で，サービスの利用者である住民が「自ら選択し契約する」福祉サービスの枠組みをつくり，自立した生活を送っていけるようにするために，本節(1)で見た十分な情報提供とその開示に加えて，その情報をきちんと使うことができる住民の判断力と契約能力の育成ということであり，言うなれば地域で自己決定・自立生活をしていく上での「主体性を形成する」ということである。

この「サービス利用者としての主体性の形成」を福祉教育の場面で考えたとき，最も良い実践の場面は「介護保険制度によるサービス利用時」であろう。介護保険制度においては，サービス利用者である被保険者が「消費者」としてサービスを主体的に選択し，契約・利用を行っていくというシステムをとっている。制度発足後数年が経ち，さまざまな運営のノウハウが蓄積されてきたが，消費者としてのサービス利用者への福祉（消費者）教育は十分に行われているとは言い難い。この場合，単に商品としてのサービスに関する知識を習得するというだけ

でなく，そのサービスを用いて自分の生活がどのように成り立っていくのか，どのように改善されるのかといった将来的な展望がもてるように，本人（利用者）の生活を本人自身が主体的に選択し，つくっていくことができるようにするのが理想である。その際，情報の収集，自分に最も良いと思われるサービスの選択・判断，契約書の作成に関わる知識，そのサービスが自分にとって良いのか悪いのかを判断する評価能力など，主体性の形成のために実施しなければならないことは多い。今後こうした教育の場面を，誰が，どのようにもっていくのか，その評価をどの程度行えるのか，考えるべき課題は多い。

（3） さまざまに展開する住民参加のかたち

住民が主体的に福祉のまちづくりに関わっていくためには，「積極的な地域福祉活動への住民参加」を実現することも重要である。住民参加のかたちについては，現在ではさまざまなものがあるが，ここでは地域福祉の推進という視点から，ボランティア活動とNPO活動の2点に絞って述べてみたい。

わが国のボランティア活動は阪神・淡路大震災以降，活動への関心と実績は着実に伸びている。表12-3は，全国の社会福祉協議会において把握されているボランティアの総人数であるが，2003（平成15）年4月にはその数は約780万人にのぼり，1980（昭和55）年の約5倍の数となっている[13]。また，数だけではなく活動の内容を見ても，2002（平成14）年の調査では[14]複数のテーマを設定しているグループの中で，「まちづくり」が20.8％，「環境保全，自然保護」が15.8％と，社会福祉協議会に登録するボランティアであっても，福祉活動以外の分野で活躍するボランティアグループの数は増えている。

このようなボランティア活動の動きを見てみると，少なくともその活動が福祉分野だけでなく，活動範囲が多様な領域に拡大しているということや，その活動に参加する層も以前とは異なっているということがいえるであろう。

たとえば近年，定年退職後の男性ボランティアの数が急増しているといわれる。平均寿命が年々伸長し，退職後の人生において，仕事以外の生きがいを見つけ出すことが重要になっている現代では，生きがいの場面をこうしたボランティア活動に求めているということの現れではないだろうか。またこのような方々の中には，過去の仕事の経験を活かして活動を行う人や趣味を活動に結びつけてい

表 12-3 ボランティアの推移（把握人数）

(単位：団体，人)

調査時期		ボランティア団体数	団体所属ボランティア数	個人ボランティア数	ボランティア総人数
1980（昭和 55）年	4月	16,162	1,552,577	50,875	1,603,452
1985（昭和 60）年	4月	28,462	2,699,725	119,749	2,819,474
1991（平成 3）年	3月	48,787	4,007,768	102,862	4,110,630
1995（平成 7）年	3月	63,406	4,801,118	249,987	5,051,105
1996（平成 8）年	3月	69,281	5,033,045	280,501	5,313,546
1997（平成 9）年	4月	79,025	5,121,169	336,742	5,457,911
1998（平成 10）年	4月	83,416	5,877,770	341,149	6,218,919
1999（平成 11）年	4月	90,689	6,593,967	364,504	6,958,471
2000（平成 12）年	4月	95,741	6,758,381	362,569	7,120,950
2001（平成 13）年	4月	97,648	6,833,719	385,428	7,219,147
2002（平成 14）年	4月	101,972	7,028,293	367,694	7,396,617
2003（平成 15）年	4月	118,820	7,406,247	385,365	7,791,612

出典：全国ボランティア活動振興センター『ボランティア活動年報2003』

る人などもおり，ボランティア活動分野の広がりにも，こうした方々の影響が少なからずあるのではないかと考えるのである。つまり，ボランティア活動そのものを以前のような福祉活動として限定的に捉えるのではなく，自分の自己実現，社会参加の場として広く位置づけて捉えようとしている動きが見て取れるということであり，このことこそ，福祉のまちづくりを推進していくに当たっての重要なポイントであろう。無論，活動が広がってきた要因については，こうした退職者層の要因だけのものではなく，若年世代からの福祉教育の効果だとか，またマスコミの影響なども大きく影響をしているだろうが。

　それでは今後に向けて，ボランティア活動をより活発なものにしていくためにはどのような支援の視点が必要であろうか。それには，活動の展開プロセスに応じた支援を考えていくことが重要であると考えられる。すなわち，①市民のボランティア活動への関心そのものを高めること（ボランティア活動についての情報提供や福祉教育といった，前段で説明したこととリンクする），②関心を具体的な活動につなげて参加を促すこと（実際に活動に結びつけるための支援や，積極

的に活動に入っていけるように間口を広げる支援），③参加した活動に積極的に関わることができるよう援助すること（活動の意味や必要性を体感し，自身が活動の中で主体性を持って参画できるよう支援すること），④活動をより広く展開させていくための支援（活動基盤を安定させ，次のステップ／たとえばNPO化など，が考えられるよう支援をすること），などがその視点として考えられるであろう。

さらに，こうした視点で具体的にボランティア活動の支援を行っていくためには，各市町村エリアよりも小さな単位で，支援活動を行っていくための人材（たとえばボランティア・コーディネーター）の配置や，ボランティアが集ったりまた研修会等が開催できる「拠点づくり」も必要であるだろう[15]。

もう1つのNPO活動についてであるが，ここではNPO法で規定されている「NPO法人」を中心にして，活動分野で最も多い「福祉NPO活動」について，福祉のまちづくりにおける必要性と今後に期待されるものを述べたい。

NPO法人は，2004（平成16）年5月には約16,000の団体が全国で認可を受けたが，そのうちの約6割が「福祉・保健」活動を活動の柱に据えている。NPO活動が福祉のまちづくりとの関係で重要視されるのは，その組織としての位置づけが明確になり，地域での重要な社会資源になったということにあるだろう。

組織としての位置づけについて，「特定非営利活動促進法」制定以前の福祉活動団体は，どんなに組織的に大きなものであっても，またその活動内容が整備されたものであっても，「無認可団体」あるいは任意の「ボランティア団体」として，組織的な権限の譲渡や社会的な認知を受けることがなかった。NPO法によって法人として活動をすることで，制度上法的な権限を取得することができ，事業運営体として社会的な認知のもとに，さまざまな活動や提案を実施しても，社会的な発言力として認められるようになったということである。このことは，福祉のまちづくりを進めていく上で，その発言に重要性が増したという意味では，非常に大きな進歩だと考えられる。

さらに，NPO法人は組織として有償の活動を実施することが前提となっているが，その性格は非営利の団体であり，多くを占める「福祉NPO活動」団体も，非営利の法人組織として種々の事業，とりわけ介護保険事業への参入も認められており，福祉サービスの実施を通して，市民団体が長期にわたって地域社会

に関わることができる素地ができたことで，福祉のまちづくりに積極的に関わる可能性ができたということではないだろうか。

4. 利用しやすい生活環境を整備していくために

　本章では，地域福祉を推進していく上での，物質面（ハード），意識・人材等（ソフト）の両面からの生活環境の整備について論じてきた。実際の生活環境整備については，ここで触れているもの以外にもさまざまなものが考えられるであろうが，ハード，ソフトの両方の面がバランス良く整備され，地域社会の中に浸透していくことが，今後の地域福祉推進には強く求められるだろう。

　しかしながら誰もが住みやすい，福祉のまちづくりを進めていくに当たって最も重要なのは，単に生活環境の整備・改善を図り，制度的・意識的な改革をするだけではなく，それらの環境整備・改善が誰にでも解りやすく，使いやすく，利用しやすいものであるということである。言うなれば，こうした環境への接近性（アクセシビリティ）を高めるということであり，このことは本章の最初でも触れた「バリアフリー」「ユニバーサルデザイン」の考え方を，ハード面だけでなく，意識面や人材面といったソフト面においても徹底することが重要であるということではないだろうか。

　そのために必要なのは，やはりこうした考え方ができる人材をきちんと育成し，将来的な展望をもった生活環境の整備を図っていくということであろう。この人材育成というのは，何も福祉分野で働く方たちばかりを対象にしたものではない。広くすべての地域住民に対して，福祉的な視点が持てるよう人材育成を進めるべきだろう。

　いくら建築物をバリアフリー構造，ユニバーサルデザイン仕様にしたとしても，それを設計したり建設したりする人たちに，バリアフリーやユニバーサルデザインの思想が伝わっていかなければ，本当の意味で福祉のまちづくりは進んでいかないのではないだろうか。

注）

1) 新版・社会福祉学習双書編集委員会編『新版社会福祉学習双書7　地域福祉論』全国社会福祉協議会，2001年　p.19.
2) 総理府編『平成12年版　障害者白書』2000年
3) The Center for Universal Design, NC State University『THE PRINCIPLES OF UNIVERSAL DESIGN』1997.
4) 早川和男『居住福祉』岩波新書，1997　p.226.
5) 介護保険制度における住宅改修事業などがこれにあたる
6) スウェーデンの例を参照。全国社会福祉協議会『老人の介護・福祉施設の国際比較研究報告書』1993　p.108-109.
7) ハートビル法は2003年4月に一部改正された。主な改正点としては，特定建築物の範囲の拡大，特別特定建築物の建築等についての利用円滑化基準への適合義務の創設等
8) 福祉有償運送とは，NPO等が高齢者や障害者等公共交通機関を使用して移動することが困難な人を対象に，通院，通所，レジャー等を目的に有償で行う送迎サービスのことをさす。
9) 国土交通省自動車交通局長通知「福祉有償運送及び過疎地有償運送に係る道路運送法第80条第1項による許可の取り扱いについて」国自旅第240号，2004年3月16日
10) 社会福祉法令研究会編集『社会福祉法の解説』中央法規出版，2001年，p.110.
11) 一般には公益的の事務や制度に対して，市民的立場で監視し，苦情を申し立てると共に，必要に応じてその対応を図る人。山縣・柏女編著『社会福祉用語辞典』ミネルヴァ書房，2002年，p.30.
12) 原田正樹「福祉教育プログラムの構造とその実践課題」阪野貢編著『福祉教育の理論と実践』相川書房，2000年
13) 全国ボランティア活動振興センター『ボランティア活動年報2003年』調査は全国ボランティア活動振興センターが毎年実施しているもの。
14) 全国社会福祉協議会『全国ボランティア活動者実態調査報告書』2002年8月
15) 横浜市では地域ケアの拠点として，区域よりも小さな地域に「地域ケアプラザ」を設置し，ボランティア活動を含む地域住民のための活動に対し，各種の便宜を図っている。2004年11月現在，全市に100館が設置されている。

■演習問題■

1 「バリアフリー」と「ユニバーサルデザイン」の概要について述べ，福祉のまちづくりの視点から，それぞれの特徴をまとめなさい。

解説　バリアフリーとは「障害のある人が社会生活をしていく上でバリア（障壁）となるものを

除去（フリー／取り払う）するという意味で用いられている。バリアというと，ハード面での障壁を強くイメージしがちだが，物理面なものの他に，制度面，文化・情報面，意識面なども含まれることが重要である。ユニバーサルデザインとは「誰が使っても，使いやすいデザイン」のことを指し，障害のあるなしにかかわらず，誰もが接近（アクセス）することができるものや制度のことを言う。どちらも福祉のまちづくりには重要な視点であるが，バリアフリーは現状でできあがっているものの改良を試みるという事が主であり，最初から使いやすさを想定して作るユニバーサルデザインの考え方とは差異がある。

2 福祉のまちづくりを進めていく上で，「福祉教育」が何故重要なのか説明しなさい。

解説 本文では二つの点について解説を加えている。一つは，福祉のまちづくりを進めていくためには，自分たちのまちのことは自分たちが共に考え，作っていくことが重要だという「社会連帯」の意識を醸成し，社会参加の必要性や考え方，方法などについて学ぶ場を提供するということである。

　　もう一つは社会福祉の制度・サービス提供の仕組みが変化していく中で，サービス利用者としての住民が，自らの意志でサービスの利用を決定し，使うことができるよう「サービス利用者としての主体性の形成」を，福祉教育を通じて学ぶと言うことである。このことは，地域住民が福祉のまちづくりの主体としてそれぞれが行動していくためには，地域社会においての主体性を持つことが必要であるということである。

3 福祉のまちづくりを推進していく上で，「福祉NPO活動」が果たす役割について説明しなさい。

解説 NPOの中でその多くを占める「福祉NPO活動」は，特定非営利活動促進法の施行以後「NPO法人」格の取得が進み，介護保険事業をはじめとしたさまざまな事業に参入し，サービスの提供主体としての位置付けを増している。こうした福祉NPO活動に携わっている団体は，ボランティアとして地域での活動に携わってきた経緯を持っていることが多く，住民の意見を反映した福祉サービス提供事業を行っているという点で，住民の福祉活動への理解と関心を高めるために大きな効果をもたらしている。またサービスの提供主体としてだけではなく，福祉NPO活動を通して生活環境の基盤整備等へ積極的な提案や住民意見の集約をしている場面が多く見られることなど，福祉NPO活動が福祉のまちづくりに果たしている役割は大きい。

第13章 | 関連領域
地域福祉の推進と保健・医療・福祉等の連携システムの構築

▶本章で学ぶこと　現在，地域生活において支援を求める高齢者・障害者等の生活課題（ニーズ）は複合的なものであり，総合的な地域生活支援の実践が求められている。ある高齢者・障害者等の地域生活支援の計画は，地域福祉の構成要素である「地域ケアサービス」「予防・福祉増進サービス」「環境改善活動」「組織化・福祉コミュニティの構築」の視点から検討される必要があり，その計画には，保健・医療・福祉等の専門機関，サービス提供事業者・福祉施設，NPO や地域住民の福祉活動等による支援が盛り込まれる。これらは，高齢者・障害者等の生活課題（ニーズ）解決のための資源である。

　本章では，この地域生活支援の実践における保健・医療・福祉等の専門機関・施設・事業者をはじめ，民生委員，NPO，住民福祉活動等の連携のあり方について検討する。さらに，生活課題（ニーズ）を解決するための実際の資源連携システムを紹介し，分析を加えることによって，資源連携のシステムとマネジメントのあり方を明らかにしたい。

[Key Concepts]
資源連携システム　介護保険制度　支援費制度　保健・医療・福祉の連携　生活課題（ニーズ）　国際生活機能分類（ICF）　サービス・パッケージ　地域ケアサービス　予防・福祉増進サービス　環境改善活動　福祉コミュニティの構築　シナジー効果　守秘義務　ふれあいのまちづくり事業　総合相談事業　基幹型在宅介護支援センター　障害者生活支援センター

1. はじめに

　保健・医療・福祉等の事業推進主体のあいだの連携は，あらかじめ事業者間の緊密な連携組織等が確立していることによって円滑に進むというものではない。各事業者がそれぞれの守備範囲で，高齢者や障害者等の切実な生活課題（ニーズ）の解決のための支援に取り組むなかで連携の必要性を感じとり，連携関係を形成するというものである。その積み重ねの結果，市町村単位，あるいは広域福祉圏域単位で事業者間の連携が形づくられる。

　今日では介護保険制度や支援費制度のもとで，事業者としての社会福祉法人相互，または指定事業者相互が関わりあう機会は増えている。しかし，福祉分野と保健・医療分野，労働分野等との関係はまだ疎遠であり，1つのことがらを共同で取り組む機会も少ない。

　そこで求められるのは，第1に，市町村や社会福祉協議会等が呼びかけ，機関・事業者・民生委員，福祉活動に参加する住民等が参加した「保健・医療・福祉連絡会」等の公式の場を設定することであり，第2は，具体的な個別の高齢者・障害者等の生活課題（ニーズ）解決の取り組みを通じ，事業者間連携，専門職員の連携を促進していくことである。

　地域福祉の推進における保健・医療・福祉の連携，住民の福祉活動等との連携の意義は，次の2点に要約される。

(1)　高齢者・障害者等が抱えている地域生活上で解決されるべき生活課題（ニーズ）は，後述するように，2つの側面からとらえることができ，複合的なものであり，連携によって，そのニーズ解決を図ることができる。

(2)　連携したサービス提供，チームとしての支援によって，シナジー効果，サービス提供の効率性が高まるとともに，サービス提供に関する情報の公開性を高め，情報の有効活用等が図られる。同時に，利用者情報の守秘義務との関係が課題とされる。

　以下，それぞれの意義について，詳しく見ておきたい。

2. 高齢者・障害者等の生活課題の特質と保健・医療・福祉の連携の意義

(1) 高齢者・障害者等の生活課題 (ニーズ) の2つの側面

　地域で生活する高齢者・障害者等の生活課題 (ニーズ) 解決のための支援は，多くの場合，「サービス・パッケージ」として複数のサービスや住民福祉活動をも含むインフォーマルな生活支援などで構成されている。それは，連携とチームアプローチが特徴である。

　総合的な「サービス・パッケージ」が必要とされることには，根拠がある。それは，高齢者・障害者等の生活課題 (ニーズ) の構造にある。第1は，高齢者・障害者等の心身機能に関するニーズ，人間の身体面・心理面に現れる困難さなどである。第2は，環境との関係で生活面に現れる困難さであり，改善されるべきは環境 (社会システム等) の側である。生活課題 (ニーズ) に対する支援は，この2つのアプローチが統合されたものである。

(2) 「国際生活機能分類」(ICF) の視点と生活課題 (ニーズ) の構造

　2つのアプローチの重要性をより明確にしたのが，2001 (平成13) 年5月，世界保健機関 (WHO) がまとめた「国際生活機能分類」(ICF) である。ICFは，人間の生活の状態を総合的に把握するための共通指標であり，その項目は約1,400項目にものぼる。内容は，人間の生活に関する「心身機能・身体構造」「活動」「参加」「環境因子」の4つの構成要素について把握し，前者の3つが「環境因子」によっていかに促進されているのか，いかに阻害されているのか，相互関係などを分析するというものである。

　これは，従来，「機能障害」「能力障害」「社会的不利」の3分類で構成されていた「国際障害分類」(ICIDH) を改訂したものである。かつての3分類は，人間生活のもつ障害を構造的に捉えるうえで大きな役割を果たしてきた。しかし，一面では人間の身体面・心理面を治療するという色彩の強い人間理解の方法であ

ったとの反省から，全面改訂された。その結果，「国際生活機能分類」(ICF)は，人間生活を身体・心理的障害の側面からだけとらえるのではなく，活用できる力量の発揮をも含んだ生活行動の状態，社会的な役割や参加の状況，環境因子の働き具合なども分析し，それらの相互関係をも捉えようというものである。

「国際生活機能分類」(ICF)の各構成要素の相互関係を図示すると，次のようになる。

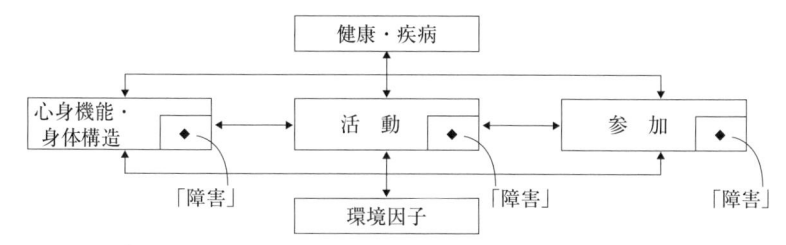

図13-1　「国際生活機能分類」(ICF)の各構成要素の相互関係と「障害」(筆者加筆)

「国際生活機能分類」(ICF)では，人びとの生活構造は，2つの側面から捉える。すなわち「心身機能」等の生物的な側面と，「活動」「参加」などの生活面・社会的側面である。第1の側面は，病気等の結果として現れる身体面のマヒ・欠損や，病気の再発への不安，今まで果していた役割を失ったことからくる喪失感，介護者に対する遠慮や申し訳なさなどの心理的なゆらぎなども「心身機能」の1つとしてとらえることができる。

これに対して，第2の側面は，身体機能の低下からくる生活行動の不自由さ，その結果の失業や所得の減少など社会的な活動や参加の制約などであり，さらには家庭内や地域における行動を不便にさせる物理的なバリア，人びとが形成する差別感など，「環境因子」のマイナス因子が生み出している問題である。

たとえば，病気によって多少の身体面のマヒが残ったとしても，補助具，車いす等を活用し，生活支援サービス等を活用することによって，積極的な促進因子としての「環境因子」を用意することができれば，引き続き地域生活を維持し，新しい役割，新しい職業訓練等の後に職を得て活躍することなども可能である。これらが，第2の側面である。

「国際生活機能分類」(ICF)の視点は，人間の生活課題（ニーズ）を「生物的・生理的側面」と「社会・環境の側面」から総合的に理解することが特徴であ

る。第1の「生物的・生理的側面」とは，人間の心身（からだとこころ）に属する課題であり，医療的なケア，あるいはリハビリテーション，予防のための専門的なケア等の支援課題である。第2は，「社会・環境の側面」に関する課題であり，福祉サービス等の日常生活支援の活用，補装具・福祉機器や物理的環境の整備，関連分野としての就労支援，教育・文化・スポーツ等の活動の機会均等化等の支援課題である。

ここに，生活課題（ニーズ）に対する支援策は，2つの側面から総合的にとらえられ，支援者側である専門機関・施設・事業者，住民の福祉活動等の連携が必然となるのである。

（3） 地域福祉の4つの構成要素からみた，保健・医療・福祉等の連携の意義

「国際生活機能分類」（ICF）の視点に加えて，地域福祉の4つの構成要素の視点から，総合的な生活支援のための専門機関，住民活動等の連携の意義について見てみたい。

a. 「地域ケアサービス」とサービス事業者・住民福祉活動等の連携

「地域ケアサービス」とは，ニーズをもつ人に対する直接サービスや住民の福祉活動等である。ホームヘルプサービス等の在宅介護・在宅福祉サービスをはじめとして，入所型の福祉施設，通所施設の事業，保健・医療機関による治療や在宅リハビリ，グループホーム，宅老所，作業所など，幅広い。NPO等，住民参加型在宅福祉サービス，あるいは小地域における住民福祉活動による見守りなどの生活支援をも含む概念である。

「国際生活機能分類」（ICF）でも見たように，生活課題（ニーズ）が複合的なものであると考えれば，複数のサービス利用が一般的である。これらは，「サービス・パッケージ」として提供され，利用される。こうした「サービス・パッケージ」を構成するサービス・福祉活動等の提供主体にある人びとの連携，チームアプローチは，当然のことである。

b. 予防・福祉増進サービスと連携

身体面や心理面のニーズに対しては，生活の困難さや障害の原因となった原疾患の再発予防や，今以上の機能低下を遅らせるなど，通院治療や機能訓練等の保

健・医療サービスなどが不可欠である。地域における積極的な行動範囲の拡大，近隣関係の維持・広がりを支援することは，心理面の支えともなり，より自立した生活に向かう積極的な意義が認められるものである。また，「いきいき・サロン」や宅老所における交流，作業所などの日中活動への参加，地域の文化活動，スポーツ活動等への参加を支援することや，収入の獲得をめざした就労の支援などは，ノーマルな人間生活の実現にとって当然のことである。

予防・福祉増進を目的とした支援は，さまざまな主体によって取り組まれており，これらの関係者の緊密な連携は，不可欠である。

c. 環境改善活動と連携

直接，ニーズをもつ人に対するケアサービスや予防・福祉増進サービスが，より円滑に提供されるためには，一人ひとりのニーズとこれらのサービスをつなぐケアマネジメントやサービス情報の提供等のアクセスサービスが不可欠である。

また，住宅改修，補装具の活用，通院や地域活動のための外出・移動を支えるインフラ面の整備も重要なものである。これらは公共サービスもあれば，営利企業によるものもある。関係する事業者間の連携は，環境整備を効果的・効率的に推進する上で不可欠である。

住民の意識が高齢者・障害者等が積極的に地域において生活することや活動への参加を促進するものであるのか，阻害するものであるのかは，大きな影響をもたらす。したがって，子どもから成人まで，住民のなかでの共同活動の取り組みや福祉教育の推進などは，障害者団体や住民組織が共同して推進することが大切である。

d. 連携した実践を通じた「組織化」「福祉コミュニティの構築」

地域福祉の4番目の構成要素である「福祉組織化」「住民組織化」の課題は，前述のaからcの取り組みを通じて，併せて「組織化」を促すという方法をとることが多い。このことは，多くの実践からの教訓である。

既存の組織，たとえば自治会，町内会，小地域の住民組織，民生委員協議会，保健・医療・福祉連絡会，あるいは基幹型在宅介護支援センターが取り組む「地域ケア会議」等の組織は，ある人びとを対象とした生活支援の実際の取り組みの経験を通して「再認識」され，位置づけ直され，活性化する。さらに，保健・医療・福祉に関係する専門職，あるいは労働，教育分野の専門職，公的機関や企

業，NPO，民生委員や自治会役員，近隣住民の協働の関係は，生活支援サービスに関わることによって生みだされ，強化される。

これらの経験を通じて，参加した人びとは，ひとりの高齢者・障害者等の切実なニーズ解決に貢献することの喜び，達成感を共有する。また，協力し合うことの大切さ，連帯感等をはぐくむことができる。小地域・近隣住民によるひとり暮らし高齢者の生活支援ネットワークなどは，その典型である。おなじように，宅老所を拠点として参加する住民と高齢者，小規模作業所を支援するボランティアと障害者，おもちゃの図書館を運営するボランティアと障害児・両親とのネットワークなどは，「共感」に支えられた，それぞれが機能的な「福祉コミュニティ」を形成している，ということができる。

「福祉コミュニティ」の構築は，前述のaからcの課題を協働して取り組むことを通じて，よりその大切さが明確にされ，意識化される。そのような実践を通じた学習が大切である。

3. 保健・医療・福祉等の連携によるシナジー効果と情報の公開性

保健・医療・福祉等のサービス主体の連携は，高齢者・障害者等の地域生活における生活課題（ニーズ）の特質からその必要性が明らかにされると同時に，介護保険制度や支援費制度等のもとにおける事業運営の側面からも，その必要性を指摘できる。それは，事業者間の連携が，事業のシナジー効果，情報の公開性と利用者の権利擁護等の課題に応えることができるからである。

（1） 保健・医療・福祉等の連携によるシナジー効果

サービス提供に当たる事業者の視点から見たとき，事業者間の連携の意義として，相乗効果，シナジー効果をあげることができる。今日の地域生活支援サービス（各種の地域ケアサービス，住民福祉活動，環境改善等）は，限られた社会資源のなかで取り組まざるを得ない。その制約の中で，いかにして高齢者・障害者等の生活課題（ニーズ）に的確に応えていくのかは，サービスの提供に当たる専門機関・事業者，住民に共通の課題である。取り組みの後には，「サービス・パ

ッケージ」と連携によるサービス提供はどのようなシナジー効果をあげ，効果が認められるのかを検証しなければならない。

　たとえば，要介護高齢者等のニーズ解決に当たって，ホームヘルプサービスに加えて，週に何日間かは通所リハビリを利用し，NPOが運営する「宅老所」に通い，「ふれあい・いきいきサロン」に参加する。この取り組みによって，直接には介護者の負担軽減が図られるとともに，本人の閉じこもりを防止することもできる。浴室の改修等の環境整備，通所リハビリによる身体機能の維持は，自立意欲を高め，介護者の介護負担が軽減され，結果としてホームヘルプサービスの効率性を高めることにつながる。

　こうした連携は，本人の身体面・心理面の支援の視点からみても，また社会資源の利用効率の視点からみても望ましいことである。結果として，この「サービス・パッケージ」の効率性を認めることができる。そうした視点から，保健・医療・福祉等のサービス主体間の連携，住民福祉活動との連携を追求していくことが大切である。

（2） 情報の公開性，情報の有効活用と連携の意義

a． ニーズに関する情報，事業・活動等に関する情報の双方向からの開示

　高齢者・障害者等は，生活課題（ニーズ）解決のために，サービス機関・施設・事業者の事業の特徴，住民福祉活動が果たしている役割等に関する情報を得たうえで，サービスや住民福祉活動を資源として活用することを決意する。同時に，高齢者・障害者等は，自分や家族が抱える生活の困難さや要望などを伝え（開示し），支援を要請するとともに，自分自身や家族が果たすことができる役割等について，機関・事業者，住民等に対して知らせる。情報の双方向での開示である。

　事業者や福祉活動に参加する住民等の視点から見てみよう。高齢者・障害者等の生活課題（ニーズ）の解決のためには，自分たちが果せる役割は何か，機関・施設・サービス提供事業者，住民福祉活動等の特質やノウハウ，専門職や住民が果たしている役割等を相互理解する必要がある。単独で取り組むときには開示しなくてもよかった事業情報や活動ノウハウ等を開示することとなる。それは，連携相手との信頼関係を形成するうえで不可欠なことである。

サービスを利用する当事者（本人・家族）とサービス・活動を提供する機関・施設・住民等（資源）の間の情報の交換と，資源同士の情報交換を通じて，ここに参加したすべての当事者の信頼関係が形成される。「福祉コミュニティ」の形成とは，たんに観念の産物ではなく，連携によって生活課題（ニーズ）の解決に関わった人びと（本人・家族も含む）によって共有された信頼関係と，「ともに苦労した」「でも，成果を上げることができてよかった」という共感を土台とした「きずな」のことである。この「きずな」としての「福祉コミュニティ」の存在は，いっそう資源連携を容易にする。

b. ニーズに関する情報の守秘義務の課題

サービスを利用する当事者（本人・家族）とサービス・活動を提供する機関・施設・住民等の資源の間で交換された当事者（本人・家族）のニーズに関する情報は，守秘義務が課されることとなる。資源の連携の範囲が広がれば広がるほど，当事者（本人・家族）のニーズに関する情報は拡散していく。とくに福祉活動に参加した住民のあいだでは，知りえた情報の守秘義務があいまいにされる可能性が高いので注意が必要である。

相談業務やケアマネジメント，あるいはサービス提供に従事する専門職員に課される守秘義務は，法令上でも厳しく規定されている。それは，その職を退職した後も変わることなく維持される。高齢者・障害者等の生活課題（ニーズ）に関する情報は，最初に受理し知りえた相談員等の専門職員が，他のサービス提供資源の関係者との連携の必要性を本人と確認したとき，事前に本人との間でニーズに関する情報を連携資源関係者の範囲に開示することの同意を得なければならない。

同意を得た相談員やケアマネジメント従事者は，開示した情報は守秘する義務があることを福祉活動に参加する住民をも含め，すべての連携関係者に徹底する責務を負っている。

4. 地域ケアサービス等における保健・医療・福祉の連携の現状と課題

Aという生活課題（ニーズ）の解決のためには「地域ケアサービス」として居

宅介護サービス「a」「b」が，また住民福祉活動「c」が有効に活用され，さらにBという生活課題（ニーズ）の解決のためには「予防・福祉増進サービス」として「d」「e」が活用される。これらは，あくまでも社会資源「a」「b」「c」「d」「e」という「点」をパッケージにして活用するものである。生活課題（ニーズ）解決に向けたこれらの「点」をつなぎ，「面」として連携させ，継続的なシステムとして編み上げていくためには，固有の働きが求められる。

その働きは，各サービスの提供主体が担っているものとは異なり，相談支援センターや専門職チーム等による固有の働きである。総合相談支援活動，ケアマネジメントの展開，サービス・コーディネート，サービス開発など，さまざまな側面をもった働きである。本節では，住民ニーズの特質と，いずれの機関が中心的な役割を担うのかによって，次の4つの連携タイプに分け，その現状を分析し課題を明らかにすることとした。

(1) 市町村社会福祉協議会の総合相談等を基礎とした保健・医療・福祉連携のタイプ。
(2) 基幹型在宅介護支援センター，障害者生活支援センターを中心とした連携のタイプ。
(3) 社会福祉法人，医療法人，NPO，障害者の当事者組織・親の会等による居宅サービス連携のタイプ。
(4) 児童虐待防止，障害者の地域就労支援に関するネットワーク等，課題対応のタイプ。

(1) 市町村社会福祉協議会の総合相談等を基礎とした保健・医療・福祉の連携

a.「ふれあいのまちづくり事業」の取り組みの成果

市町村社会福祉協議会は，地域福祉推進の4つの構成要素—地域ケアサービス，予防・福祉増進サービス，環境改善活動，組織化—を総合的に取り組む目的志向をもち，そのための組織体制，職員の専門性，実践経験やノウハウを備えている。

市町村社会福祉協議会は，1991(平成3)年から始まった国庫補助事業「ふれあいのまちづくり事業」（地域福祉総合推進事業）を通じて，こうした目的志向や

組織体制等を確立してきた。「ふれあいのまちづくり事業」は，専任の地域福祉活動コーディネーターを配置し，①総合相談や小地域での住民参加活動を通じて，住民の個別の生活課題（ニーズ）をキャッチするシステム，②課題解決のための個別支援計画の策定，③直ちに提供できる生活支援サービスの組み立てと提供，④小地域福祉ネットワークによる見守り，⑤柔軟な運営を特質とする住民参加型在宅福祉サービスの実施，⑥保健・医療機関・福祉施設等の連携（連絡会），などを柱とした総合的な事業である。

「ふれあいのまちづくり事業」は，①の総合相談や小地域におけるニーズ・キャッチシステム等によって受理した高齢者・障害者等の個々の生活課題（ニーズ）の解決のために，当事者・家族と相談員，サービス従事職員との合議などによって，個別支援計画を策定し，③から⑤のサービスや，社協の在宅介護事業，地域組織化活動，当事者組織化等を活用して，課題解決のために取り組む一連の事業である。

この事業は，従来の社協の事業スタイルである，市町村からの委託事業，地域組織化，ボランティアセンター事業に加えて，在宅生活者の個別の「問題発見」「問題解決」というケアマネジメントの仕組みを内部に構築したものである。当時は市町村からの委託事業であったホームヘルプサービス等の在宅介護事業の柔軟な運営や，新たな在宅サービスの開発等をも促す効果も認められている。また，外部には，保健・医療機関・福祉施設等との連携の仕組みづくりを促すものと評価されている。

和田敏明は，「ふれあいのまちづくり事業」を評価し，「このような問題発見，問題解決機能が強化され，社協のなかに組み込まれることは，比喩的にいうと，社協のなかに神経細胞がはりめぐらされた状況ができたといってもよい」と述べている[1]。

b. 総合相談事業の重視，基幹型在宅介護支援センターによる事業の発展

総合相談事業は，一般相談，専門相談（法律・医療・リハビリテーション・精神保健・児童虐待等）で構成され，相談担当者は，専任の相談員をはじめ，民生委員，障害者や家族等の当事者組織からのピアカウンセラーなどで構成される。相談受理の後は，地域福祉活動コーディネーターの働きによって，在宅介護支援センターや障害者生活支援センター等の相談とも連携することができる仕組みと

なっている。
　「ふれあいのまちづくり事業」によって取り組まれた総合相談，小地域におけるニーズキャッチシステム等の成果は，社会福祉協議会が市町村から在宅介護支援センターを受託することへと発展し，さらには基幹型在宅介護支援センターの受託へと結んでいる。
　埼玉県東松山市では，こうした経験から相談部門の総合化を図ることを目的に「総合福祉エリア」の機能の1つに総合相談センターを設置し，市はその運営を社会福祉協議会に委ねている。総合相談センターには，高齢者介護の担当，身体障害者・知的障害者・精神障害者の生活支援の担当，児童虐待や不登校児童の問題等に対応できる複数の専門職員が相談員として配置されている。
　山口県萩市では，「ふれあいのまちづくり事業」の総合相談事業の発展として，「萩市福祉支援センター」を設置し，高齢者介護（基幹型在宅介護支援センター），障害者の生活支援（障害者生活支援センター），子育て支援（会員制によるファミリーサポート・センター）など，総合的な相談支援が取り組まれている。これらのセンターの運営は，社会福祉協議会が担っている。

c. 社会福祉協議会がよびかけ実現していく連携の特質

　社会福祉協議会の総合相談，小地域福祉活動等を基礎とし，関係者に呼びかけ実現していく保健・医療・福祉等の連携は，つぎの特徴をもっている。

(1) 社会福祉協議会のよびかけによって，「保健・医療・福祉連絡会」など，機関連携の組織が確立していること。「連絡会」の構成メンバーである医療機関の医師や看護師，保健師，民生委員，在宅介護支援センターや障害者生活支援センターのソーシャルワーカー，地域福祉活動コーディネーター等「人の連携」が土台となっていること。

(2) 地域福祉活動コーディネーターが，連携の推進役を担っていること。市町村内の医療機関，施設経営法人の地域型在宅介護支援センターのコーディネーターやケアマネジャーとも協力しあって，地域での連携した支援の経験が蓄積されていること。

(3) 社会福祉協議会は，みずから運営している指定在宅介護事業，住民参加型在宅福祉サービス等を活用し，常に迅速な個別支援が可能であること。みずから受理した生活課題（ニーズ）の問題解決の手段をもつことによって，医

療機関等からの緊急な要請（たとえば近日中に退院予定などの要請）にも応えることができ，「口先だけ」の社会福祉協議会ではないことの理解が，広く得られていること。

(4) 地域福祉活動コーディネーター等の社会福祉協議会職員は，住民が自発的に取り組む小地域での「ふれあい・いきいきサロン」の活動や見守りネットワーク活動等に対する支援の役割を果たしており，信頼関係が形成されていること。見守り，ニーズキャッチ，緊急対応など，社会福祉協議会ならではの機動性が発揮されていること。また，「サロン」や「ミニ・デイ」，宅老所など，小地域の拠点は，生活課題（ニーズ）をもつ高齢者・障害者等，当事者が参加する場であり，そのエンパワメントが尊重される場として，貴重な地域資源となっていること。

(5) 最近では，地域福祉権利擁護事業を利用している認知症の高齢者や知的障害者等の場合，日々の支援に取り組んでいる生活支援員と弁護士，消費生活相談センター相談員等の連携など，権利擁護やアドボカシーなどの新しい領域への拡大が図られつつあること。

(2) 基幹型在宅介護支援センター，障害者生活支援センター等を中心とした連携のタイプ

a. 基幹型在宅介護支援センターと「地域ケア会議」「ケアマネジャー連絡協議会」

基幹型在宅介護支援センターが果たしている機能は，各地区を担当する地域型在宅介護支援センターの事業相互の連携をはじめ，「地域ケア会議」の開催，「ケアマネジャー連絡協議会」の開催等である。これは，在宅介護分野における連携システムの1つである。

「地域ケア会議」は，従来の「高齢者サービス調整チーム」などの経験を踏まえて制度化されたもので，基幹型在宅介護支援センターの主要な機能である。「地域ケア会議」は，市町村が設置するもので，高齢者と心身障害児者の多様なニーズに対して，保健・医療・福祉の各施策・サービスを総合的に調整し提供することが目的である。その特徴は，介護保険サービスや介護予防事業など公的施策にかかる保健・医療・福祉の連携が中心である。

「地域ケア会議」の出席メンバーは，地域型在宅介護支援センター職員をはじ

め，行政職員，保健センター保健師，医療ソーシャルワーカー，民生委員，社会福祉協議会の総合相談担当職員（地域福祉活動コーディネーター）等であり，市町村長が委嘱，または任命する。「地域ケア会議」では，各地域型センターが把握したニーズの解決のための支援策，「サービス・パッケージ」の検討や調整などが行われる。さらに，実態調査等によって把握された利用者のニーズに関する情報などが共有され，現状では不足しているサービス，必要な施策の開発，事業者間連携等が議題となる場合もある。

　「ケアマネジャー連絡協議会」は，専門職の視点から，個別の支援事例の検討が行われるなど，経験の共有が主な内容となる。生きた経験の交流は，ピア・スーパービジョンの場（仲間としての助言の場）として，ケアマネジャー再生の場とも位置づけられている。あるケアマネジャーが担当している高齢者の背景にある複雑な家族関係まで抱え込んでしまって身動きとれなくなったなど，深刻な悩みが共有されることもある。

　こうした体験を通じて，単に介護保険サービスだけでは支えきれない現実が明らかにされることは，意味のあることである。専門職自らその限界を感じる中から，連携の必要性やありがたさが明らかにされてくる。ケアマネジャーが，要介護高齢者本人のニーズと家族介護者の生活全体の困難さの両方に着目して，総合的な支援体制が必要であると認識したとき，保健・医療・福祉の連携は住民福祉活動をも含んだ地域全体での取り組みの一歩が踏み出される。

b. 障害者生活支援事業と「障害者サービス調整会議」

　障害者福祉の分野において，2003（平成15）年度から，支援費制度がスタートした。支援費制度は，措置費制度の時代と異なり，障害者が市町村に対し主体的・積極的に地域生活を実現していくためのサービス利用，資源活用を働きかけていくことが特徴である。障害者は，支援費サービスに関する情報を入手し，ケアマネジメント従事者の力も活用しながら，必要なサービスの種類と量を支援計画のなかに織り込み，市町村に対して支給申請する。市町村は，障害者からの申請に対してその必要度を審査し，支給決定する。

　ところが，障害者は現実にはサービスの内容，仕組み，利用手続き等の知識が不十分であるなど，不利な立場に立っている。そのため，支援費サービス利用にあたっては，相談やサービス情報等を提供してくれる専門職などの支援の仕組み

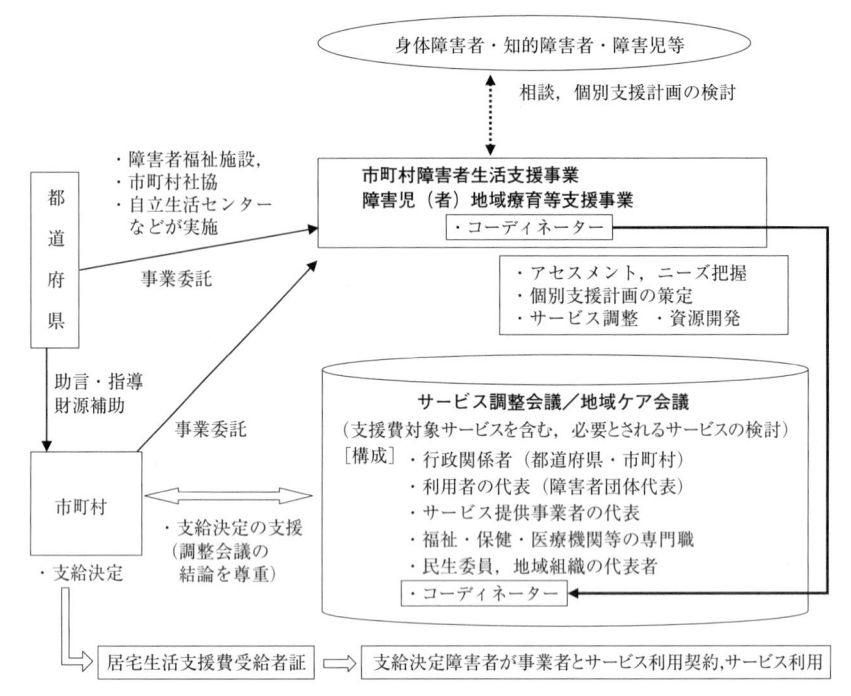

(2003年2月，厚生労働省が社会保障審議会・障害者部会に提示したものを筆者が加筆修正)

図13-2　相談支援体制の実施モデル図

を活用することが必要である。

　障害者福祉分野では，「在宅介護支援センター」に相当する事業として「障害者相談支援事業」がある。これは，社会福祉基礎構造改革の一環として，2000（平成12）年の身体障害者福祉法，知的障害者福祉法，児童福祉法の改正において法定化されたものである。身体障害者福祉の分野では「市町村障害者生活支援事業」，知的障害者・障害児福祉の分野では「障害児（者）地域療育等支援事業」である。この事業は，両方合わせて約1,000か所で取り組まれている。

　あわせて，厚生労働省は，高齢者介護分野の「地域ケア会議」に相当するものとして「障害者サービス調整会議」が必要であるとしている。厚生労働省は，社会保障審議会障害者部会に対して図13-2のような「サービス調整会議」のシステムの必要性を提案し，その導入を促進するとしている。しかし，2003年段階では，とくに「調整会議」の設置について法令的な規定はなされていないため，

「サービス調整会議」を設置している市町村は，きわめて少ないのが現状である。

（3） 社会福祉法人，医療法人，NPO，障害当事者組織・親の会等による居宅サービスの連携タイプ

a. 社会福祉法人,医療法人,NPO 等による多機能型施設を拠点とした連携タイプ

　相談支援事業やケアマネジメントの仕組みが整備されていくなかで，介護保険事業者や支援費事業者である社会福祉法人，医療法人，NPO 等には，2つの選択が求められている。第1は，自らの事業を多機能化させ，小地域に多機能の居宅サービスの拠点を設け，総合的にサービス提供していく選択である。第2は，自らの事業をより専門特化し，守備範囲を超えるものは他の事業者等との連携により進めていくという選択である。

　たとえば，都市部では，さまざまな事業主体が介護保険事業等に参入し，それぞれの守備範囲を明確にして役割を発揮し，他事業者と競合しつつ連携を求めていくという傾向を強めている。一方，町村部では限られた財政的・人的資源の制約のなかで，たとえば社会福祉法人が経営する老人福祉施設や障害者施設等を拠点として，町の補助をそこに投入し，多機能の事業（ホームヘルプ・入浴・デイ・リハビリ・生活訓練，グループホーム，作業所等）を付与し，一極集中していくという傾向を見ることができる。

b. 障害者の当事者組織・親の会等の居宅サービス,通園事業による連携タイプ

　障害者福祉分野の連携は，障害者団体や親の会と専門職，専門施設の連携が密であるという特徴をもっている。たとえば，親の会と養護学校の教員との関係，障害者団体や難病団体と医療機関との連携関係は，緊密なものがある。そして，障害者団体や親の会による無認可の共同作業所，親たちの運営による通園施設などの間の連携が中心である。住民の福祉活動等との連携は，かならずしも広がっているとはいえない。

　こうした障害者団体，親の会等が中心となった連携は，施設中心の時代のものであり，脱皮が求められている。2003（平成15）年の支援費制度の導入後，新

「障害者基本計画」，新「障害者プラン」においては，入所施設の新設が否定され，居宅サービス（ホームヘルプサービスやグループホーム等），ケアマネジメントが重視される時代になりつつある。支援費制度のもとで，居宅サービスが重視され，ホームヘルプサービスにしても介護保険事業者が同時に障害者ホームヘルプサービス事業者となり，サービス資源は急速に整備されつつある。障害者団体や親の会の取り組みを尊重しつつ，相談支援事業やケアマネジメントの体制を組み合わせ，住民福祉活動をも含んだ地域における幅広い連携が課題となっている。

（4） 児童虐待防止，障害者の就労支援等のネットワークによる課題対応のタイプ

a. 児童虐待防止ネットワーク，子育てサロン等の取り組み

児童福祉分野においては，児童虐待，不登校，引きこもりなど課題別の取り組みが重視されている。児童虐待防止法や改正・児童福祉法の施行により，地域における児童虐待の発見・通報のシステムとして，児童相談所，学校，病院，児童養護施設，保育所，民生委員等の連携が動き出している。児童養護施設等を事務局とした「児童虐待防止ネットワーク会議」の設置なども進んでいる。

「子ども家庭支援センター」「子育て支援センター」などを設置する自治体も増えてきた。これらのセンターは，2つの機能を担っている。第1は，当事者である親たちの子育ての悩みや必要な情報を入手する場としての機能を果していること。第2は，センターの相談員や職員が親や子どもからのSOSの発信を受けとめ，他の関係機関との情報の付き合わせ，共有化によって児童虐待の発生を予防するための機能である。

市町村段階での「児童虐待防止ネットワーク会議」は，虐待の早期発見の機能を発揮するものとしては意義あるものであるが，今後重視される必要があるのは，母親たちに身近な地域での「子育てサロン」の開催など，子育ての悩み，親子関係の悩み，学校生活の悩みなどが語り合える場づくりである。市町村社会福祉協議会は，この取り組みの支援に力を注いでいる。その中で，民生委員・児童委員やボランティアが，子育ての先輩としての役割を発揮していることは，重要なことである。

b. 障害者就労支援ネットワークの取り組み

　障害者就労は，長引く不況と労働環境の悪化，製造業での目覚しい技術革新等の環境変化の中で，悪戦苦闘している。厚生労働省が2003(平成15)年3月に発表した「身体及び知的障害者就業実態調査」によると，身体障害者の場合，常用雇用（週20時間以上，1年以上雇用される）が41.2%，常用雇用以外の形態で就業している者が54.8%であるのに対して，知的障害者の場合，常用雇用が23.8%，常用雇用以外が74.6%となっている。常用雇用以外と答えた者の多くが「授産施設」30.9%，「作業所」41.2%となっている。

　障害者の就労支援の歩みを見ると，1999(平成11)年，政府は「緊急雇用プロジェクト」に取り組んでいる。それ以降，地域での「就労支援ネットワーク会議」の設置等が進められている。「緊急雇用プロジェクト」は，不況のもとでの障害者の雇用促進を目標としたものだが，1か月間の「職場実習」，3か月間という期間の定めのある「トライアル雇用」で構成されている。トライアル雇用の間，ジョブコーチ（就労支援者）による支援が行われ，その後，正規雇用へとつながることがめざされている。

　市町村単位に設置される「就労支援ネットワーク会議」は，養護学校，授産施設，障害者作業所，障害者団体，親の会，障害者福祉行政，ハローワーク等の関係者で構成される。

　「ネットワーク会議」の場では，トライアル雇用受け入れ企業の開拓，ジョブコーチ，グループ就労など，障害者の就労に向けたさまざまな試みが議論され，情報交換されている。

4. 保健・医療・福祉の連携とコミュニティ・ソーシャルワーカーの役割

　前節まで，高齢者・障害者等の生活課題（ニーズ）に関する2つの視点，および地域福祉推進の4つの構成要素の視点から，サービス・活動の「サービス・パッケージ」の重要性とチーム・アプローチ，保健・医療・福祉等のサービスと住民福祉活動の連携のあり方等について述べてきた。

　チーム・アプローチと連携によって，ある一人の高齢者・障害者等の生活課題

（ニーズ）を解決するためには，これらの総合的な取り組みに一貫して関わるキーパーソンが必要である。それは，訓練され，組織の一員として位置づけられ，役割を明確にされたコミュニティ・ソーシャルワーカーによって担われることとなる。その任を担う専門職としてふさわしいのは，社会福祉協議会に配属された地域福祉活動コーディネーターである。連携を促進するコミュニティ・ソーシャルワーカーとしての地域福祉活動コーディネーターが果す役割は，次の5点である。

① サービス・活動の連携の仕組みづくりの役割。
② ケアマネジメントの考え方を取り入れた個別支援の仕組み，プロセスを構築する役割。
③ 前述②の個別支援の仕組み，プロセスの運営，リスクマネジメントの徹底。
④ 既存のサービス・活動の改善，新たに必要とされるサービス・活動の開発。
⑤ 当事者主体の尊重，情報に関するマネジメント，守秘義務，権利擁護等の徹底。

以下，その詳細について述べることとする。

①の「連携の仕組みづくり」は，基幹型在宅介護支援センターや障害者生活支援センターの機能のところでも述べたとおり，「地域ケア会議」「障害者サービス調整会議」「保健・医療・福祉連絡会」等の機関・団体の組織化であり，「ケアマネジャー連絡協議会」などの専門職による実務者レベルの連携である。個別支援のケースが発生したとき即応できるよう，日常からメンバー同士が仲間として活動できる体制を整えておくことが重要である。

②の個別支援のための「ケアマネジメントの仕組み，プロセスの構築」は，社会福祉協議会等の総合相談，在宅介護支援センター，障害者生活支援センター，子育て家庭支援センター等の通常の仕組みに加えて，小地域福祉活動によるニーズキャッチシステムの活用等の視点が，コミュニティ・ソーシャルワーカー固有の視点である。専門機関連携に加えて，民生委員や見守り活動に参加する住民との連携は，不可欠な取り組みである。

③の「個別支援のプロセスの運営」は，ニーズ把握から課題分析，当事者とと

もに検討する「個別支援計画」の策定，計画にもとづく「サービス・活動パッケージ」の組み立てとチームの編成，その後の実施状況のモニタリング，リスクマネジメントの実施，記録，振返りの会議の開催など，一連の取り組みである。地域福祉活動コーディネーターは，総括としての責任を担うが，すべてのプロセスを請け負うということではなく，事業者のサービス提供責任者や住民福祉活動のリーダーとの役割の明確化が大切である。

④の「既存のサービス・活動の改善」「新たなサービス・活動の開発」は，ケアマネジメントのプロセスの中に位置づけられる課題であるが，とくに多くのサービス提供事業者や住民が連携して取り組む地域生活支援においては，社会福祉協議会や地区の住民リーダー，民生委員，福祉施設，保健・医療機関等が，新しい資源開発の取り組みを広く分担するよう配慮することが重要である。新規事業や活動の開発に伴うリスク回避，リスクの分散を図ることができるとともに，「達成感」を分かち合うためにも大切な視点である。

⑤の「当事者主体の尊重」「守秘義務」「権利擁護」は，もっとも今日的な課題である。

注)
1) 和田敏明「第1章 社会福祉協議会の基本理解」『社会福祉協議会活動論』〈新版・社会福祉学習双書〉，全社協，2004年，p.6.

■演習問題■

1 「地域ケアサービス」「予防・福祉の増進」の取り組みにおいては，医療・保険・福祉・教育・労働分野の専門機関・施設や専門職の連携が広がりを見せている。あらためて，なぜ関係者の連携，ネットワークによる協働した取り組みが必要であるのか，その理由を2001年のWHO「国際生活機能分類」（ICF）が述べている生活者としてのニーズの特質との関係から，明らかにしなさい。

解説 従来，福祉分野と医療・保健，教育・労働分野等の連携は，むしろ行政施策の側からその必要性が強調され，さまざまな「分野連携の事業」などが予算化され，取り組まれてきた。2000年以降，介護保険制度や障害者の支援費制度の導入等に伴って，支援センター等によるケアマネジメントの仕組みと運営が広がりをみせ，一人ひとりの福祉ニーズに着目した"切実なニーズの解決に貢献するための連携"という実践的な考え方が一般的となってきた。

2001年にWHO（世界保健機関）が策定した「国際生活機能分類」（ICF）のひとつの特質は，人間の生活ニーズは，3つの次元，すなわち①心身機能・身体構造（医療やリハビリテーション等による治療や訓練），②活動（生活力を身につけるための支援，身の回りのケア等の支援），③参加（働く場・学習する場や機会の確保，住民活動への参加の支援など）からとらえること，である。ニーズが総合的なものであるところから，地域ケアサービス，予防・福祉増進活動における関係機関の連携の必然性が導き出されるのである。

2 地域ケアサービスや予防・福祉増進，環境改善の活動において，医療・保健・福祉の専門機関・専門職の連携・ネットワークの形成においては，望ましくないこと，戒めるべきことは，専門職主導の連携，ニーズを抱える当事者・住民不在の取り組みであってはならないということである。その理由について，述べなさい。

解説　二つの視点から，考察してほしい。第一は，新しい実践の考え方である。それは，医療・保健（予防）ニーズにしても，生活支援のニーズ，活動参加等の支援ニーズ，環境改善のニーズなど，いずれともニーズをもつ当事者（本人・家族等）がもっている「エンパワメント」を尊重し，できることをしていただき，力を発揮し，伸ばしていただくことが基本であり，それをいっそう前進させるために専門職等がもっている専門的な力で支援する。したがって，ニーズを抱える当事者（本人）が参画しない連携・支援ネットワークは，実際には存在しないし，またそうあってはならないのである。

　第二は，生活ニーズをもつ人びとは，けっして特別の人ではなく，生活者として住民の一員であること。かつては福祉サービス利用者である当事者（本人・家族）は，専門職とだけ点と点との結びつきによって問題解決をはかるという面が強かった。これに対して，ある一定の地域のなかで暮らす生活者であるニーズをもつ当事者（本人・家族）が抱える問題は，住民による支援の取り組みをも含んだ幅広い人びとによる連携・支援ネットワークによって解決が図られる。したがって，住民福祉活動に参加している人びとが参画できていない連携・ネットークは，ありえないのである。

■索　引■

▶あ行

アダムス（Addams, J.）　25
アダムス（Addams, A. P.）　34
アメリカ障害者法　30
新たな高齢者介護システムの構築を目指して　111
井岡勉　9
育成協　38
一般的地域組織化活動　5
インスティテューショナル・ケア　41
インターグループワーク説　28, 39
右田紀久恵　7
ウルフェンデン報告　22
運動主体　16, 77
NPO法人　188
エンゼルプラン　46
エンパワメント　30, 54
大阪府方面委員制度　35
岡村重夫　4
岡山県済世顧問制度　35
岡山博愛会　34

▶か行

介護保険　96
介護保険制度　112
介護予防・生きがい活動支援事業　115
ガイドの役割　131

カウンセリング　23
学際的　10
笠井信一　34
片山潜　34
価値　14, 15
活動主体の組織化　132
環境因子　195
環境改善活動　197
環境改善サービス　10, 110
関連公共施策　17
基幹型在宅介護支援センター　202, 204
企業セクター　81
機能障害　194
客体　15
救護法　35
共生　63
行政管理庁勧告　40
行政計画　143
共同社会　3
共同募金　160
共同募金運動　26, 36
居宅介護支援　113
居宅介護支援専門員　112
居宅介護住宅改修費　113
居宅介護等事業　114
居宅介護福祉用具購入費　113
居宅生活支援事業　116
居宅療養管理指導　113
キングスレー・ホール　34

近隣協議会　26
苦情解決事業　100
クリーブランド慈善博愛連盟　26
グリフィス（Sir Griffiths, R.）　23
グループホーム　113, 181
ケア・グループ　134
ケアプラン　112
ケアマネージャー　112
ケアマネージャー連絡協議会　204
ケアマネジメント　112
経営主体　15, 77
計画の策定　132
計画の実施　132
計画の評価　132
ケースマネジメント　30
健民福祉運動　38
権利擁護　56
コイト（Coit, S.）　25
公私協働　146
公私協働の原則　90
構成要素論的アプローチ　14
構造的産物　13
交通バリアフリー法　182
公募委員　149
高齢者介護研究会　111
高齢者等の生活支援事業　115

213

高齢者保健福祉推進10ヵ年戦略　44
ゴールドプラン　44
個我型　5
国際障害者年　43
国際生活機能分類　194
国民保健サービス及びコミュニティ・ケア法　24
子育てサロン　208
コミュニティ　3, 5, 65
コミュニティ・インクルージョン　59
コミュニティ・オーガニゼーション　5, 27, 127
コミュニティ・ケア　5, 21, 41, 64
コミュニティ・ケアー行動計画　23
コミュニティ・ケア改革　24
コミュニティ・ケア白書　24
コミュニティ・ソーシャルワーク　23
コミュニティ・ディベロップメント　22
コミュニティ型　5
コミュニティ形成と社会福祉　41
コミュニティチェスト　26
コミュニティワーカー　82, 130, 156
コミュニティワーカー協会　22
コミュニティワーク　22, 156

▶さ行

サービス・パッケージ　194
在宅ケア・サービス　10
在宅福祉サービス　10, 109
在宅福祉サービスの戦略　10, 43
真田是　8
参加　79
三元構造論　8
三相計画　144
GHQ（占領軍総司令部）　36
シーダー（Sider, V. M.）　29
シーボーム報告　21
支援費制度　96, 112, 114
市区町村社会福祉協議会当面の活動方針　38
市区町村社協経営指針　105
自己決定　51
自己実現　51
慈善組織協会　20, 25
自治型地域福祉論　8
市町村合併　105
市町村社会福祉協議会　92
市町村地域福祉計画　142
実践主体　16, 77
児童虐待防止ネットワーク　208
渋沢栄一　35
事務局体制　152
社会・環境の側面　195

社会運動　9
社会計画モデル　29
社会サービス交換所　25
社会調整説　39
社会治療者としての役割　131
社会的ケア計画　23
社会的不利　194
社会福祉基礎構造改革　47
社会福祉協議会　25, 160
社会福祉協議会基本要項　40
社会福祉協議会組織の基本要項　38
社会福祉協議会の活動原則　89
社会福祉協議会の組織　91
社会福祉協議会発展・強化計画　144
社会福祉事業　165
社会福祉を目的とする事業　165
社会復帰施設　116
社協基盤強化の指針－解説・社協モデル　43
住民　3, 147
住民活動主体の原則　89
住民座談会　149
住民参加　146
住民参加型在宅福祉サービス　121
住民参加手法　148, 149
住民自治　79
住民主体　63
住民主体の原則　40, 51

住民主体の理念　51	スター（Starr, E. G.）　25	100, 184
住民主体論　7	生活課題　194	対象　15
住民ニーズ基本の原則	生活環境　17	タスクゴール　128
89	生活の質　30	ダナム（Dunham, A.）
住民による見守り活動	生活問題　63	28
133	政策主体　15, 77	短期入所生活介護　113
住民の主体形成　52	精神病者および精神薄弱者	短期入所生活事業　114
住民モニター制　148	に関する王立委員会	短期入所療養介護　113
主体　15	21	団体自治　79
主体性　4	制度的バリア　178	地域協議会　26
主体性　85	政府セクター　81	地域共同体型　5
守秘義務　200	生物的・生理的側面	地域ケア会議　204
障害者基本法　181	195	地域ケアサービス
障害者サービス調整会議	セツルメント　20, 25	109, 196
205	全国社会サービス協議会	地域コミュニティ　5
障害者自立支援法案	20	地域社会　2
123	全国ボランタリー団体協議	地域社会モデル　5, 6
障害者生活支援事業	会　20	地域住民　3
205	全日本民生委員連盟　37	地域生活問題　3, 13, 63
障害者相談支援事業	全米コミュニティ・オーガ	地域性の原則　5
206	ニゼーション協会　26	地域組織化　10
障害者プラン　46	専門技術者としての役割	地域組織化活動　5
小地域モデル　29	131	地域の個別尊重　146
小地域を基盤とした事業	専門性の原則　90	地域福祉型福祉サービス
96	専門的ケア・サービス	98
消費者　185	10	地域福祉活動コーディネー
情報・文化のバリア	総合相談事業　202	ター　83
178	ソーシャル・アクション・	地域福祉基金　171
情報弱者　183	モデル　29	地域福祉計画　66
ジョーンズ（Jones, D.）	ソーシャル・インクルージ	地域福祉策定委員会
23	ョン　57, 58	153
自立支援　111	組織化　197	地域福祉研究（岡村重夫）
自立生活運動　58	組織化説　28	42
新・社会福祉協議会基本要	組織活動　10, 110	地域福祉権利擁護事業
項　89		99, 184
人権　55	▶た行	地域福祉支援計画策定指針
心理的バリア　178	第三者評価事業	144

地域福祉論（岡村重夫）
　　　　　　　　42
力を添える人（enabler）と
　しての役割　131
地区社会福祉協議会
　　　　　　92, 134
地区組織活動　38
知的障害者地位生活援助事
　業　114
地方自治体社会サービス法
　　　　　　　　21
地方自治法　147
中央慈善協会　35
中央社会福祉協議会　37
長寿社会福祉基金　171
庁内推進体制　152
通所介護　113
通所リハビリテーション
　　　　　　　　113
デイサービス事業　114
デニソン（Denison, E.）
　　　　　　　　20
デューイ（Dewey, J.）
　　　　　　　　24
伝統的アノミー型　5
トインビーホール　20
東京都におけるコミュニテ
　ィ・ケアの進展について
　　　　　　　　41
統合説　39
当事者組織　149
同胞援護会　37
特定施設入所者生活介護
　　　　　　　　113
特定非営利活動推進法
　　　　　　　　188
都道府県地域福祉支援計画
　　　　　　　　142

▶な行

永田幹夫　9
ニーズ　194
ニーズ・資源調整説　39
ニーズ早期発見システム
　　　　　　　　133
ニード・資源調整説　27
日本社会事業協会　37
ニュースレター
　（Newstteter, W.）　28
ニューヨーク社会事業学校
　　　　　　　　25
人間の尊厳　56
ネイバーフッド・ギルド
　　　　　　　　25
ネットワーク化　146
能力障害　194
ノーマライゼーション
　　　　　29, 57, 58, 64

▶は行

バークレイ報告　23
ハートビル法　182
バーネット（Barnett, S. A.）
　　　　　　　　20
パッチシステム　23
ハドレイ（Hadley, R.）
　　　　　　　　23
パブリックコメント
　　　　　　　　148
ハル・ハウス　25
阪神・淡路大震災　186
非営利セクター　81
ヒル（Hill, A.）　20
ピンカー（Pinker, R.）

　　　　　　　　23
福祉活動専門委員　40
福祉活動専門員　70
福祉環境　17
福祉コミュニティ
　　　　　　5, 6, 197
福祉性の原則　5
福祉増進サービス　10
福祉組織化　10
福祉組織化活動　5
「福祉にかける状態」の克
　服　38
福祉有償運送　182
福祉用具貸与　113
物理的バリア　178
ブリスコー（Briscoe, C.）
　　　　　　　　22
ふれあいのまちづくり事業
　　　　　　　　45
ふれあいまちづくり事業
　　　　　　　　201
プロセス　131
プロセスゴール　128
分権　79
方法　16
方面委員制度　35
訪問介護　113
訪問看護　113
訪問入浴介護　113
訪問リハビリテーション
　　　　　　　　113
保健福祉地区組織育成中央
　協議会　38
保健福祉地区組織活動
　　　　　　　　38
ボランティア活動　186
ボランティアコーディネー

ター　83

▶**ま行**
まちづくり意識　177
三浦文夫　10
民間助成財団　171
民間性のの原則　89
民生委員法　161
問題把握　132

▶**や行**
山形会議　40
ユニットケア　181

ユニバーサルデザイン
　　　　　　　180
予防・福祉増進サービス
　　　　　　　196
予防的社会福祉　5
予防的福祉サービス　10

▶**ら行**
リッチモンド（Richmond, M. E.）　25
利用者主体　146
レイン（Lane, R. P.）　27
レイン報告　27

老人保健福祉計画
　　　　　　　44, 46
6項目提案　37
ロス（Ross, M. G.）
　　　　　　　28, 127
ロスマン（Rothman, J.）
　　　　　　　29
ロック（Lock, C. S.）
　　　　　　　20

▶**わ行**
ワークショップ　148

執筆者紹介

山口　稔（やまぐち・みのる）第1章，第3章，第4章，第5章1，第6章
明治学院大学大学院社会学研究科修士課程修了（社会福祉学博士）
全国社会福祉協議会副部長を経て
現職：関東学院大学教授
主著：『社会福祉協議会の形成と発展』八千代出版　2000
　　　『コミュニティとソーシャルワーク』（編著）有斐閣　2001
メッセージ：人はそれぞれが持っている本来の力を発揮できる環境が与えられた時，そのうちなる力は発揮される。そして周囲の人を熱くさせる。ソーシャルワーカーが進める住民主体とはそのようなことだろうと考えています。

山口尚子（やまぐち・なおこ）第2章，第9章
明治学院大学大学院社会学研究科修士課程修了（社会学修士）
白梅学園短期大学教授を経て
現職：神奈川県立保健福祉大学助教授
主著：『転換期の社会福祉』（共著）八千代出版　2000
　　　『社会福祉援助技術論』（共著）相川書房　2002
メッセージ：コミュニティワーカーは，住民一人ひとりがかけがえのない存在であることを念頭に置きながら，適切な論理と柔軟な思考，そして，誠実さと暖かな気持ちをもって実践を継続し，自分を磨いていくことが必要だと考えています。

新井　宏（あらい・ひろし）第13章
立正大学文学部社会学科卒業
全国社会福祉協議会障害福祉部部長を経て
現職：川崎医療福祉大学講師
主著：『支援費制度と障害者福祉事業の経営』全社協　2003
　　　『支援費制度・サービス利用と事業運営の実務』全社協　2003
メッセージ：連携やネットワーキングは，そこに参画している，ある障害者の「地域であたりまえに生活し，働きたい」という切実なニーズから出発。自分の日々の生活や働きと重ね合わせて何を感じ，そして何をしなければならないのか，何ができるのかを考えることから始まる。

大内高雄（おおうち・たかお）第10章
明治学院大学大学院社会学研究科社会福祉学専攻前期博士課程修了
美唄市社会福祉協議会を経て
現職：北星学園大学教授
主著：『新版社会福祉概論』（共著）中央法規　2001
メッセージ：今日の住民生活の実態や時代的要請は，もはや弁解や言い逃れの姿勢を許さなくなっている。住民の権利主体意識と参加，行政の公的責任の果たし方が問われている。その具体的方策としての地域福祉計画が試金石となる。

小林雅彦（こばやし・まさひこ）第11章
日本社会事業大学大学院修士課程修了（地域福祉学専攻）
厚生労働省地域福祉専門官を経て
現職：国際医療福祉大学助教授
主著：『地域福祉の法務と行政』（編著）ぎょうせい　2002
　　　『地域福祉論』（共編著）第一法規　2004
メッセージ：地域福祉とは「地域でふつうにくらせるシステムを創ること」です。諸要素が有機的関係を持つことでシステムは成立します。人や組織，それらをつなぐ仕掛けを学び，地域福祉のシステム創造に取り組んで下さい。

豊田宗裕（とよだ・むねひろ）第12章
明治学院大学大学院社会学研究科社会福祉学専攻前期博士課程修了
神奈川県社会福祉協議会を経て
現職：横浜国際福祉専門学校副校長
主著：『少子化と社会法の課題』法政大学出版局　1999
メッセージ：地域福祉の促進を図るためには，地域社会を見る（観る）目をさまざまな角度から持って欲しい。そして，なぜそうした見方がされるのか，理由を考えそれを実証する力を持って欲しい。

林　恭裕（はやし・やすひろ）第8章
国立弘前大学人文学部経済学科卒業
北海道社会福祉協議会を経て
現職：北海道浅井学園大学助教授
主著：「過疎地域における介護保険サービスの需要のバランスと人材確保」（共同研究）北海道高齢者問題研究協会　2000
メッセージ：わが国の福祉はいま大きく変わろうとしています。特に地域では，市民と行政の協働によって新たなサービスが生まれるなど市民が主体となった動きが顕著です。ぜひ，あなたの地域での動きに関心をもち，積極的に関わりを持ってください。

牧村順一（まきむら・じゅんいち）第5章2,3,4
同志社大学大学院文学研究科社会福祉学専攻中退
京都府社会福祉協議会を経て
同朋大学社会福祉学部助教授
主著：『新時代の地域福祉を学ぶ』（共著）みらい　2002
　　　『社会福祉の基礎理論』（共著）ミネルヴァ書房　2002
メッセージ：地震被災者の集団移転用仮設住宅を建設する際，公共用地が足りないと判明したとき，その予定地に隣接する田んぼを所有する老人がこう申し出をしました「田んぼは3年もすれば回復するが，一旦壊れたコミュニティの再生には10年以上かかる。どうぞワシの田んぼをつかってください」と。わが国の地域社会・住民の実力はすごい。

山田秀昭（やまだ・ひであき）第7章
日本社会事業大学大学院修士課程修了
厚生省地域福祉専門官を経て
現職：全国社会福祉協議会総務部部長
主著：『コミュニティとソーシャルワーク』（共著）有斐閣　2001
　　　『地域福祉の担い手』（共著）ぎょうせい　2002
メッセージ：社会福祉協議会は各地でさまざまな実践を行なっています。その実践の基本は住民の地域のニーズを受け止め，誰もが安心して住みよい地域社会を作ること。ぜひ皆さんも機会があったら社協の活動にふれてみてください。

地域福祉とソーシャルワーク実践〔理論編〕
2005年9月15日　初版発行
2008年9月5日　初版第2刷

編著者Ⓒ　　山口　　稔
検印廃止　　　　　　　　山口　尚子
　　　　　　　発行者　　大塚　栄一

発行所　株式会社 樹村房　JUSONBO

〒112-0002　東京都文京区小石川5丁目6番20号
電　話　東　京　(03) 3946-2476
ＦＡＸ　東　京　(03) 3946-2480
振替口座　　00190-3-93169

印刷・亜細亜印刷／製本・愛干製本所
ISBN978-4-88367-119-9　　乱丁・落丁本はお取り替えいたします。